基础教育教师专业发展与能力提升丛书

总主编　赵建华

中小学教师终身学习能力提升的方法与实践

穆肃　编著

暨南大学出版社
JINAN UNIVERSITY PRESS
中国·广州

图书在版编目（CIP）数据

中小学教师终身学习能力提升的方法与实践/穆肃编著. —广州：暨南大学出版社，2011.8
（基础教育教师专业发展与能力提升丛书）
ISBN 978 -7 -81135 -887 -2

Ⅰ. ①中… Ⅱ. ① 穆… Ⅲ. ①中小学—教师—终生教育—学习能力—能力培养
Ⅳ. ①G635.1

中国版本图书馆 CIP 数据核字（2011）第 112601 号

出版发行：暨南大学出版社

地　址：中国广州暨南大学
电　话：总编室（8620）85221601
　　　　营销部（8620）85225284　85228291　85228292（邮购）
传　真：（8620）85221583（办公室）　85223774（营销部）
邮　编：510630
网　址：http：//www.jnupress.com　http：//press.jnu.edu.cn

排　版：广州市天河星辰文化发展部照排中心
印　刷：湛江日报社印刷厂

开　本：787mm×1092mm　1/16
印　张：10.75
字　数：244 千
版　次：2011 年 8 月第 1 版
印　次：2011 年 8 月第 1 次
印　数：1—3000 册

定　价：25.00 元

总 序

“教师是人类灵魂的工程师”、“教师是天底下最光荣的职业”，他们肩负着培养人的使命。“学高为师、身正为范”，是专门针对教师职业提出的基本要求。我们将教师比喻为园丁，因为他们浇灌着祖国大花园的花朵。正是因为教师职业的特殊专业性，人们向教师提出了种种很高的要求。在教师职业生涯中，教师自身时刻处于发展过程中，具体表现为专业能力逐步提升、知识结构持续更新、教学经验不断积累。因此，教师是一个“活到老、学到老”的职业，并且真正体现其终身学习的特性。

教师专业发展得到各国教育研究者的重视和广泛关注，并有许多研究者对此进行了深入研究，研究成果从理论到实践涉及极其广泛的内容。从根本上讲，教师专业发展同教师伦理、学科知识、教与学的理论与方法、教学技术、教学管理、教学评价等密切相关。在教师教育研究领域，研究者关注的是，一名高素质的专业教师需要具备那些基本条件、达到这些条件的最好途径是什么、高素质教师的衡量标准是什么，等等。世界各国为此进行了诸多努力，如建立教师教育培训体制、政策、体系，组建培训机构，设计与开发培训材料与资源。欧美一些发达国家和地区先后颁布了教师教育标准，作为教师专业发展的基本依据。

自从20世纪90年代我国在基础教育领域实施新课程标准以来，以教育创新、课程改革、教学方式转变、教师与学生发展等为主题的研究得到了快速发展，基础教育领域呈现勃勃生机与活力。在新课标实施过程中，人们已经意识到教师专业发展的重要性。基础教育中存在的诸多问题，如现代教育思想应用面对的阻力、教师中心的教学模式、教学方法创新不足等，其主要原因在于缺乏高素质的教师队伍。通过构建全面系统的教师教育培养体系，实现教师专业素质的全面提升，成为当前基础教育领域的重要任务。在我国，由于地域经济发展的不均衡，各地教师素质参差不齐的现象尤为突出。近年来，教师教育得到了各级政府的高度重视，教育部从国家层面实施了“国培计划”，各地亦根据自身存在的问题，采取了更加具有针对性的策略和措施，以期从根本上解决教师素质不高的核心问题。

“基础教育教师专业发展与能力提升”丛书是在我国《中长期教育改革与发展规划纲要》（2010—2020）已经颁布的大背景下开始策划和编写的。该丛书全面反映了“建设高素质教师队伍”的要求，明确提出以“提升教师素质”，“造就一支师德高尚、业务精湛、结构合理、充满活力的高素质专业化教师队伍”为目标。经过缜密构思、精心选材，依托改革与创新，我们希望本套丛书能够满足发展与提升当前基础教育教师专业能力的理论需要，并期待着书中的理论能够在实践中得到验证。

在教师专业发展实践中，本丛书编写队伍近年来承担了大量的教师培训工作，这些工作分别隶属于国家骨干教师培训、“国家教师培训计划”、广东省高中教师职务培训、广东省骨干教师培训、广州市骨干教师培训等项目工程，并在从事相关培训课程设计、组织和评价等工作中积累了丰富的实践经验。我们深知教师专业发展与成长历程的艰辛，同时也为看到教师的专业成长而骄傲和自豪。在同基础教育教师的交流中，很多教师会表达这样的观点，即“处在一种瓶颈状态，希望突破自己，但是感觉非常困难。而有针对性的专业培训为我提供了跳出自我、进入崭新境界的重要支撑”。我们希望将这些一手经验分享于社会，让更多的教师受益。同时也希望借助本丛书的出版，为基础教育教师的专业发展与提升作出贡献。

本丛书所涉及的范围涵盖了教师专业发展的主要领域，行文中大量采用案例分析和叙事介绍方式，以帮助教师掌握同教师专业发展相关的管理、教学、研究、技术、评价等内容。作为21世纪的教师，他们不仅需要革新原有的知识结构，更需要在教学过程中掌握和运用新的教育理念和方式。因此，我们希望通过对本套丛书的学习，能够对教师的教学思想、观念、实践产生影响，帮助他们不断超越自我，真正实现专业理论与技能的提升。

本丛书的出版与发行离不开广大同仁的努力和支持。在这里要特别感谢程庭喜教授、林君芬博士、穆肃教授、焦建利教授、柴少明博士，还有硕士研究生徐旭辉、陈惜刁、孔晶、王超、高莹莹、郝超君、郑成栋、郑祯瑞、何群晖等同学。暨南大学出版社的潘雅琴副编审为本书的出版做了大量工作，她的鼓励支持，以及细致入微的编辑工作为本丛书的出版、发行奠定了基础。在此向她表示崇高的敬意和衷心的感谢。

期待本丛书的出版能够为我国教师教育和教师专业发展作出一份贡献，同时我们也期待广大教师的参与。在阅读本丛书时，希望您将感受、意见和建议以E-mail形式反馈给我们（邮箱地址为：jcjyjsh@ gmail. com），以便我们能不断将之完善。

赵建华

2011年8月

前言

1999年我国启动现代远程教育试点工程后，“终身教育”和“终身学习”这两个名词开始进入普罗大众的视线，并得到社会各界的认识和了解。2003年，我国发布教育振兴计划（2003—2007）后，人们经常从报纸、电视和网络等中看到和听到建构终身学习体系，促进全民终身学习，建设学习型社会等的新闻。终身教育和终身学习的实践开始出现并逐渐多样化，这些实践开展的范围有大有小，小到一间公司，大到整个城市；开展的层次多种多样，有远程学历教育，也有在线的公民素质提升活动。实践开展的同时，相关研究也活跃起来，研究人员和学者从终身教育制度和法规的建立、终身教育体系的构建、终身学习环境的开发、终身学习资源的设计和终身学习服务的实施等方面开始了各种层次的研究。

我所在的华南师范大学远程教育研究所在其远程教育研究和实践的背景之下，从2001年就开始关注终身教育和终身学习的理论和实践。在阅读和分析了国内外有关的文献和实践项目后，我们得到一个启示：终身教育和终身学习的主体是每一个社会成员，是人，终身教育和终身学习的实践必须建立在对学习者有充分了解和认识的基础上才能行之有效。就如欧盟的终身学习研究充分认识到欧盟成员国语言的多样性和区域内跨国就业的现实，高度关注人们的母语沟通能力和外语沟通能力，并将其列为欧盟国家人们终身学习能力的重要组成项。而我国的研究则更多抛开了对终身学习主体的关注和研究。因此，从2007年开始，我及我的研究小组开始了对终身学习能力构成、能力现状、教师终身学习能力培养的方法和策略的研究及实践。

2007年到2008年，我们详细分析了国际上对终身学习开展的研究，总结出终身能力的含义，并以国际上对终身学习能力组成的研究结果为基础，通过专家访谈、问卷调查和个案研究，分析形成了适合于我国的终身学习能力组成、能力项之间的关系及组成结构。我们知道教师由其职业特点所决定，理应是全社会终身学习的排头兵和榜样，因此从2009年开始，我们根据已有的研究成果，在本科师范生的教学中开展终身学习能力的培养，也就是教师职前终身学习能力的实践。2010年受广州市远程教育中心有限公司程庭喜主任委托，我主持面向广州市中小学教师远程培训的课程“终身学习促进教师专业发展”，我及我的研究小组开展了围绕专业发展、在职教师终身学习能力培养的实践。到2011年的夏天，这一远程职后培训已经进行了三轮，5 000多名广州市中小学教师参与了学习。根据四年多的研究和实践，我们就围绕教育专业发展、提升教师终身学习能力的实践进行了梳理和总结，形成了本书。

本书的第一章简要介绍了教师专业发展的内容及要求，力图告诉教师们，教师专业发展之路也是一条不断学习之路，终身学习势在必行。第二章详细介绍了终身学习的界定和特点、终身学习能力的组成和结构，希望帮助教师们明白终身学习不只是一个口号，是要针对自身的实际情况和能力特征开展的持续性学习活动。第三章围绕着教师的专业发展，介绍了利用终身学习支持知识学习、教学能力和科研能力发展的方法，力图让教师们能够将终身学习与专业发展紧密结合起来。第四章介绍了终身学习与教师专业精神和人格魅力提升的关系，希望教师们能认识到终身学习在专业精神的形成与人格魅力的提升中的重要作用。第五章结合教师开展终身学习实际活动的需要，介绍了常用的网络学习平台和在线文献及图书资源库，希望能帮助教师们切实行动起来，开展终身学习。

在本书的编写过程中，得到很多朋友、同事、学生和单位的支持和帮助，特别在此致谢。我的研究小组成员们在本书成稿过程中为本书的资料收集、内容整理、数据收集和分析等做了大量工作：2008 级研究生杨丹丹、吴金菊参与了第一章的资料收集和整理工作，2007 级研究生杨帆参与了第二章的写作工作，2009 级研究生晏艳参与了第三章的资料收集和整理工作，2009 级研究生李洁参与了第四章的资料收集和整理工作，2007 级研究生闫振中参与了第五章的资料收集、整理和操作截图工作，在此一并深表感谢。

由于本书编写的时间有限，编著者水平有限，不妥之处在所难免，希望广大读者、教师朋友们和同行们给予批评指正。

穆　肃

2011 年 7 月于广州华南师范大学现代远程教育研究所

目　录

第一章　教师专业发展

教师专业发展能够帮助教师继续接受新的教育观念和思想，不断地提高专业技能和教育智慧，提升教师的专业精神。21 世纪的新课程改革给教育带来了极大的挑战，也对教师提出越来越高的要求，也使教师专业发展的重要性愈发凸显。如果教师不进行专业发展，则很有可能满足不了学生学习的需求，进而被社会淘汰。因此，教师专业发展势在必行。

学习目标

1. 理解和掌握教师专业发展的含义。
2. 明确教师专业发展与教师专业化发展的关系。
3. 明确教师专业发展的具体内容。
4. 掌握在教师专业发展不同阶段和层面，实施专业发展的可能途径。

内容框架图

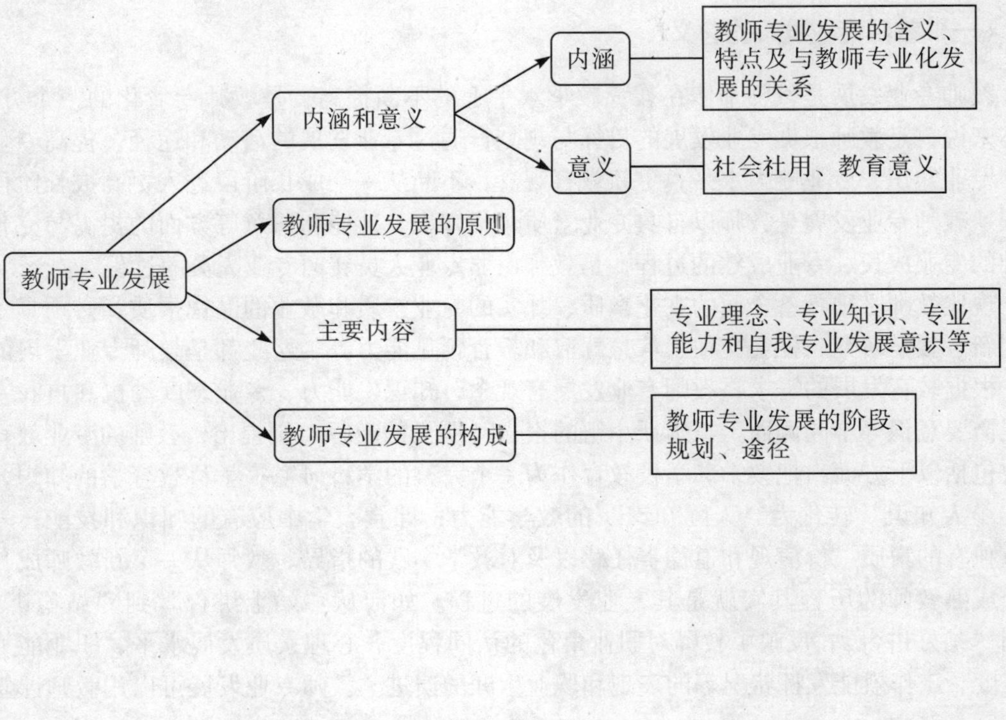

第一节　教师专业发展的内涵和意义

【情景导入】

教师 A：你知道教师专业发展是什么吗？

教师 B：最近大家都在谈论“教师专业发展”这个话题，听倒是听了很多，但是确切是什么意思，我也不是很清楚。

教师 A：好像是为了提升教师的专业能力。

教师 B：我们参加了一些培训和进修，这些是不是在提升教师的专业能力呢？

【问题的提出】

什么是教师专业发展？教师专业发展能给教师带来什么改变？如何才能提升教师的专业能力呢？

一、教师专业发展的内涵

（一）教师专业发展的含义

教师专业发展是教师个体在教育教学水平上的不断提高，是教师专业化的一个方面。具体来说，是教师根据专业发展的目标与规划，通过专业发展的活动和途径，提高专业精神、专业知识、专业能力水平，更新教育观念，不断从一个成长阶段进入更高成长阶段的过程。教师专业发展是教师以自身专业素质包括知识、技能和情意等方面的提高与完善为基础的专业成长、专业成熟的过程，是教师由非专业人员转向专业人员的过程。

现代教师必须具备全面的文化素质、扎实的专业素质和敬业的品德素质，必须具备教学创新、教学研究、社会交往、信息驾驭和教育预见能力等。这些都是教师专业发展的要求。根据教育发展的需求，教师专业发展有观念、知识、能力、专业态度动机和自我专业发展需要意识等不同侧面。霍姆斯小组的报告《明天的教师》则提出，教师的专业教育至少应包括以下方面：把教学和学校教育作为一个完整的学科研究；学科教育学的知识，即把“个人知识”转化为“人际知识”的教学能力；课堂教学中应有的知识和技能；教学专业独有的素质、价值观和道德责任感以及对教学实践的指导。教师从一个新教师成长为一个成熟教师的历程其实就是其专业发展的过程。如何从“站上讲台”到“站稳讲台”再到“站好讲台”，反映了教师对职业角色的认同程度、心理素质发展水平、职业能力成熟程度、工作效能发挥状况等的表现和职业生涯的演进。教师专业发展可以用教师课堂工作中表现出的知识、技能和判断力的提高来衡量，可以用其对专业团体所作的贡献来衡量，也可以用教学工作在个人生活中的意义来评判。

（二）教师专业发展和教师专业化发展的关系

教师专业化是指教师个体不断提高专业素养的过程和社会为提高教师职业的专业地位而努力的过程。教师专业化这个概念是20世纪80年代以后在美国提出的，由于当时美国教育质量呈不断下降的趋势，要求改革教育的呼声日益高涨。1986年，卡内基教育促进会和霍姆斯协会分别发表了《国家为21世纪准备教师》和《明天的教师》两份报告，将教育改革的重点放在提高师资水平上，报告明确提出了教学专业化的概念，并将其视为提高公立学校教育质量的必经之路。美国的研究认为，要提高教学质量：一要确立教学工作的专业性地位；二要建立起与这一专业性职业相应的衡量标准，教师教育的责任就在于培养出训练有素的、达到专业化标准的教师。此后，各国对教师专业化发展的研究和实践相继开展，并越来越丰富。

教师专业化发展以教师的专业化来实现行业和教学的专业化，以确保未来学校对师资的需要。教师的专业化需要教师自身和社会两方面的共同努力才能实现，仅仅靠一方的努力是不够的。教师专业化强调的是过程，这个过程没有绝对的终点，只有相对的终点，那就是社会对教师职业专业性的认可以及每个教师个体达到专业的水准。这个相对的终点达到后，专业化的进程还会继续，因为社会总在发展，教育也在不断变革，教师要始终跟上社会的变化，甚至引领社会的变化。

教师专业化和教师专业发展是两个紧密联系的过程。教师专业发展是教师专业化中教师个体努力的方面，它具体展现了教师专业化的过程性，其目的是为了使教师这个行业更好地专业化。教师专业化强调教师群体的、外在的专业性提升，它是教师个人开展的专业发展活动总体水平和效果的一种体现，同时也为个体的专业化发展提供一种大环境和气氛；而教师专业发展则是教师个体的、内在的和专业性的提高，是教师的专业成长或教师内在专业结构不断更新、演进和丰富的过程。

（三）教师专业发展的特点

首先，教师专业发展是一个自觉和有意识的过程，发展目标是明确的，是在做出发展规划的情况下进行的，因此它是一个自主的过程。学校在教师发展中起着号召、组织、指导等作用，但都必须转化为教师个人主动的行为，教师发展才能真正开展起来。而教师个人的发展目标不是随意确定的，它要根据社会的要求、教育事业的要求、学生的要求和个人的优势与不足来确定。美国等一些国家制定了教师的专业标准，这些标准是教师制定自己专业发展目标的重要依据。

其次，教师专业发展是通过若干活动和途径来实现的。常见的活动有读书自学、参加培训、听报告或讲座、观摩名师讲课、教学实践、教学研讨、教学行动研究、教学改革实验等。这些活动大体可分为两类：一类是学习和借鉴，属于输入信息和获取信息的活动；另一类是实践、行动，属于输出信息的活动。学习到的理论和经验必须变成自己的实践和行动，才能产生效果；实践与行动必须在一定的理论指导下进行才会不断提高。在现实中，存在着两种片面的倾向：一种是单纯地学习，不付诸行动；另一种是单纯地实践，缺乏理论或专家的指导。因此，不认清如何将学习与实践和研究有机结合起来，是难以实现教师个体专业发展的。

最后，教师专业发展的实现，体现在教育教学水平的提高上。教育教学水平的提高有两个维度：从素质上表现在专业精神、专业知识、专业能力、教育观念等方面；从水平上表现为从专业发展的某一阶段进入更高的阶段。当然，教师专业上是否真正发展了，归根结底还是要看教师的教育教学是否满足了学生发展的需要，是否适应了学生的特点和实际，是否让学生得到了真正的发展。

【活动建议】

想一想，是否有必要制定教师的专业标准？如果有必要，应该考虑哪些方面的因素？

【扩展视野】

美国国家专业教师标准委员会制定的教师专业标准
《教师应该知道什么，应该能做什么》

1. 教师应该致力于学生的成长与学习

——基本信念：所有的学生都能够学习。认识到每个学生的尊严、价值、潜能和差异。

——教师认识到学生的个体差异并相应地调整自己的实际工作（会看学生，了解学生的特点）。

——教师要了解学生是怎样发展和学习的（掌握发展理论和学习理论）。

——教师要公平地对待学生（没有偏见和歧视）。

——教师的任务不只是发掘学生的认知能力（还要关注学生的非认知因素）。

2. 教师精通所教学科，懂得如何传授给学生

——对所教学科有深入地了解（熟悉它们的渊源和结构，明确它们与其他学科的关系以及在实际生活中的应用）。

——怎样把知识传授给学生，这是教师需要的特殊知识，即教学法的知识。

——教师要发展（学生）获取知识的多种途径（其他有效的教学方式和资源）。

3. 教师负有指导和监督学生学习的责任

——教师是小组学习的指导者。

——教师是学生投身学习的激励者。

——教师是学生进步的评价者。

——教师要关注他们的主要目标（规划和设计教学目标）。

4. 教师要系统地反思实际教学并从经验中学习

——教师要不断地做出抉择，这是对他们判断力的一种检修（目标冲突时的抉择）。

——教师要乐于听取他人的意见，并利用教育研究宬果改进教学。

5. 教师是学习社团的成员

——教师应通过与其他专职人员合作，致力于学校效能的提高（他们应该参与课程的分析和设置，参与教育协作，参与职员的职业培训，参与学校一些政策的制定等）。

——教师应与家长协作。

——教师应该充分利用社区的资源（了解所处社区的知识，使之成为有效的学习资源）。

【扩展视野】

澳洲国家专业教师标准委员会制定的教师专业标准

澳洲的教师标准从五个方面详细地规定了教师所需要满足的专业要求，这五个方面包括的内容如下：

- 熟悉教学内容，包括所要教学的内容以及如何教学这些内容；
- 具有教学实践的谋略，包括激发学习动机、有效地管理课堂、提出明确的学习期望；
- 评估和报告学生学习，包括评估记录、反馈；
- 与学校共同体的交流合作；
- 满足专业实践的要求，包括专业领域内的合作、反思、寻求专业的发展。

这五个方面的要求可以用图 1－1 表示出来。

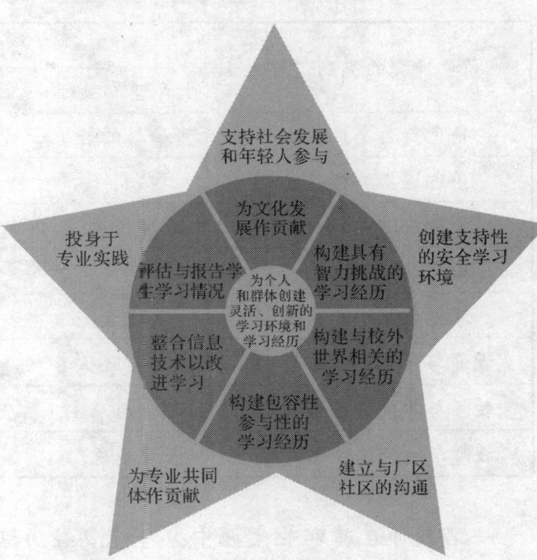

图 1－1　澳洲的教师能力标准图

（资料来源　The state of queensland，Professional standards for teachers Guideline for Professional practice，2002）

【扩展视野】

我国教师的职业状态

根据教师的职业状态，我国著名教育学家叶澜把教师分为三种类型：“生存型”“享受型”“发展型”。

"生存型"的教师把职业看成自己维持生存的基本手段，所以他们把教学看成是类似知识"搬运工"的工作，即只要能把书本上的知识完完全全地搬进学生的大脑就行了。这类教师的教学只会照本宣科、填鸭式灌输、机械训练和题海战术。

"享受型"的教师会把如何扮演好教师的角色作为自己参与生活、体验人生的重要途径。这类教师，他们只要走上三尺讲台，就会激情荡漾，浑身洋溢着蓬勃的生气。在学生面前作为课程教学的设计者，他们的教学方法灵活多样，而且总会毫无保留地把自己所知道的一切都教给学生，因为他们认为"给永远比拿快乐"。

"发展型"的教师会以超越的态度将实现人生理想作为自己追求的目标。这类教师把自己的角色定位在一个有理性、有思想、有见解、有独立判断与解决问题的能力的位置上，并且以终身自我教育作为其职业生涯的推动力。

这三类教师之间的比较如表 1－1 所示。

表 1－1 "生存型""享受型""发展型"教师的角色冲突和行为表现

角色冲突的类别	教师类型		
	"生存型"教师	"享受型"教师	"发展型"教师
角色行为态度	无可奈何的苦捱	吃苦也是乐	成长是快乐
角色追求目标	功利	兴趣	发展
角色扮演方式	期望角色	领悟角色	创造角色
角色参与程度	低	较高	最高
课程教学行为	实施者	设计者	研究者
教师与学生的关系	权威者与服从者	伙伴关系	良师益友
教师与学校的关系	雇佣者与雇主	服务者与领导者	主人翁
教师与社会的关系	社会角色	自我角色	社会角色与自我角色的融合

一名教师在其职业生涯中很可能要经历这三种不同的职业状态，最终通过角色的转换从适应与超越中实现自己的专业化发展。

二、教师专业发展的意义

（一）社会作用

教师专业发展具有多方面的意义。从其社会作用来看，教师专业发展是我国实施科教兴国战略的重要保证。21 世纪以经济实力、科技实力、国防实力和民族凝聚力为基础的综合国力将越来越集中体现为拥有高新技术和创新性人才的数量和质量。因此，实施教育优先发展战略，加快人才培养是增强我国综合国力、应对国际竞争的决定性因素。换言之，创新人才的培养是当务之急。而创新人才的培养在终身教育、学习型社会的背景下已经与传统的终结性教育有根本区别，其复杂性和持续性不是任何拥有知识的人都可胜任的，也不是传统依靠个人经验积累的教育者可担当的，必须依靠通过专业化训练、具有专业能力的特殊人群来完成。教师专业发展要达到的目标就是使教师具备这种专业优势，在社会教育中发挥着不可取代的作用，为科教兴国战略的实施奉献才智，这是教师专业发展的一个显著特点和优势所在。

教师专业发展是凸显知识经济时代知识资本价值、在全社会形成尊师重教良好风气的必要条件。社会职业有一条铁的规律，即只有专业化才有社会地位，才能受到社会的尊重。如果教师这种职业是人人都可以担任的，则教师在社会上没有太高地位了。由于这些原因，社会公众对教师专业的认同程度低也就不足为怪了。人类进入到知识经济时代，只要教师的专业化发展顺利实现，那些妨碍教师社会地位提高的障碍才会迎刃而解。

教师专业发展同时昭示着社会从传统向现代转变，中国正在积极地融入世界。自20世纪80年代以来，我国对教师的学历提出了明确要求，即小学教师具有中师学历、初中教师具有大专学历、高中教师具有本科学历。我国于1994年1月1日开始实施的《教育法》规定“教师是履行教育教学职责的专业人员”。这是我国教育史上第一次从法律上确认了教师的专业地位。1995年，我国又建立了教师资格证书制度。1997年开始了教育硕士学位的试点工作。1998年在北京师范大学召开的“面向21世纪师范教育国际研讨会”明确了“当前师范教育改革的核心是教师专业发展问题”。2001年4月1日起，国家首次开展全面实施教师资格认定工作，进入实际操作阶段。近年来，教育部出台了包括“园丁工程”在内的一系列教师教育的政策，标志着我国的教师教育事业进入了新的发展阶段。

（二）教育意义

教师专业发展结束了教师教育学术性与师范性之争。20世纪初师范院校的学术性与师范性之争，其隐含的基本观点是学术性等于专业性，师范性是非专业性质的。教师专业发展的基本主张是教师教育本身即是一种专业教育，根本不存在强调师范性即失去学术性（专业性）的问题，教育学即是学术性很强的一门学科，学术性是教师专业发展的应有之义，教师教育不存在要不要和能不能的问题，只存在如何专业化的问题。

教师专业发展加快了教师教育法制化进程。教师专业发展不仅是一个过程，更是一种制度。为配合教师专业发展，我国制定了一系列保障教师专业发展得以实现的法规。《教育法》规定的“教师是履行教育教学职责的专业人员”，既包含了教师这一职业从业人员生存和发展的需要，也包含了教师这一专门职业从社会分工角度来看的专业性要求。《教师资格条例》及《教师资格条例实施办法》的颁布，为教师资格制度在全国全面实施提供了法律法规依据。

教师专业发展促进了教师个人素质的不断提高。教师专业发展意味着教师不仅要具有良好的职业道德、学科知识、教育教学能力，还要成为研究者，对自己的工作具有反思和积极探索的能力。教师的专业发展与教师职业的研究性密切相关。“教师即研究者”是教师专业发展的同义语，已经成为教师专业发展运动中的一个重要观念。

教师专业发展推动了教育理论的创新。教师专业发展的基本支撑之一便是教育理论。面对教师专业发展的诘难，反顾自身的不良发育，教育理论界应感到来自教育实践的需求和压力，努力寻求新的突破，以应对实践之需。如此一来，教师专业发展实际成为催促教育理论创新的号角。

【案 例】

教师专业发展的学习体会

科左中旗小学 周布仁

把教师专业发展作为研修活动的重要目标，每个教师不仅应该是有知识、有文化的人，而且应该是有道德文化追求、不断自我更新的人。

教师专业发展主要是在学校教学和课堂实践中产生的，学校既是教师专业生活的环境，又是终身学习的场所。课堂既是教师施展专业素质的舞台，又是教师不断获得专业发展的动力源泉。在这次研修中我有以下心得体会：

1. 树立终身学习的教育理念，放平自己的心态，认真学习，树立优良学风，刻苦钻研业务，不断学习新知识，探求教育教学新规律，上好每一节课，向其他教师学习，多学习别人的优点和先进的教育教学经验，不断地提高自己的教研能力和学识水平，并善于在日常的教育教学工作中不断地反思自己，对于好的做法要积累为经验，对于不好的做法要及时反思，及时纠正、改过。

2. 通过学习，提高了自己的师德水准。教师大计，师德领先。教师的师德重在自我修养。“美德出于有知，知识是一切德行之母。”使我深切地领悟到“学高为师，身正为范，学无止境”的真谛。只有认真学习和掌握各种道德知识与做人的道理，并对所学的道德知识和人生哲理加以深入思考，才能在自己的心灵深处培养趋善避恶的道德意向和情感，从而择善而为，择善而教，为人师表。

【扩展视野】

教师专业发展的内涵解读

（一）教师是专业人员

教师应否专业化，曾有过较长时间的争论。1966 年联合国教科文组织在《关于教师地位的建议》中指出，应当把教师工作看成一门专业，因为它是一种服务公众的行业，它需要教师的专业知识和特殊技能，这些都要经过长期地持续努力与研究，方能获得与维持。知识经济的到来，使教育面临着深刻的变革，更直接地显示出它对维系人类生存的本质意义。为此，教师要探讨育人规律，反思自身的教育实践并不断地改进与完善自己的教育行为。这样，教师的专业就凸显出来，教师成为专业人员就成为教师职业发展进程中的必由之路。

（二）教师是发展中的人

教育学的理想是在师生共同生活的世界中教学相长，学生在教师的发展中成长，教师在学生的成长中发展。新课程改革极力强调师生要结成“学习共同体”。然而在现代教育理论中，无论是赫尔巴特的教育理论，还是布卢姆的掌握学习理论，都只强调了学生的发展，而忽视了教师的发展，造成了教师发展的旁落和教师自我迷失，而教师发展问题的提出无疑会使教师在当代教育学中崛起。在教师的发展过程中，其中心是教师的专业成长，即一个教师的职业理想、职业道德、职业情感、社会责任感、教育实践能力、教育经验等不断成熟、不断提升的过程。

（三）教师是学习者

在知识经济社会，可持续的成人教育把教育的内涵在时间上扩展为终身化的趋势，在空间上扩展为社会化、国际化的趋势，从而使人能够顺应迅速变革的世界，把一生作为学习和接受教育的过程，每个人都可以得到终身进修和丰富知识的机会，教师也不例外。联合国教科文组织《1988 年世界教育报告——教师和变化世界中的教学工作》指出："大多数国家的师范教育虽然仍然把重点放在教师的前期培养上，教师的在职培训和进修在最近 30 年才显得日益重要。人们逐渐地认识到，教学同其职业一样，是一种学习的职业，从业者在职业生涯中自始至终都要有机会定期更新和补充他们的知识、技能和能力。"因此，21 世纪教师的主要责任之一就是终身学习并不断地培养塑造自己。

（四）教师是研究者

《基础教育课程改革纲要》指出，教师应是教育教学的研究者，如果教师的教育教学没有一定的理论指导，没有以研究为依托的深化和提高，就容易在固守经验、照搬老方法的窠臼里不能自拔。20 世纪 80 年代，教师成为研究者的运动在欧美广泛兴起。其基本假设是教师有能力对自己的实际情境和教育行动加以反思、研究、改进，提出最贴切的建议。由教师来改进自己的专业实践乃是最直接、最适当的方式。"教师成为研究者"的早期倡导者布克汉姆认为，教育研究不应是专业人员专有的领域，而是一种态度。基于这样一种对研究的理解，把研究看成是教师应有的态度，对于理解教师成为研究者、教师专业化具有重要启示。

（资料来源　http：//www. scu-xhsx. cn/news/indexa. asp？ClassID = 543&ColumnID = 58）

三、教师专业发展的原则

教师专业发展并不是随意而行的，虽然每个教师的专业发展道路和形式不尽相同，但是大家都遵循着一些共性的发展原则。大令·哈蒙德主编的《教学作为一种学习的专业》（*Teaching As the Learning Profession*）中，描述了教师专业发展的原则，可以给教师开展专业发展提供有益的指引。他提出有效教师专业发展应该遵循以下原则：

（1）教师专业发展的根据和动力，应该是学生学习的目标和学习标准与学生实际成绩这两者之间的差距；

（2）让学习者（参加学习的教师）参与学习需求的诊断，可能的话甚至参与学习活动和学习过程的设计；

（3）教师发展主要以学校为本，并且整合到学校的其他活动中；

（4）学习的机会与个人的需求相关，但主要围绕合作的问题解决这种方式开展；

（5）专业发展是持续的，而不是短期的，包括后续活动和后续工作中的支持以及来自校外资源的支持；

（6）对教师专业发展的评价，需要综合考虑各个方面，包括将专业学习过程中获得的学习成果应用到教学实践中，包括对学生学习结果的影响；

（7）对专业学习能够形成理论层面的理解；

（8）能够与更为广泛的学校教育改革联系起来。

如果用“以学生为中心”的思想看待教师专业发展中的教师，则有效的专业发展必须做到以下五点：①认识到教师的知识背景；②帮助教师反思和处理他们的想法和行为；③注意教师的动机和情感问题；④认识到教师的学习是发展性的学习；⑤以情境化为基础。

【扩展视野】

利特尔的教师专业发展原则

利特尔（Little，1993）提出了教师专业发展的原则：

（1）专业发展为教师提供学识、社会和情感方面的投入，包括思想、学习材料和学习共同体的投入。（而传统培训模式中，内容肤浅、片面，教师的角色是被动的）

（2）专业发展充分考虑教学的情境，充分考虑教师的原有经验。（而传统培训模式则是“以不变应万变”）

（3）专业发展支持不同的见解和意见。（而传统培训模式对教师的想法缺乏评价和应对的机制）

（4）专业发展将课堂教学实践放在学校教育的大背景中，并且综合考虑学生的教育经历。（而传统培训模式简单地把教师发展和课程改革看成是获得特定的技术技能）

（5）专业发展为教师（也为学生及家长）准备应用技术的能力和探究的角度。（而传统培训模式注重于消费知识而不是生产知识）

（6）对专业发展的管理是为了保证不受体制的影响以及在个人利益和机构利益之间取得平衡。（而传统培训模式绝对是层级式的结构，对教师是没有影响力的）

当然，利特尔也指出由于受惯性的影响（倾向于传统培训模式），由于专业发展的时间与工作安排的冲突，使得上述的原则很难真正体现出来。

四、教师专业发展的主要内容

教师专业发展到底要促进教师哪些方面的发展？这是开展教师专业发展必须明确的问题，也是教师专业发展的主要内容。从对教师专业发展的内涵和意义等的分析，可知教师专业发展要发展的其实就是教师的专业素质，即组成教师专业结构的各种不可或缺的要素，它们往往是教师专业化特有和必备的。一项职业的专业化程度越高，其专业结构所包含的内容就越丰富，也更细化。

从已有的研究来看，对教师专业素质研究的出发点不同，对组成教师专业素质构成因素的界定也有差异。对教师专业结构的不同分析角度所产生的不同认识，如表 1－2 所示。

表 1-2　对几种教师专业结构的分析

研究者	教师专业结构的认识
叶　澜	专业理念，知识结构，能力结构
艾　伦	学科知识，行为技能，人格技能
林瑞钦	学科知识（能教），教育专业技能（会教），教育专业精神（愿教）
曾荣光	专业知识，服务理想
白益民	教育理念，知识，能力，专业态度和动机，自我专业发展需要和意识

（资料来源　叶澜．教师角色与教师发展新探［M］．北京：教育科学出版社，2001）

综合以上分析，可将教师专业发展的内容分为专业意识与理念、专业知识、专业能力和自我专业发展意识四个方面。

1．专业意识与理念

从事任何职业的人都会对所从事的职业有一定的认识，教师一般也会有自己的信念体系。它们可能是从教学实践中逐渐积累而来，也有可能直接从外界接受过来，这也就是人们所说的内部意识和外部意识。作为分析教师专业发展的一个维度，教师的专业意识和理念反映在教师对教育、教学、学生以及学习等的基本看法上，是教师价值观的一个方面，影响着教师从业的各个方面。教师的专业意识与理念形成后，在一段时间内一般是不会轻易改变的，尽管教师对此可能并无察觉，但是这些意识与理念在一定程度上会对教师学习和接受新观念起到过渡作用。

2．专业知识

教师专业知识是国外教师研究中开始较早的研究领域之一，但是迄今为止对教师专业知识究竟应该从什么维度去构建仍然没有一个统一的说法，唯一的共识就是教师在教学中要用到多种知识。以下列举几种目前具有代表性的教师专业知识分类，如表 1-3 所示。

表 1-3　几种具有代表性的教师知识分类

研究者	教师知识分类
舒尔曼（1986）	1．教材内容知识；2．学科教学法知识；3．课程知识；4．一般教学法知识；5．有关学习者的知识；6．有关教育情境的知识；7．其他课程知识
伯利纳（1989）	1．学科内容知识；2．学科教学法知识；3．一般教学法知识
格罗斯曼（1994）	1．学科内容知识；2．学习者和学习的知识；3．一般教学法知识；4．课程知识；5．情境知识；6．自我知识
考尔德黑德（1996）	1．学科知识；2．机智性知识；3．个人实践知识；4．个案知识；5．理论性知识；6．隐喻和映像

（续上表）

研究者	教师知识分类
、 申继亮（1996）	1．本体性知识（学科知识）；2．条件下知识（教育学、心理学知识）；3．一般文化知识；4．实践性知识
陈向明（2003）	1．理论性知识（学科内容、学科教学法、课程、教育学、心理学和一般文化）；2．实践性知识（教育理念、自我认识、人际知识、情境知识、策略性知识、批判反思知识）

（资料来源　引自朱晶《绩效技术视角下的中小学教师专业发展研究》，学位论文）

专业知识可以分为学科知识和教育教学知识两类。其中学科知识是指教师所从教的学科及相关学科的知识和普通文化知识。无论什么学科总是在发展前进中的，它们并不会随教学实践的开展而得到自然的发展和积累，这是与教育教学知识最大的不同，因此学科知识的更新对新老教师来说都是必须的。依靠在学校教育中所学的学科知识就能从教一辈子的情况已经成为过去，信息时代的教师注定要不断地学习和更新学科知识。

教育教学知识还可再细分，如可分为条件性知识和实践性知识。条件性知识是指那些已经为人们结构化、程序化、可编码和可传承的关于教育和教学的知识，也就是传统意义上的教师专业知识，一般分为一般教学法知识、学科教学法知识、学习的知识和心理学的知识，如发展心理学、教育心理学等的知识。这类知识一般可以通过阅读和听讲座获得，它通常是外显的，可供所有教师共享，是教师知识中的显性知识。而与之相对应的则是教师个人在具体的教学实践中通过自身经历所体验和感悟到的实践性知识，诸如自己独特的教学风格、教学技能的掌握情况等。实践性知识是教师个体对教学理论知识内化后的产物，是经验的累积，更是长时间实践后智慧的沉淀，它通常是隐性的，具有较强的个人特色，不易与人分享，也就是通常所说的只可意会不能言传的知识。

3．专业能力

教师的专业能力是教师专业发展的另一个重要特质。所有人都认同专业能力对教师这个职业的重要性，但缺乏对教师专业能力结构的统一认识。西方学者在研究教师专业能力时，更加注重课堂中教师与学生之间的互动行为，认为教师应该具备的专业能力是那些能使教师在课堂上的教学行为更有效的能力。通常是指教师强化和反馈教学信息的能力、实施教育教学策略的能力、了解和分析学生的能力、驾驭教材的能力、设计教学方案的能力。在实际调查中，被调查的教师认为在课堂教学中能力不足包括制作和演示直观教具的能力、组织调控教学过程的能力、运用教学语言的能力、设计板书的能力等。

近年来，大家除了关注教师的教学能力外，同时也关注教师的研究能力，特别是教学研究能力，强调教师在教学中开展研究，促进自身专业发展，提高专业素质。因此，可以说教师的专业能力应该包括两大方面的能力：一是表达能力、组织教学能力、教学设计能力、运用现代教育技术能力、教学监控能力和交往能力等教学能力；二是设计研究、开展研究、分析数据和形成研究结论等研究能力。

4. 自我专业发展意识

如果一名教师具备了前三个方面的素质，那么他将成为一名专业人员，但如果教师希望自己能在教师这个职业中得到更好地发展，则是其自我专业发展意识在起作用。自我专业发展意识是教师自我专业发展的内在驱动力，能保证教师不断自觉地促进自己的专业成长。教师自我专业发展意识在教师专业发展中的地位不容忽视，只有当教师具有自我发展意识时，他才会反思自己的教学实践，才能发现需要改进和完善的地方，进而有意识地寻找机会弥补自身的不足，也才可能认清自己现在所处的发展阶段，进而更加明确今后该往哪个方向发展以及如何发展。这些意识支配着教师日常工作中的思想和行为，体现在具体教育教学行为中。

综合而言，教师专业发展的内容可用图 1－2 来表示。

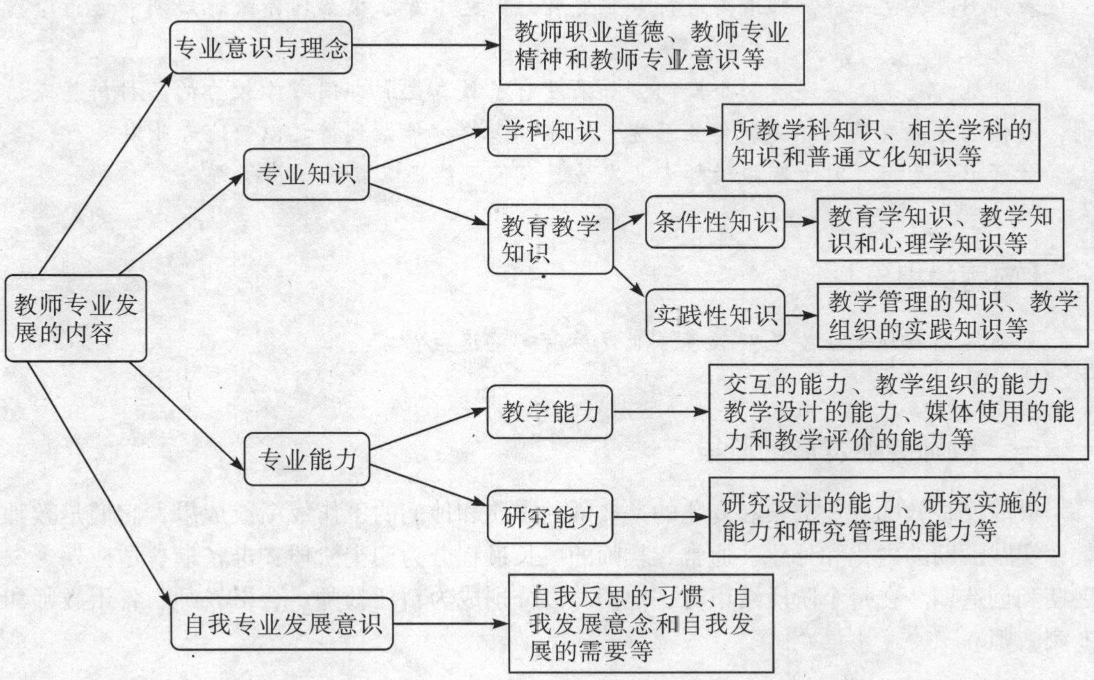

图 1－2　教师专业发展的内容

【小结与回顾】

在本节的学习中，我们学习了教师专业发展的内涵和意义。请回答以下问题：

1. “教师发展就是教师专业化发展”这个说法正确吗？请谈谈自己的想法。
2. 结合自己的教学实践或学习经验谈谈教师专业发展对自己的影响和对教师的意义。

第二节　教师专业发展的构成

【情景导入】

教师A：近年来参加了不少培训，其中都提到了教师专业发展，我对教师专业发展有了初步了解，但是总有种似懂非懂的感觉。

教师B：我也一样，知道要进行专业发展，但也不知应该如何系统地规划和进行个人的专业发展。

教师A：就是，我还有一个疑问，如果没有了教育主管部门或学校办的各种讲座或培训，我们的专业发展是不是就停止了呢？也不知怎样才能做到持之以恒地专业发展。

教师B：是啊，对于实施教师专业发展，我们可能还需要进一步了解。

【问题的提出】

如何规划教师专业发展？教师专业发展有哪些途径？

一、教师专业发展的阶段

最能反映教师专业成长和变化的是教师的素质和他们的工作成绩或成果，它们是教师教育实践活动的内化和外化。通常，教师的成长过程分为四个阶段：准备期、适应期、发展期和创造期。在每个阶段结束时，他们可以分别成为新任教师、合格教师、骨干教师和专家教师。

（一）准备期

职业准备期是指教师从事教育工作之前的阶段，是接受教育和学习的阶段。这个阶段的主要活动是学习。这个阶段教师素质的特点：第一，以学习书本知识为主；第二，知识和经验具有一般化和表面化的特点；第三，形成了教师所需要的一部分独特优秀素质，如扎实的学科知识、基本的教学知识、对教学过程及方法的初步了解和有某方面的特长等。

（二）适应期

职业适应期是教师走上工作岗位，由没有实践体验到初步适应教育教学工作，具备最基本、最起码的教育教学能力和其他素质的阶段。这一阶段的主要活动是开始从事各种教育教学实践工作。适应期结束的标志是教师能够适应和胜任教育教学工作，得到学生的认可。这个阶段一般是教师开始从教的1~3年，是一个经验积累的阶段。

（三）发展期

职业发展期是教师在初步适应教育教学工作后，继续在教育教学实践中锻炼自己的教育教学能力和素质，并逐步达到熟练程度的时期。发展期教师的教育教学水平和成果的特点是工作自动化、有效率，能比较自如地处理各种各样的问题。他们往往被称为有经验的教师或教育行家，他们经常上示范课。到达这个阶段，需要的时间大致是4~7年，也就是工作以后的5~10年。影响达到这一时期所需时间长短的因素如下：教师是否能够很快地适应教育教学工作，是否刻苦钻研业务，是否善于积累和总结自己的工作经验，是否得到崭露头角的机会，是否得到在各种工作岗位全面锻炼的机会等。

（四）创造期

职业创造期是教师开始由固定、常规、自动化的工作进入到探索和创新的时期，是形成自己独到见解和教学风格的时期。创造期教师的教育教学成果主要是为形成自己的教学风格和教学模式，总结出自己的教育观点和某方面的理论，发表有一定分量的教育论文或教育著作。创造期教师可以称为专家教师。

【案　例】

创造期教师的成长过程

江苏泰州中学特级教师洪宗礼回忆自己的成长过程时说："改革，激发了我的探索精神、创造意识，使我逐步向成熟型转化。在改革实验中，我研读了中外教育的大量著作，搜集了中外关于语文方面的资料。结合试教，我几乎每个单元都写札记，又从这些札记中整理出诱导式教学法的22个课型，概括出引读十法。我立足自己的教改实验，学习借鉴他人的教改经验，对语文教学的目的、任务、性质、原则、教法等十几个领域进行了研究。写成了一部23万字的论文集，还先后出版了6部专著，主编了初中学生思维训练的专用教材和140万字的江苏省单元合成、整体训练初中语文实验教材。"

【扩展视野】

教师专业发展的周期和最佳年龄

（一）什么是最佳年龄

教师的成长有一个很长的周期。在整个过程中，不是每个阶段的效率都一样，而是有所区别：有的年龄阶段效率高，有的年龄阶段效率低。如果我们了解了成长过程中的那些效率高的年龄阶段，在这些阶段中抓紧时间，投入更多，就能够产生事半功倍的效果。

根据研究，教师成长水平存在一个类似抛物线的曲线，中间阶段是高峰期。这个高峰期，就是我们所说的最佳年龄。最佳年龄以教师的创造成果为指标，是通过对一定数量的教师创造成果进行数量和质量的统计得到的。最佳年龄一般不是一个点或平均数，而是一个区间。所谓最佳年龄区，就是指在某一年龄区间内，创造的成果数量最多，质量最高。这说明，一个人处于这样的年龄，取得创造成果的可能性是最大的。

（二）教育人才成长的最佳年龄

一项研究对北京等11个大中城市的346名教师获得特级教师称号时的年龄进行了统计，结果如表1－4所示。

表1－4　346名教师获得特级教师称号时的年龄

年龄段	31～35	36～40	41～45	46～50	51～55	56～60	61～65	66～70	71～
人　数	6	13	48	64	81	81	42	8	4
百分比（%）	1.72	3.0	13.83	18.44	23.34	23.34	12.10	2.3	1.15

由表1－4可以看出，获得特级教师称号的最佳年龄是46～60岁，占65.12%。如果再放宽一些，较佳年龄是41～65岁，占91.05%。考虑到过去评选没有制度化，也受论资排辈的影响，我们可以在理论上做些修正，将最佳年龄区定为41～60岁。这样，一个人从20岁左右从事工作，到获得特级教师称号，大约需要20年的时间。这就是特级教师的成长周期。

表1－5　100名教育家的134本代表作发表时的年龄

年龄段	26～30	31～35	36～40	41～45	46～50	51～55	56～60	61～65	66～70	71～
著作数	1	10	21	25	18	15	16	9	8	11
百分比（%）	0.75	7.50	15.67	18.66	13.43	11.19	11.94	6.72	5.97	8.2

由表1－5可以看出，教育家发表代表作的最佳年龄是36～60岁，占70.89%。

根据上述两项统计，我们可以得到以下三点认识：

第一，优秀教师的成长存在一个最佳年龄区，综合而言，是36～60岁。在这个阶段，由于精力旺盛，素质达到较高水平，家庭负担比较轻，经验比较丰富，因而最容易出成绩。

第二，与其他类型的人才相比较，教育人才的最佳创造年龄偏大，区间比较宽。一般自然科学家的创造年龄是25～45岁，文学家是31～45岁，艺术家和运动员则更年轻，是25～30岁。产生这种差别的原因在于教育工作是一项长期的、复杂的工作，周期长、需要积累等特点决定了教师成熟的时间比较晚。

第三，在教育人才内部，理论型人才比实践型人才成才早。从上面的统计可以看出，理论成果的取得较实际成果的取得早约5年。一些教育家在30岁左右就发表了他们的代表作，比如，赫尔巴特30岁出版《普通教育学》，杨贤江34岁出版《新教育大纲》。这是因为实践活动相对理论工作而言，更复杂。

二、教师专业发展的规划

个人发展规划指结合个人自身情况、岗位需要、个人发展意向和社会的需要，由个体为自身素质、知识文化和专业技能提高而制定的规划，目的是为了让自己在工作中更称职、更专业和更有潜力。

教师的专业发展也需要规划，即对一定时期内自身专业发展的目标、任务和措施等的规划。其具体包括生涯设计、3～5年的中期规划、1年内的发展规划及某个方面（如提高教学能力、提高指导学生探究学习的能力和研究学生学习活动的能力等）的具体规划。

规划的内容如下：

（一）自我定位与目标设计

1. 自我定位

根据自我反思的结果，从实际出发，给自己一个比较符合实际又有挑战性的定位。自我定位包括两点：一是对类型的定位；二是对层次水平的定位。教育人才类型可以划分为教育理论研究人才、学校管理人才、教育行政人才和教育教学人才。教育人才的层次，根据人才素质的高低、创造性的大小、对教育事业影响的大小，可以划分为教育家、教育专家或卓越教师、优秀教师或骨干教师、好教师或有经验的教师、一般教师或称职教师。

2. 目标设计

专业发展的目标有三种：第一种是总目标，即希望自己成为一个什么类型和层次的教师。第二种是阶段目标，即各个成长阶段要解决的问题。在阶段目标的设计上，可以参照教师职业生涯周期的特点，了解各阶段应该解决的问题，形成自己的目标。第三种是分项的目标。在教育工作中，有许多方面和项目都可以成为教师攻克的目标，如教材编写、教学方法改革、教学手段革新、学生管理、课外活动指导、教育实验或某项科研等。在完成目标设计时，既要考虑自己的兴趣、爱好、优势，尽可能地发挥自己的长处，又要考虑教育改革的趋势、教育中存在的问题。根据需要选择目标，顺应时势是教师成才的规律。

（二）成长阶段的设计

在明确了自己专业发展上的各层次目标后，教师会考虑这样的问题：要成为这种类型、这种层次的教育人才，实现总体目标，需要什么样的素质和客观条件？需要经过哪些发展阶段？成长阶段的具体活动和方案设计围绕以上两个问题来进行的。具体工作如下：

第一，了解自己现在所处的成长阶段，根据自己的年龄、教龄和从教学科等，分析自己当前所处阶段是比较超前、适中还是比较落后。

第二，设计以后每个阶段的发展任务和大体时间。具体内容包括阶段目标的具体体现、具体的任务项目、大体的时间周期、最终的成果预期、完成任务需要的素质水平和客观条件。

（三）成长措施和策略的设计

围绕发展目标提出有针对性的措施和条件是保证规划得以实现的重要环节。可采取的具体措施包括决定要学习的知识、要参加的进修、选择能参观考察的地方、可能进行的实践探索、需要请求帮助的人、需要创造的物质条件、自己完成每项任务需要的时间预算、所需经费的预算等。

【案 例】

个人三年发展规划

吴燕峰

没有计划的生活是盲目的，停滞的知识迟早会被淘汰，现今世界竞争日趋激烈，尤其是人才竞争尤为突出，这股强劲的竞争之风伴随着教育改革席卷校园。本来在普通人眼中的“铁饭碗”职业——教师，也面临着各种挑战，不求自我发展、停滞不前的教师将会被淘汰。结合学校的教师专业发展规划，现制定我个人的三年发展规划，以作鞭策。

一、现状分析

不知不觉，从大学毕业进入徐州教院附中已经两年了，在这两年中，我从各方面学到了许多知识和经验，从一个对课堂教学只有理论知识的大学毕业生渐渐地磨炼成了一个能够比较好地掌控课堂教学的信息技术专业教师，同时兼顾《新综合科学》、活动课、双语课的跨科、跨年级、跨语言的多能教师。

在这两年中，我能感觉到自己的进步，责任心一学期比一学期强，但我也清醒地认识到自己的进步来自于学校给我的压力，这是一种被动的进步，在主动性上我没有给自己压力，这是我目前存在的不足之一。仔细分析了一下自己的现状，特别是不足之处，现罗列如下：

1. 对于教科研方面缺乏探讨研究的积极性，教科研能力较差；

2. 课堂教学能力尚可，但还有巨大的发展空间，在教学方法、手段上缺乏新意；

3. 在教育方面，方法和手段略显稚嫩；

4. 虽然理科知识比较好，但对于文科的知识积累有所欠缺，特别是英语口语，怕说少说是对自己发展的一大阻碍。

二、个人发展目标

根据“二期课改”的精神，信息技术课程越来越趋向于工具型课程，随着课程整合越来越剧烈，信息技术必将更多地服务于其他课程，成为服务性的工具课程，要为其他课程服务，必须了解这些课程的相关知识，基于以上分析，我更适合成为“一专多能”的教师。“一专多能”，即拥有一门专业技术（计算机操作处理信息技术），能够了解理科各科目的基础知识，能够拥有独立进行拓展型课程和探究型课程教学的能力，并且具有一定双语课教学的能力。在教育方面，没有做过班主任的教师不能算是真正的教师，所以从今年开始我进入班主任这一领域，希望能在班主任工作中，第一年做到“胜任”，第二年开始要有所长进。

三、目标达成

为了实现个人三年发展规划的目标，仅靠本人自学的力量是不够的，还需争取各种培训的机会。

1．现在已参加的培训有“中—加合作英语培训项目”和《新综合科学》新教材 240 培训。

2．对于“信息技术”学科，除了同组教师进行校本培训之外，还需专门到校外进行培训，可以是先进的教学理念和教学方法，也急需培训相关的专业知识，与当今最新的信息咨询接轨。信息技术变化迅速，对于专业知识应定时不间断地培训。

3．听各种教育、教科研方面的讲座，撰写班主任教育工作及各讲座的心得体会。

四、实践提升

在实际的教学中，要经常地、系统地进行自我反思、进行自学。三年争取做到：第一年，基本胜任多学科教学；第二年，教科研有所进步；第三年，教育教学上有一定特色。

2004 年 8 月

（资料来源　http：//www. wenmi114. com/wenmi/xinde/jingyanjiaoliu/2007 - 03 - 06/200703 0647237_ 2. html）

三、教师专业发展的途径

1．参加培训

参加培训是指教师到大学、教师进修学校等培训机构参加学历或非学历教育。在培训中，教师们要努力做到以下四点：第一，要带着问题学习，把教师讲的内容和自己在工作和实践中碰到的问题联系起来，加以思考和消化，并和其他教师一起讨论以取得更好的学习效果；第二，增强学习的主动性，积极地参与到培训活动中，争取更多与人交流、相互学习的机会；第三，在培训中不断改进自己的学习方法；第四，充分利用培训学校的教育资源，包括图书馆、教师、专家等人力资源。

2．专业阅读

阅读，特别是阅读与教学和从事的学科有关的文献资料，仍然是教师学习的最主要形式。在进行专业阅读时，教师们一定要掌握良好的读书方法。在开展专业阅读时要注意以下两点：第一，掌握信息来源，大量搜集信息；第二，掌握读书方法和资料积累方法，善于整理信息，丰富自己的知识。

3．网络学习

随着我国教育信息化的迅速发展，网络学习必将成为教师缓解工学矛盾的一种重要学习方式。通过网络可以实现灵活而开放的学习活动，在网络中开展的学习活动有查找资料、下载与阅读资源、在网上图书馆观看多媒体资源、通过电子邮件与他人通信、在网上交流讨论等，这就需要教师们掌握必备的信息技术技能，有一定的信息素养。对于网上学习，有效地控制学习进度和学习内容会使网上学习的效果更好，教师们要根据自己的发展规划和具体方案做好网上学习的安排。

4．参加教育学术团体与教育学术活动

参加教育学术团体及其活动对教师有多方面的帮助：第一，可以及时获得专业方面的新消息和发展动态，有利于自身专业知识和技能的更新；第二，参加教育学术团体的学术会议，通常需要提交论文，这可以促进教师开展科研活动，提高科研能力、写作能力和思维能力；第三，参加教育学术会议是向他人学习的重要途径，通过听取会议中同行的报告，常常可以帮助自己解决一些实践上、理论上的问题；第四，教育学术交流可以促进自我反思，有利于教师的成长。许多优秀教师就是通过参加会议、发表观点而被专家和同行承认的。

5. 教育考察与教育观摩

教育考察和教育观摩是教师向他人学习、掌握先进教育理论与实践经验的重要途径。在教育考察和教育观摩过程中，教师应该事先制定考察的提纲和问题，有所准备地学习；考察和观摩时，要做好记录，有条件的可以照相或者摄像，搜集有关资料；同时，还要和考察学校的教师、领导进行交流，询问关心的情况；考察之后，要对搜集的资料进行整理和分析，汲取其精华，找出可以借鉴的地方，最后经过总结写出“考察报告”和“听课的案例分析”。

6. 校本教研和培训

校本教研与培训是近年来在我国学校中出现的一种重要的教师专业发展模式。它突出的是基于学校、为了学校和在学校三个特点。总之，突出学校的实际特点和需求。校本教研有诸多具体的形式，最常见的有听课、评课和教研活动等。此外，还有集体反思、短期培训、教师沙龙和专家讲座等。教师从这些活动中，更能够获得贴近实际的帮助。

7. 行动研究

行动研究是行动和研究结合的产物，是研究型的教学实践，使教师的教学实践活动带有了学术的、思考的和理性的成分。在行动研究中，教师通常从自己教学中提出问题，形成研究的课题，自己设计实践方案，边实践边记录情况，分析实践过程和效果，找出存在的问题，并不断地修正方案，以期解决提出的问题，获得更好的教学效果。

【扩展视野】

主要的教育网站和其他网址：

中国教育信息网 http：//www. chinaedu. edu. cn/

中国教育与科研计算机网 http：//www. edu. cn/

学科教育网 http：//www. xueke. com. cn/

中国中小学教育教学网 http：//www. k12. com. cn/

中国科普网 http：//www. cpus. gov. cn/index. htm

中小学生心理辅导论坛 http：//www. xhyf. net/bbs/index. php

中国基础教育网 http：//www. cbe21. com/

中国教育先锋网 http：//www. ep-china. net/

天河部落 http：//www. thjy. org/

【小结与回顾】

通过本节的学习，我们对教师专业发展的阶段和途径有了清楚的认识。回顾本节的知识点，请根据自身状况，请制定自己的教师专业发展规划。

参考文献

1．张倩，李子健．国际比较视域下的教师专业发展［J］．教育发展研究，2011（6）

2．教育部师范司．教师专业化的理论与实践［M］．人民教育出版社，2003

3．夏惠贤．论教师的专业发展［J］．《外国教育资料》，2000（5）

4．朱新卓．“教师专业发展”观批判［J］．《教育理论与实践》，2002（8）

5．李　琼，曾晓东，杜亮．北京市中小学教师专业发展：结构与特点研究［J］．《教师教育研究》，2008（11）

6．刘　宇．美国教师专业发展的范式转换与启示［J］．《比较教育研究》，2003（4）

7．齐丹丹．20 世纪 80 年代以来美国教师专业化发展探究［D］．长春：东北师范大学，2008

8．叶　澜．教师角色与教师发展新探［M］．北京：教育科学出版社，2001

9．陈向明．实践性知识：教师专业发展的知识基础［J］．《北京大学教育评论》，2003（1）

10．张一春．论教育技术与教师专业发展［J］．《中国电化教育》，2003（11）

11．胡定荣．教师专业标准的反思［J］．《高等师范教育研究》，2003（1）

12．周耀威．教育行动研究与教师专业发展［J］．《全球教育展望》，2002（4）

13．徐斌艳．教师专业发展的多元途径［M］．上海：上海教育出版社，2008

14．RalphFessler&Judithc．christensen．董丽敏，高耀明．教师职业生涯周期：教师专业发展指导［M］．北京：中国轻工业出版社，2005

15．李　琼．教师专业发展的知识基础［M］．北京，北京师范大学出版社，2009

16．张诚，蒲大勇．校本教育模式与教师专业发展［M］．成都：四川科学技术出版社，2004

17．顾小清．面向信息化的教师专业发展研究［D］．上海：华东师范大学，2004

18．张志泉．论教师专业发展的反思性道路［D］．上海：华东师范人学，2007

19．刘堤仿，朱跃跃．教师专业发展标准下的校本培训［M］．北京：现代教育出版社，2009

20．傅建明．教师专业发展——途径与方法［M］．上海：华东师范大学出版社，2007

第二章　教师开展终身学习是专业化发展和时代的要求

“有些人一做了教师，便专门教人而忘记自己也是一个永久不会毕业的学生。因此很容易停止长进，甚而至于未老先衰。只有好学，才是终身进步之保险，也就是常青不老之保证。”

——《陶行知教育文集》

学习目标

1. 理解终身学习的定义。
2. 根据自身的经历，体会终身学习的必要性。
3. 了解终身学习能力的构成。
4. 学会制定终身学习计划的方法。

内容框架图

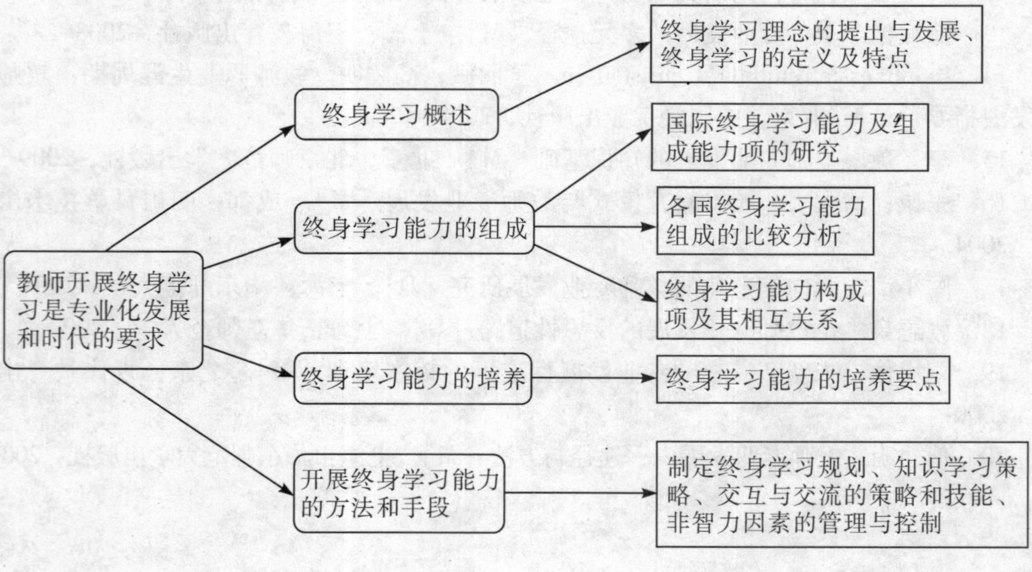

第一节　终身学习的概述

【情景导入】

教师A：你知道吗，这次竞聘科组长，李老师上了。

教师B：怎么会？我一直认为会是张老师啊。张老师是研究生毕业的，李老师只是本科毕业，明显就不占优势嘛。

教师A：学历是死的，可人是活的啊。人家李老师虽然学历只有本科，可是一直都参加各种学习和培训，很多好的想法跟建议都是他提出来的。

教师B：这是不是就是现在大家都在说的终身学习啊，看来咱也得好好跟李老师学习了。

【问题的提出】

什么是终身学习？教师为什么要开展终身学习？它对教师的发展有什么意义呢？

一、终身学习理念的提出与发展

当代形态的、系统的终身教育和终身学习思想与实践开启于20世纪60年代，其思想的主要奠基人是国际知名的法国成人教育家保罗·朗格朗（Paul Lengrand），其实践的主要推动机构是联合国教科文组织。1965年12月，朗格朗在巴黎召开的第三届成人教育国际促进委员会上作了题为《教育终身化》的学术报告与提案，他认为教育应当贯穿于人的一生，并能在每个人需要的时刻，随时都能以最好的方式为之提供必要的知识和技能。随后，该委员会通过决议，确认终身教育思想的中心是构建一体化教育体系，使教育从纵的方面（贯穿人的一生）和横的方面（贯穿个人和社会生活的各个侧面）寻求连续与结合。这也标志着终身教育和终身学习作为一种国际教育的思想和实践正式确立。终身学习的概念及理论从提出一直发展到今天，已经成为国际化的教育思潮，并且为不同社会制度的国家广泛接受，成为国家教育的基本政策和发展战略。

（一）欧盟终身学习十年计划

自2000年以来，欧盟对推进欧洲各国终身学习的实践，在战略及政策方面进行了重新思考及定位，具体包括出台“里斯本战略”、发布《终身学习备忘录》等。

1. “里斯本战略”

2000年3月23～24日，欧洲理事会（Europe Council）在葡萄牙的里斯本召开会议。

会议为欧盟未来10年树立了一个宏观的战略发展目标，即到2010年把欧盟建设成一个“世界上最具竞争力与活力的知识经济体系，一个能维持经济持续增长、创造更多更好的就业机会、更具凝聚力的社会”。这就是著名的“里斯本战略”。欧盟认为，要实现里斯本战略，“一个关键部分就是调整现有的教育和培训系统，使其有能力为任何年龄的个人提供一体化（tailored）的学习机会，使其通过对公民知识增长和能力发展的投资提高全民的就业能力和社会的包容性（Social inclusion），进而促进全民信息社会（Information Society for All）的实现”。里斯本战略的目标：“欧盟经济增长率年均3%；研究与开发支出占国民生产总值的比重到2010年不低于年均30%；一般就业率达到70%，其中妇女就业率60%，老人就业率50%。此外，年轻人在校辍学率减半，儿童入托率明显提高等。”2004年，欧盟又出台了《教育和培训2010：里斯本紧急改革在战略转折上的成功》报告。该报告是2010教育培训计划实施进程中的第一份临时联合报告，它要求在6个优先领域立刻实施终身学习，“实现终身学习的欧洲”是其中之一。

从里斯本战略目标的定位可以看出，终身学习是实现欧盟战略目标的核心要件以及重要的手段和途径。从而共同推进“大会要求各国教育部部长能够就教育和培训系统的具体目标达成共识”的落实。

2. 2000年提出《终身学习备忘录》及其影响

在里斯本会议的基础上，欧盟执委会于2000年10月提出《终身学习备忘录》（*A Memorandum on Life Long Learning*），讨论各成员国如何协作以在各个层面实施、完成终身学习战略的问题。《终身学习备忘录》在重申终身学习重要性的基础上，主张整合各类教育与教学，并提出六大议题，作为讨论在欧洲实现终身学习实践策略的框架，这六大议题具体是人人具备新基本技能、更多的人力资源、教学与学习的革新、评价学习、学习辅导咨询的再思考、将学习紧密地带进家中。

《终身学习备忘录》中提到，终身学习是一种有益的学习活动，具有促进知识、技能与能力的作用。这样的学习能够提高就业能力、积极的公民权以及促进社会整合。终身学习不再仅仅是教育训练的一个层面，而成为提高和参与继续学习中的指导原则。终身学习将教育和培训纳入一个新的框架，在这个框架中，教育和培训将伴随着一个人的一生。《终身学习备忘录》特别关注人一生中通过日常工作和生活等非正式教育途径进行学习的作用。

3. 欧盟实践终身学习的策略

在“里斯本战略”和《终身学习备忘录》的基础上，欧盟相继提出了一系列实践策略。

2001年11月，欧盟委员会发表的重要宣言《实现终身学习的欧洲》，对欧盟未来10年终身学习战略做了统一规划，为教育培训以及其他领域发展终身学习提供了指导思想。在这个终身学习战略的框架下，欧盟对教育、培训、就业等社会各个领域的现有资源进行了重新整合，表现出了很多新的特点。

“苏格拉底计划”（Socrates program）将1995年以前已经在普通教育领域开展的一些项目进行了整合，并新增了一个针对学校关系的“夸美纽斯计划”（Comenius program）；

“达·芬奇交流方案”（Leonardo Da Vinci program）也将先前在职业教育与培训领域开展的项目进行了整合，从而形成了一个新的框架性行动计划。这两个项目在推行过程中都特别重视终身学习理念的贯彻以及多媒体的使用。

（二）终身学习在美国

美国终身学习的实施情况在世界上一直处于领先地位，终身学习思想已成为美国教育界的主导思想，终身学习和学习型社会已经被越来越多的人所接受，并逐渐成为一种社会现实。早在 1976 年，美国政府就已正式颁布了《终身学习法》，它从法律上确立了终身学习在美国的地位，并从各个方面对终身学习的实施进行了规定与计划，从而为美国终身学习的发展奠定了坚实的基础。1984 年，美国高等教育和成人学习者委员会发表了题为《成人学习：国家未来的关键》的报告，明确肯定成人学习的重要性，认为成人学习者是国家未来发展的关键力量。同时报告也强调各级部门在成人学习中的作用，指出国家教育的发展需要联邦、州和地方机构之间的合作。1993 年美国成立了“终身学习者之国委员会”，这个委员会的主要职责是确定终身学习的问题，制定相关的政策和计划，发挥终身学习在美国社会中的作用。1998 年 3 月，当时的美国总统克林顿发表了一份关于通过远程技术提高学习与教育质量的行政报告，他提出要制定联邦计划为终身学习提供财政支持，从而充分利用由现代科技所带来的新的学习机会。

美国终身学习发展的动力主要来自五个方面：第一，妇女学习者、其他业余学习者与老龄学习者的增加使成人学习者人口构成变化产生的新需求。第二，信息技术的迅猛增长，经济全球化的形成，使得劳动力的构成有了新的变化。有研究显示，在未来 10 年里，75% 的现有劳动力将需要接受再训练，而未来一半以上的职业将需要接受高等教育和新的训练。诸如此类增强经济竞争力和劳动者就业能力的要求也是开展终身学习的客观需要。第三，在美国，发展终身学习的另一个重要推动力是关注平等参与教育与训练的机会，缓解教育机会均等的压力。第四，美国成人学习最大的变化是成人学习不再仅仅是弥补过去的教育缺憾，对越来越多的人而言，学习已经成为他们在现代化社会生存的一种手段，这种民众永久性学习意识的产生和发展，迫切需要终身学习的支持。第五，新技术为开展终身学习提供了现实可能，这对世界各国终身学习发展都是至关重要的。

为了切实推动终身学习的发展，美国联邦政府制定了一系列发展策略。为确保终身学习体系的建立，美国政府也加强了对终身学习的立法与财政支持。1993 年，国会通过了《政府业绩与成果法》，要求联邦政府为每一项终身学习计划制定发展策略和年度成就评估方案，并且建立相应的衡量指标和尺度——国会根据这些措施的实施来评估计划的有效性，决定资助的水平。1997 年，美国总统克林顿在国会会议上明确提出了一项将适用于所有学习者的税收和财政援助计划，并指出，在未来 21 世纪必须拓宽终身学习的范围，使所有人都能获得终身学习的机会。为了满足各种群体的需要，美国已形成并正在进一步发展形式多样、内容丰富、结构健全的终身学习发展计划。在形式上，有个别化和自我指导的学习，有以学习者为中心的学习，有以能力为中心的学习，还有高级专业发展的学习。在内容上，除了原来的为成人提供的补习教育、职业培训之外，还增添了根据成人，尤其是妇女和老人的需要而设立的课程，包括成人基础教育、健康教育、环境教育、人口教育、和平教育等。

在美国，终身教育、终身学习的思想被作为教育发展的主导思想，有关终身学习、终身教育的研究已取得一定的成果。

（三）英国终身学习的发展

王志学与黄慧娟从发展动力方面探讨了英国终身学习的发展。英国是西方成人教育的发源地之一，号称“继续教育之乡”，而英国终身学习的理念正是孕育于继续教育实践之中的，此为其动力之一。另外，社会发展要求学习者进行终身学习。1998 年 2 月，英国主管教育与就业的国务大臣戴维·布朗克向国会提交的《学习时代》绿皮书认为，必须树立和坚持一个不论在什么年龄都要学习的信念，必须保证人们在一生中能不断重新回来学习。同时，新技术的出现为终身学习提供了现实可能性。

为了推进终身学习，建立学习型社会，英国政府制定并实施了一系列发展终身学习的政策。英国工党政府的终身学习政策主要反映在下列政府文件：一是 1998 年发表的题为《学习的时代》绿皮书，该绿皮书提出了建立个人学习账户、成立产业大学、提高基本技能、进行资格改革、开展工作场所学习以及地区合作等新举措。二是 1999 年发表的题为《学会成功》白皮书，该白皮书计划建立一个全国、地区和地方的计划、组织和投资体制；设立一个投资 16 岁后教育与培训的全国学习和技能委员会，它由 47 个地方学习和技能委员会组成。教育标准局和成人督察机构分别监督 16 ~ 19 岁以及 19 岁以上机构的质量。三是 2000 年英国政府颁布的《学习与技能法》（*Learning and Skills Act*），该法的目的是在迈向学习型社会中积极推进终身学习，提升国家竞争力。英国政府还要求提供高质量的高等教育，扩大高等教育的入学人数，并鼓励民间团体组织积极开展各项活动，全力推进终身学习的发展。

（四）终身学习在澳大利亚

澳大利亚终身学习政策贯穿于该国整个教育系统。根据澳大利亚教育系统的特点，其终身学习政策指向的第一大领域是正规教育，包括小学、初中和高中组成的基础教育，技术与继续教育，普通高等教育这三大类别。终身学习政策指向的第二大领域是非正规教育，主要包括成人教育和社区教育。

1998 年，在澳大利亚教育、就业、培训及青年事务部长联席委员会上，各州的部长们联名签署了《21 世纪国家学校教育目标》（*The National Schooling Goals In 21st Century*）。该宣言将终身学习作为学校教育改革与发展的总指导思想，要求进一步强化学校教育并使之成为“学习型社区”，学校教育要提高学生的终身学习能力，为建设学习型社会奠定基础。为了实现以终身学习思想为指导的《21 世纪国家学校教育目标》，基础教育重点在以下两个方面进行了改革，以培养学生的终身学习能力：其一是联邦澳大利亚教育、就业、培训与青年事务部长联席会议于 2000 年提出的《学校中推行职业教育与培训新框架》，使得在学校中推行职业教育与培训的政策更加明晰、具体。《学校中推行职业教育与培训新框架》对参与学生过渡能力培养的机构、提高学生过渡能力的相关活动、活动的预期效果、相关活动的开展时限等都做了详细说明。其二是 2002 年联邦教育就业培训及青年事务部长联席会议签署了《走向未来 为所有年轻人改善出路的联合声明》。该声明指出，对年轻人进行方向性指导应成为培养学生过渡能力的主要形式。在澳大利亚，成人学习是指年龄在25岁以上的人群为了职业、社会、公民和个人的目的而进行的所有学习的总和。为了拓展成人学习机会方面，澳大利亚政府相继推出了“工作场所英语语言与识字”（Workplace English Language and Literacy）、“读写热线”（Reading Writing Hotline）、“面向老年职工的基本信息技术能力项目”（Basic IT Skills for Older Workers Programme）以及“新学徒制入门项目”（New Apprenticeship Access Programme）等成人学习项目。“成人学习周”（Adult Learners' Week）是澳大利亚在国家层面上推动成人学习的重要形式。

（五）日本终身学习的发展

从20世纪70年代到80年代，日本先后引进了终身教育思想和终身学习思想，并不断把这些思想日本化，终身学习逐渐被视为构成群众生存和日常生活的一部分，特别是1990年日本政府颁布的《终身学习振兴法》，使得终身学习有了法律的支持。日本发展终身学习的首要策略就是健全终身学习的推进机构，促使“终身学习”由一种理念转化为现实的教育行动。1984年，日本国会通过了为期3年的时限法《临时教育审议会设置法》，在终身学习方面，第一次报告研讨终身学习的组织化和体系化问题；第二次报告提出向终身学习体系过渡；第三次报告要求从学校教育中心过渡到终身学习体系，实现学习评价多元化；第四次报告则强调终身学习体系的完善作为教育改革的首要方略。为积极向终身学习体系过渡，文部省调整与完善了组织体制，将社会教育局改组为“终身学习局”，并使之成为文部省第一大局。1990年，文部省设立了“终身学习审议会”，直接听命于文部大臣的咨询机构。1996年的咨询报告从如何加强终身学习功能的角度提出各种教育机构的角色定位。1995年，日本已经有33个都道府设立了“地区终身学习审议会”，对本地区终身学习问题进行研究。

目前，日本有学者主张将大学和终身学习相结合，使其在具体的社区发挥作用，推进社区营造。例如，在日本名古屋大学为高龄化和退休人员提供学习机会，由居民群众组织的力量复苏商店街，发挥大学对市民教学的功能，提高大学对地方社区的影响。此外，在推进终身学习的过程中，日本社会和教育界尤为重视终身学习资源体系的建设，并为此采取了许多重大举措，如建立“地区学习中心”收集与传播有关终身学习的信息，培训相关人员、专家和教育者，开发学习计划和材料等，资助地方教育部门建立计算机化的情报信息网络，发展社区教育。日本在原来社会教育基础上建设终身学习资源体系，体现出了明显的全民性、地方性和参与性，力求使终身学习成为“全民的学习”。

（六）我国终身学习的发展

我国经济发展水平地区分布不均衡，从而影响到教育发展水平地区存在明显差异。终身学习的理念在发达城市已得到广泛的传播，出现了很多成人教育机构如夜校、网络学院、广播电视大学、职业培训等，很多社会群众都有参与各种教育，不断学习，不断充实自己。但在经济欠发达地区终身学习理念对群众来说还比较陌生。

2007年，我国计划起草《终身学习法》，终身学习以立法的形式得到支持，时任教育部部长周济在2009年度教育工作会议上表示，教育部将大力加强教育法制建设，全面启动《终身学习法》起草工作，落实教育部制定的教育立法规划。同时，教育部将努力建设覆盖全民的终身教育支撑平台。按照全民学习、终身学习的要求，充分利用现代教育技术的手段，办好广播电视大学，完善自学考试制度，支持和引导各级各类教育面向全社会，实行更加灵活多样的办学形式。发挥全社会教育文化科技资源的作用，形成开放立交的教育网络，建设全民学习、终身学习的支撑平台，努力使人人都享有终身学习的机会。

二、终身学习的定义

终身学习的定义经历了一个不断发展的过程，目前最具权威的对终身学习的定义是由欧洲终身学习促进会提出的，1994年11月在意大利罗马举办的首届“世界终身学习会”首次被采纳：“终身学习是通过一个不断支持过程来发挥人类的潜能，它激励并使人们有权利去获得他们终生所需要的全部知识、价值、技能与理解，并在任何任务、情况和环境中有信心、有创造性和愉快地应用它们。”

我国学者吴遵民认为，终身学习是“人在一生中所需要的知识、技术，包括学习态度等应该如何被开发和运用的全过程”，“终身学习强调的基本特征是‘有意义的学习’，而其学习场所也不限于家庭、学校、文化中心或企业等。大凡被个人或集团可以加以利用的一切教育设施及资源都应被包含在内”。

终身学习是在人的一生中持续进行的学习，并不是日常生活中自发产生的一般性的学习活动。塔夫（Tough，1971）认为终身学习是一种“有意学习”（deliberate learning），这种学习具有以下四个关键特征：

它是有目的的——学习者意识到他们正在学习；

它有具体的目标，并且这种目标不是那种含糊的概述，如“开发思维”；

这些目标是进行学习的原因（学习动机不是简单地出于厌倦生活）；

学习者有意在相当长的一段时间里保持并且运用所学的知识。

我国学者高志敏从终身学习的地位、特征、目的及作为学习活动等方面对终身学习的各种表述进行综合透析，指出了终身学习的丰富内涵：

终身学习是一种生存方式——在终身学习视野里，学习活动开始超越教育范畴，即它不仅涉及教育范畴，还涉及生存范畴。进一步说，终身学习正在成为人的一种至关重要的生存责任，也正在成为人在未来社会中的一种生存方式——没有终身学习就无所谓人的一生的社会存在，就无所谓人的一生的生存质量。“终身学习是21世纪生存概念”的提出正是这一变化的必然。

终身学习无所不在——终身学习发生在人类生活的所有空间，诚如上述流行定义所说的那样，学习场所决不限于家庭、学校、文化中心或企业，大凡可被个人或集团“加以利用的一切教育设施及资源都应包括在内”。

终身学习的目的在于建立自信和能力，适应社会变化——终身学习的过程是一个知识的积累、运用和创造过程。而正是通过这个过程本身，使每个人在身临急剧变化的社会，面对新的挑战、任务、情况和环境的时候，都能满怀信心、愉快自如地去运用知识、驾驭知识和创造知识。

学习是一个终身的过程——在不断变化的社会里，人没有可能出现认识上的片刻停顿；在一生发展的过程中，人更没有理由拒绝履行不同生命阶段的不同发展任务。为此，大凡终身学习倡导者都认为“有意义的学习”是“通过其终身的生涯来进行的”。

学习是一个全面的过程——学习不仅是一个需要持续一生的过程，也是一个需要进行全面学习的过程。理由就是社会变化投向人们的发展课题是多样的，个人成长投向个体的发展任务是多元的。世界终身学习会议的“获得他们终身所需要的全部知识、价值、技能与理解”以及“开发和运用人在一生中所需要的知识、技术，包括学习态度”等都是这一要义的具体诠释。

此外，他还认为在终身学习过程中，学习者的地位由以往的“客体”转变为“主体”，而且终身学习是“基于每个个体自发的意愿而进行的活动”，“社会的责任则在于对他们的‘要求给予必要的应答’，形成‘不断的支持过程来发挥人类的潜能’”。

可见，“终身学习”理念告知人们要想适应未来快逗变化和发展的社会，人们必须在日常生活和工作中不断学习新的知识和技能。同时，未来的学习应该摆脱时间和空间的束缚，让人们可以根据实际需求随时随地进行学习。

图 2－1　**终身学习平台示例**

三、终身学习的特点

1. 终身性

终身学习是一个连续不断的学习过程，强调学习是终生历程。它贯穿于人的一生，从生命之始到生命之终，包括人发展的各个阶段和各个方面。它作为一种全新的学习观念，打破了传统的学习概念，将学习周期延伸为生命的全部过程，为人类发展和完善提供了一种新的选择。

2. 灵活性

现代终身学习具有形式的灵活性和内容的广泛性，表现在任何需要学习的人可以随时随地进行任何形式的学习，可以自主选择自己学习的时间、地点、内容和方式。同时，也可以根据自己的特点和需要选择最适合自己的学习内容和方式。

3. 多元整合性

终身学习不仅纵向地贯穿于人的一生，而且也横向地贯穿于学习的各个层面、各个空间，是学校学习、家庭学习、社会学习及其他各种场合学习的统一，是一种立体的多元整合。它包含了学习的各个方面、各个阶段、各种范围的有机联系和相互影响。

4. 目的性

终身学习要求个体有意识地安排和进行学习。它强调终身学习的目的与意义，同时强调个体在终身学习过程中的作用。

5. 形式的广泛性

终身学习不仅包括传统学校的正规教育，更强调学校以外的非正规教育。它不仅拓展了学习的内容范畴与时间范畴，同时也极大地拓展了学习的空间范畴。

【扩展视野】

世界各国终身教育的实践

终身教育理论确立以来，受到各国的普遍重视。目前许多国家的政府把终身教育作为本国教育改革的总目标，努力把终身教育纳入规范化渠道，并以终身教育的原则来改组、设计自己的国民教育体系，试图建立一个从幼儿园到老年大学、从家庭教育到企业教育的全面实施终身教育的大系统。

1. 制定终身教育的法规

不少国家通过立法，从法律上确立终身教育理论为本国当今和今后教育发展和改革的基本指导思想。例如，日本在1988年设立了终身学习局，并于1990年颁布并实施《终身学习振兴法》。美国则在联邦教育局内专设了终身教育局，并于1976年制定并颁布了《终身学习法》。法国国民议会在1971年制定并通过了一部比较完善的成人教育法《终身职业教育法》，而且还在1984年通过了新的《职业继续教育法》对一些问题作了补充规定。韩国则于20世纪80年代初把终身教育写进了宪法，并开始实施终身教育政策。联邦德国、瑞典、加拿大等许多国家也针对终身教育颁布了相应的法律。

2. 把成人教育纳入终身教育的大体系中

1976年内罗毕会议通过了《关于发展成人教育的建议》，提出成人教育是包含在终身教育总体中的一部分；教育决不仅限于学校阶段，而应扩大到人生的各个方面，扩大到各种技能和知识的各个领域。在这种终身教育思想的影响下，各国政府把成人教育看成推动终身教育进程的先导，高度重视成人教育，通过制定法律来保障成人教育的发展。1976年，挪威在世界上第一个通过成人教育法，把成人教育视为终身学习体制的基础，促进了成人教育各领域间的协调合作。1982年韩国制定了社会（成人）教育法，提出了社会（成人）教育制度化。联邦德国于1973年通过的教育计划把成人教育列为与普通教育的初等、中等、高等三种教育并列的第四种教育。许多国家为了保障成人教育的实施，采取了许多有效措施，如在入学条件上采取灵活的政策、带薪教育休假制度、经济援助、开设成人学分累计课程等。

3. 改变学校的封闭结构，向社会开放

改变学校的封闭结构，形成开放的、弹性的教育结构，是各国推行终身教育中的一个重大的实践。日本在1995年召开了由社会各界知名人士组成的终身学习审议会，会中要求高等教育机构必须向社会敞开大门，广泛吸收在职成人进入高等教育机构学习。日本的成人大学已经被纳入大学计划，一些高级中学还举办开放讲座，使高中向社区开放，发挥学校的文化中心作用。在美国，特别是20世纪60年代以后，以社区发展为目标的社会学院被大力发展起来，其对成人的开放性达到了几乎没有限制的地步。很多大学都成立了大学开放部，开展对“非传统型学生”的教育活动。英国也有开放大学和大学的成人教育部，提供成人教育。在欧洲的许多国家，大学通过公开讲座、成人教育中心、函授等形式为人们提供继续教育和回归教育的机会。

4. 开发各种社会教育渠道

很多国家有意识地把文化组织、社区组织、职业协会和企事业单位部门纳入终身教育系统，充分利用社会各种具有教育力量和教育价值的资源和设施，使教育、社会一体化。日本在1988年提出了“向终身教育体系过渡”的建议，发展社会教育团体，建立学习信息网，建立家庭、社会、学校教育一体化的终身教育体系，将文化会馆、图书馆、博物馆、活动中心等各种科学文化设施都纳入教育的范畴。美国的监狱、工会、军队、医院等许多非教育性的机构也积极地从事成人教育。许多公司也定期向员工提供培训。虽然，各国在终身教育这个领域都取得了一定的成绩，但总体来看，终身教育在世界各国都还处于实践阶段，目前还没有一个国家真正建立起了完整的终身教育制度。

四、终身学习是教师专业发展的重要途径

1. 不断更新和发展专业知识、教学理论、教学方法和技术手段，要求教师要持续进行终身学习，以获得个人的职业发展

终身学习经由联合国教科文组织等重要国际组织的积极倡导推动，已在全球广受重视，同时在实践层面的发展已有明显的突破。《学会生存》一书中写道：“科学技术革命使得知识与训练有了全新的意义，使人类在思想上和行为上获得许多全新的内容和方法，并且是第一次真正具有普遍意义的革命。”教育和学习已经不限于学校，而是学校教育与社会教育结合、正规教育与非正规教育结合、正式教育与非正式教育结合。教师作为社会的一员，也要面对知识、技术、文化等各方面的不断发展和更新，也需要进行多种形式的学习和教育。

信息技术的发展、远程教育、互联网都给学习者提供了随时随处学习的条件。在我国，党的十六大在规划2020年实现全面小康社会的目标时，提出要形成全民学习、终身

学习的学习型社会，促进人的全面发展。十七大又重申“发展远程教育和继续教育，建设全民学习、终身学习的学习型社会”。“人的全面发展是人类对自身发展的最高追求。人的全面发展是历史的概念，与社会发展是一致的。社会分工使人片面发展，但现代大工业生产要求劳动者全面发展，并为之创造了条件。新的科学技术革命对人的发展提出了新的要求。终身学习是人的全面发展的主要途径。”

新的历史时期要求教师成为终身学习的实践者和示范者，成为先进生产力和先进文化发展的弘扬者和推动者，成为优秀的学习型人才，树立终身学习的观念，努力争做终身学习、勤奋学习的模范。

2. 终身学习是教师在知识经济时代实现与时俱进的重要途径

在知识经济时代，学习是生存与发展的要件，学习是我们每一个人乃至整个社会开启繁荣富强、文明幸福的金钥匙。吾生有涯，而知无涯。当代社会科技发展日新月异，我们正处于一个知识爆炸、知识快速更新的时代。胡锦涛总书记《在中纪委第七次全体会议上的重要讲话》中指出：“要勤奋好学、学以致用，牢固树立终身学习的思想。”美国前总统克林顿在一次演讲中也说：“终身学习是知识经济的成功之本，假如我们实现了这一目标，它将爆发出无限的良机，并改变每一个年轻人的未来。”因此，传统的一次性学校教育已无法适应现实的挑战，使现代人面临着生存的危机，那种结束学校教育、找到工作就一劳永逸的情况已成为历史。教师要想使自己适应未来工作的需要，就必须树立终身学习的观念，学会终身学习。

（1）教师终身学习是适应社会急剧变化的客观需要。社会是不断发展变化的，但从没有像今天变化得这样快。过去需要几代人完成的变化，现在不需要那么长时间，甚至几年就可能发生一次大的变革。在这种急剧变化的社会里，人们自少年时所形成的思想观念、习惯、思维方式等往往跟不上时代的变化和需要。现实强迫人们要不断地做出新的判断和调整，尽快获得知识和适应时代，坚持学习，保持与时代的平衡。

（2）教师终身学习是面对知识爆炸性增长的必然选择。伴随着以数字化、网络化为特征的现代信息技术的突飞猛进，新知识呈现出爆炸性增长。不断革新的计算机与光纤网络通信、卫星远程通信相结合，将知识的编码、储存、传输、扩散速度极大地提高，方式极大地简化，成本极大地降低，因此我们能够感受到知识量猛增和知识的更新周期愈来愈短。据有关专家统计，人类知识总量的翻番周期愈来愈短，从过去的 100 年、50 年、20 年缩短到 5 年、3 年。有人预言，人类现有知识到 21 世纪末只占当时知识总量的 5%，其余的 95% 现在还未创造出来。资料显示，在农业经济时代，人类只需要 7～14 岁的学习就能胜任日后的工作；在工业经济时代，人类的学习时间延伸为 5～22 岁；而在今天，我们已经迈入了知识经济时代，人类只有坚持终身学习，才能适应时代的发展、社会的需求。以前我们那种“一朝学成、受用终身”的观点已经严重落后于时代发展需求。这就要求教师必须把学习贯穿于自己的一生，活到老学到老，生命不息，学习不止。

（3）教师终身学习是经济发展对劳动者的迫切要求。在社会主义市场经济体制逐步完善的今天，新技术、新产品和新项目层出不穷，评价劳动者就业能力的标准在不断提高。一方面失业在增加；另一方面又有许多工作岗位找不到合适的就业者。为避免陷入结构性失业的唯一出路，教师要不断地学习，不断地提高，让就业的过程成为一个永无停止地学习、提高的过程。

3. 终身学习是教师提高完善自我、适应时代对教师要求的重要手段

身处知识经济时代，我们只有树立终身学习的观念，具备终身学习的能力，才能应对未来社会的挑战，肩负起民族复兴的使命。现代社会，文盲不仅仅指不识字的人，随着知识经济时代的到来，不会外语、计算机的人，不能与人很好地相处、不能与环境协调一致和情感缺失的人，都有可能成为21世纪的“文盲”。“扫盲”的目的，并不是单纯地使一个不识字的人能认识几个字，而是要使他更好地与社会协调，更好地理解生活的真正意义，提高个人的尊严，掌握走向美好生活所需要的知识和技能。因此，要想不成为21世纪的“文盲”，就必须树立终身学习的观念，具备终身学习的能力。

【案　例】

当代产业工人的杰出代表许振超曾深有感触地说：“一个人可以没文凭，但不可以没知识；可以不进大学殿堂，但不可以不学习。”“干活不能光用力气，还要动脑筋；干一行，就要爱一行，精一行。”“咱当不了科学家，但可以练就一身绝活儿做个能工巧匠。”他原本只有初中文化，却在几十个春秋中结合本职工作自修了大学机电专业所有课程，掌握了需要大学科班出身才能驾驭的当代最先进的桥吊操作和修理技术，并带领他的团队两次创造集装箱装卸世界纪录。他的工友称他为“桥吊专家”，青岛将这一世界纪录命名为“振超效率”。许振超用自己坚持不懈的努力和学习成就证明了终身学习有助于我们成为一名优秀的劳动者，更有助于我们不断开拓新的发展天地。

五、教师开展终身学习的实践要求

（一）树立学习意识

学习是提高素质、增长才干的重要途径，是做好各项工作的基础。时代在前进，社会在发展，新情况、新问题层出不穷，教师只有与时俱进，不断学习，使学习成为工作生活中不可或缺的一部分，才能跟上时代的步伐，更好地履行岗位职责，完成好各项工作任务。

新课程改革不仅要求学生学会学习，同时也对教师的学习提出了更高的要求。有些教师认为学习只是学生的事，教师的任务只是“教”。其实学习对教师来说同样重要。当前人类逐渐进入信息化时代，教师必须加强学习，学会如何获得信息资源以及如何有效利用这些资源，这对教师的专业发展至关重要。教师必须不断更新观念、知识和能力，掌握现代教育技术，并运用于自己的教育教学实践，以适应不断变化的时代对教育提出的要求。现代社会，知识更新迅猛，仅有在学校所获得的知识，用起来常常捉襟见肘，远远不能适应教师专业发展的需要。因此，每个教师都必须成为终身学习者，不断地学习，提高自己的知识水平。过去我们常常津津乐道于教师“一桶水”相对于学生“一杯水”的丰富渊博，现在“一桶水”的容量已远远不能满足学生的需要，教师必须时刻汲纳新知，不断丰

富和提高自己，成为学生的“源头活水”。否则，不仅难以在学生面前维持自己的威望，在专业发展方面也会遭遇重重困难。因此，教师必须树立终身学习的意识。

（二）创新学习形式

教师的学习方式可以有很多种，如参加继续教育、校本培训、专题研讨会、在职进修、旁听课程和自由学习等，但无论采取哪种方式，都要注意学习的方法。

终身学习的形式主要有三个方面：一是“书中学”。书本知识是前人的知识成果，是人们学习的基本途径和步骤。教师要结合教育教学工作的特点和要求，系统地学、专业地学、有针对性地学。二是“干中学”。进入知识经济时代，获取大学文凭不是学习的终结，而只是学习的开始。“学中干”和“干中学”的相互渗透和互相促进才能推动教师的专业发展。这是一种自觉学习，也是一种动力学习，教师在实际工作中，更要创造性地学习，通过挖掘、创新，解决实际问题，推动工作发展。三是“思中学”。“学而不思则罔，思而不学则殆。”没有思，就没有学习的进步；没有思，就不能将学到的东西转化为能力；没有思，就提高不了学习的质量。教师要通过不断地思考和总结，把学到的东西转化为素质，转化为行为能力，来提高我们的工作水平。把这三种学习形式结合起来，教师能把学习的过程转化为知识能力的过程，把学习的过程转化为工作创新的过程，把学习的过程转化为提升精神境界的过程。

【扩展视野】

学习《教师终身学习与发展》的心得

教育振兴的希望在于教师，教师发展的希望在于教师的终身学习。新的时代、新的终身教育发展趋势和新的教育教学改革，教师专业化运动的实践，都对教师终身学习提出了迫切要求。

终身教育是一种与生命有共同外延并已扩展到社会各个方面的连续性教育，其任务是学会认知、学会做事、学会共同生活和学会生存。人的一生都要学习。当前社会，伴随着信息化、全球化以及知识经济的到来，原有的生活方式、工作岗位和知识结构等的稳定性不断减弱，生存需要迫使人们必须不断地学习，不断地接受教育，并要学会学习，善于创新，从而不断更新自我，完善自我。

教师肩负着教书育人的重任，教师不仅要转变传统知识传授者的角色意识，成为学生学习的促进者和协助者，而且其自身的学习也就不应该再是一次性的、终结式的学习，必须是连贯和持续的学习，要将学习贯穿于整个职业生涯。因为对教师的教学生涯来说，最初的专业培训无论如何都是不够的。教师需要与知识和教学法的发展保持同步。为了帮助和促进学生成为终身学习者，教师需要以自身的行为和态度示范终身学习的特点。

在学习型社会中，学习成为人的义务与权利，它不仅是为谋生，而且是为了创造生活。作为以帮助和促进他人学习为职业的教师，自然应当首先成为热爱学习、终身学习的先进者和模范。

从教师教育的概念来讲，也不能再局限于职前师范教育，而应被赋予终身学习的新理念。教师作为社会文明进步的推动者，理应成为热爱学习的典范，成为终身学习的带头人。知识的更新、课程的变革、教育对象的变化、信息技术手段的现代化，都需要教师不断地适应和学习才行。

教师作为教育的主要因素之一，就必须适应当代社会对教师所寄予的越来越殷切的期待，要通过不断的学习来充实自我，超越自我。作为一个教师，在终身学习中应该做到：

一、努力学习优秀传统文化，不断提高自己的思想政治水平。学习我国乃至人类创造的一切先进文化成果，从优秀文化传统中去汲取丰富的营养。学习党的教育法规，不断地加强思想政治修养。对中外文化的吸收要取其精华，去其糟粕，古为今用，洋为中用，推陈出新，继往开来。

二、努力适应教育改革与发展的需要，不断学习新的科技知识。目前随着已有知识的不断更新和新知识的激增，反映到教材中的知识也日益丰富和加深，这就要求教师及时吸收新的知识，使自己的学科知识达到现时要求的深度和广度，并达到未来教育工作需要的知识结构。

三、不断学习新的教育理论，提高教育教学的创新能力。丰富的教育教学理论知识虽然不是教师成功的充分条件，但对老师创新能力的培养却是必不可少的必要条件。固然，作为教师要不断地坚持学习和研究，适应新课程改革的挑战，从自得到自我专业发展，更好地提高教育教学创新。

教师只有不断地关注和学习教育理论知识，其终身学习才能获得永不枯竭的源泉。

（资料来源　http：//eblog. cersp. com/userlog21/139189/archives/2008/1030206. shtml）

【小结与回顾】

在本节中，我们学习了终身学习的概念、意义和教师终身学习的必要性。请试着回答以下问题：

1. 为什么要倡导教师的终身学习？它的意义有哪些？

2. 你自己的实际生活是否有与终身学习相关的经历？说一说自己的终身学习故事。

3. 根据自身的实际情况，结合本节内容，说一说你是否认同教师的终身学习，为什么？

参考文献

1. 耿润. 欧盟终身学习战略的发展、影响和启示［J］. 成人教育，2008（1）

2. European Council. Detailed work program on the follow-up of the objectives of Education and training systems in Europe［J］. *Official Journal of the European Communities*, 2002（6）：14

3. A Communication on making a European area of lifelong learning［EB/OL］. http：//europa. eu. int/comm/educa-tion/policies/lll/life/communication/com_ en. pdf

4. 华敏. 美国终身学习的实施策略及对我国的启示［J］. 河北大学成人教育学院学

报，2008（1）

5．吴雪萍，赵传贤．美国终身学习的发展动力和策略［J］．比较教育研究，2002（4）

6．王志学，黄慧娟．英国终身学习的发展动力及策略［J］．成人教育，2004（10）

7．吴雪萍，金岳祥．英国终身学习政策述评［J］．比较教育研究，2004（2）

8．吴雪萍，刘辉．澳大利亚终身学习政策探析［J］．比较教育研究，2008（11）

9．张洪霞，崔世广．日本开展终身学习的政策措施与效果［J］．日本学刊，2004（6）

10．刘凤红，纪军．当代日本终身学习的发展与启示［J］．成人教育，2004（1）

11．吴遵民．现代国际终身教育论［M］．上海：上海教育出版社，1999．13～16

12．克里斯托弗·K．纳普尔，阿瑟·J．克罗普利．高等教育与终身学习［M］．上海：华东师范大学出版社，2002．11～13

13．高志敏．关于终身教育、终身学习与学习化社会理念的思考［J］．教育研究，2003（1）

14．丁兴富．远程教育基础［M］．北京：北京师范大学出版社，2002

15．顾明远．终身学习与人的全面发展［J］．北京师范大学学报（社会科学版），2008（6）

16．终身学习，知识经济时代的需要．http：//www.chinamil.com.cn/site1/xwpdxw/2008－03/10/content_11565.4.htm

17．树立终身学习的观念．http：//blog.sina.com.cn/s/blog_51c5b1e001009j.5.html

第二节　终身学习能力的组成和培养

【情景导入】

中午时分，同事们一边吃饭一边聊天。

教师A叹道："哎，现在年龄大了，连学习的能力都减退了，前一阶段参加了新课标培训，对于培训中说到的一些理论和概念一下子都理解不了，也没法记住，还谈什么终身学习呀！"

教师B说："记忆力可能会减退，理解和学习的能力应该不会减退吧！"

教师A说："终身学习的能力需要一定的基本学习能力，这些能力与我们通常说的学习能力有啥不同呀？"

【问题的提出】

什么是终身学习能力？终身学习能力是由哪些能力项构成？如何培养个人的终身学习能力？

一、终身学习能力

我们可以将终身学习能力理解为个体为了适应社会变化，在具体情境中所表现出来的知识、技能、态度的整合和持续发展的能力，它是可迁移的，并且发挥着多样化的功能。终身学习能力是由一些要素按一定结构组合起来的、具有一定层次的能力结构整体，是支持个体获取应对新的挑战、任务、情况和环境所需的各种知识、技能和态度的工具。终身学习能力作为一个发展中的、中间层次的能力，它以一般能力（如语言、感知、记忆、想象等）为基础，同时也成为获取各种具体技能的工具。因此，终身学习能力不等同于智力，也不等同于认知能力，更不能简单地等同于普通的学习能力。

能力在人的一生中是不断发展和改变的，随着年龄的增长，个人可以不断地获取各种能力。由于技术进步、社会结构和经济结构的转变，个人的能力在整个一生中是不断变化的，能力的发展也不会在青少年时期结束，将会伴随人的发展而不断发展。人们不可能在学校里学到未来所需的所有知识和技能，但可以在学校中培养和形成终身学习能力。具备终身学习能力，教师们才能顺利地开展终身学习，从而帮助自己开展专业发展。

【案 例】

教师更要拥有终身学习的能力

某日数学科王老师拿着出好的试卷过来，说："试卷已经出好，让打字员打出来吧。"恰好当天打字员因公出差不在。于是，王老师四处求人帮忙，可有的老师不会，会的老师又很忙，没时间帮忙。王老师是一位工作踏实、认真负责的老师，更是一位教龄将近40年的老师，德高望重，遇到此事后，心里几天都不舒服，于是决心要提高自己的计算机水平。

现代社会是一个知识型社会，更是一个学习型社会。在现代社会中，知识和能力是人们谋事立身的主要依据，同时，快节奏的变化使人们始终置身于一个因已有的知识很快老化而需要不断学习的挑战环境之中。在这样的学习型社会里，学习将与人们毕生相随，并成为支撑人生发展的主要力量源泉。不断学习，终身学习，将是学习型社会中个体的重要特征。

我们应时刻注意时代变化，争分夺秒地学习，要有终身学习的能力，与时俱进地学习。

二、国际终身学习能力及组成能力项的研究

国际上对终身学习能力及组成能力项的研究，有些是直接从终身学习的角度提出，有些则是从学习者的个人能力或成人发展能力角度提出，但都是面向社会不断发展变化中，人们应具备的个人学习和发展的综合能力提出的。

（一）欧盟终身学习能力有关的研究

1．欧盟对能力界定和组成项的研究

1997—2002年OECD（Organization for Economic Co-operation and Development）实施了大规模的跨国研究计划，这个计划名称为"能力的界定与遴选：理论框架与概念基础（Definition and Selection of Competencies：Theoretical and Conceptual Foundations，简称DeSeCo）"。该计划由瑞士联邦统计办公室主持，并与美国教育部国家教育统计中心及加拿大统计局合作进行。该研究尝试结合多数欧盟国家的共同理念，形成针对21世纪各项挑战的行动准则，并让欧盟各国认识到个人能力培养与集体利益之间的密切关系，进而前瞻性地探索未来社会中，为同时促进"成功生活"与"健全社会"，个人应该具备的基本知识能力与核心素养（Rychen & Salganik，2009）。

DeSeCo研究的重要作用在于它认为必须基于终身学习的动态模型来设计评价指标。DeSeCo认为中小学教育并不能提供人生发展所必需的全部能力，因此必须依据社会发展现状特点和共同价值观来确定关键能力。DeSeCo项目概念框架将关键能力分成三大类：第一，个人需要能使用大量的工具来有效与环境互动，既要有信息技术等物理互动，也要有语言等社会文化互动。个人需要充分掌握此类工具来实现自身目标——最终实现使用交

互工具。第二，在日益相互依赖的世界中，个人将会遇到各种背景的人，并与其竞争，所以在异质群体中协调沟通的能力很重要。第三，个人需要管理自己生活，适应社会生活，并可以自主地行动。每种能力类型都有其着重点，并且相互联系，三者共同组成确认和映射关键能力的基础。个人反思性行为是本能力框架的核心内容。反思不仅只是例行公事的能力，更是积极应对变化，从过去经验中学习知识，进行批判性思考和行动的能力。这种对能力的分类对欧盟开展的终身学习能力的界定有重要的影响。

2. 欧盟终身学习的八大关键能力

2000 年 3 月，欧洲里斯本委员会提出欧洲正面临着全球化与向知识经济转型的挑战，并强调“每位公民都应当具备在新的信息社会生存所需的技能”，因此需要“构建一个定义终身学习能力的欧洲框架”。基于此政策要求，由欧盟委员会主持在“教育与培训 2010 工作计划”背景下成立了基本技能专家组，致力于关键能力框架的研究。此专家组来自成员国、EFTA/EEA 国家、其他相关国家和欧盟各协会。2004 年，各工作小组与整个工作组在相关团体组织下开展了一系列的国际辩论与研究会，他们根据各自国家的情况提出了总共 30 多条终身学习关键能力。2005 年，由有关政府与学校的研究者组成的 5 人核心工作组对以上关键能力进行了进一步的研究提炼。

最终，在广泛征求各个领域专家意见，并汇集芬兰、法国和德国等 11 个国家的调查报告、前期测试和不断修订的基础上，确立了知识社会必需的八个领域能力组成的终身学习关键能力框架。这八个领域能力分别是母语沟通能力、外语沟通能力、数学科学与技术的能力、信息技术能力、学会学习能力、人际交往能力、创业能力和文化表达能力，其中每个领域下分多种具体的能力项。

八个领域的能力都满足以下三个条件：一是能在推动经济发展和社会进步中带来实实在在的利益；二是可以应用到多种生活领域中，不仅是劳动力市场，也包括人际交往关系、政治参与等方面；三是应该适用于所有人。欧盟委员会认为这八种能力“是每一个欧洲人在知识社会与知识经济中获得成功所必须掌握的核心技能、知识与态度”。终身学习能力是相对于传统教育人才培养之不足而提出的，是对教育目标的一种重新定位。从欧盟委员会所列举的终身学习“八大关键能力”可以看出，终身学习能力是学习者作为主体，主动、积极、创造性地全面完善自己的能力，这种能力既着眼于人的整个一生，又涵盖了人发展的各个方面。

3. 欧洲终身学习质量指标

欧盟执委会于 2001 年 11 月发布了《实现终身学习的欧洲（*Making European Area of Learning A Reality*）》报告。报告在第四部分特别强调了“指标”作为一种工具在实施终身学习战略和项目时的重要意义。因为在欧洲范围内一致的、综合的教育和培训战略的发展需要运用一种“合作的开放方法”（The Open Method of Coordination）。它汇集和传播着终身学习最佳的实践和成就，从而促成整个欧洲终身学习目标的实现。

经过为时一年多的讨论、选择和调查，专门研究小组确定终身学习质量指标，并于 2002 年 6 月提交了《欧洲终身学习质量指标报告——15 项质量指标》，具体内容如表 2－1 所示。

表 2－1 欧洲终身学习质量指标

四个领域的 15 项质量指标具体内容			
领域 A：技能、能力和态度	领域 B：途径与参与	领域 C：终身学习的资源	领域 D：策略与发展制度
1. 识字水平	1. 终身学习的途径	1. 终身学习的投入	1. 终身学习的策略
2. 算术水平	2. 终身学习的参与	2. 教育人员与培训	2. 整合供给
3. 学习社会中的所需要的新技能		3. 学习中的信息和通信技术	3. 咨询与辅导
4. 学会学习的能力			4. 学习成果认证
5. 积极的公民身份、文化与社会能力			5. 质量保证

这套终身学习质量指标体系可以适时地衡量个人、地区和国家的终身学习的发展状况与成效，检测既定目标的达成程度，进而发现取得的成就和涌现的问题，为终身学习的持续发展指引方向。这是一个指向终身学习实施过程的指标，而不是针对个体学习能力的标准，其中体现欧盟对终身学习能力的基本界定主要反应在领域 A 中。

（二）美国装备未来(EFF)项目和美国高等教育研究协会制定的终身学习能力评价量表

1994 年 3 月，美国国家成人素养研究院（the National Institute for Literacy，NIFL）从美国 34 个州 151 门成人课程中，选出 1 500 位成人学习者，请他们回答一个开放性问题：成人在承担从业者、家长和家庭成员以及公民和社区成员的角色与责任时，需要哪些知识与技能？1996 年，他们从八个研究计划收集的资料中整理出这样的结果：成人作为公民和社区成员，要掌握和利用信息表达意见和想法、合作以及采取行动为社区作贡献的技能；作为家长和家庭成员，要具备促进家庭成员的成长与发展、满足家庭的需求以及承担家庭责任、改善家庭环境的能力；作为从业者，要具备执行工作任务、与他人共事、考虑组织内外的需求、规划并主导个人的职业发展的技能。

研究探讨了不同角色间的共同性，以便找出可迁移的技能，由此得出一组通用技能，并将其转化为指标。提出的四大类技能、16 个指标，其中包括终身学习技能：

（1）沟通技能包括阅读理解、书面表达、口头讲解、积极地倾听、批判性观察。

（2）决策技能包括问题解决与决策、规划、使用数学解决问题与沟通。

（3）人际技能包括与他人合作、指导他人、主张与影响、解决冲突与协商。

（4）终身学习技能包括承担学习责任、通过研究进行学习、反思与评价、利用信息通信技术。

美国高等教育研究协会（Higher Education Institutions across the United States）于 2008 年制定了终身学习能力基本技能的评价量表，它从好奇心、学习动机、独立性、迁移能力及表现力等五个方面分四个等级来评价学习者的终身学习能力，该调研于 2009 年完成。

（三）澳大利亚的关键能力

1989 年，澳大利亚联邦政府、各地方政府及企业团体在澳大利亚国家职业培训改革会议中，共同达成一项全国职业培训改革方案的协议，确定将能力导向落实于教育中的理念，以培养未来年轻人具备企业界需求水准的就业能力，这也是澳大利亚关键能力教育改革发展的开端。此构想的落实，先后由费恩委员会（Finn Committee）及梅尔委员会（Mayer Committee）承担。费恩委员会在 1991 年 7 月提交的《青年人在义务教育后的教育与培训》报告书中，正式确定澳大利亚青年人必须为未来职业做出预备学习，定名为与职业相关的关键能力。这个关键能力形成了一个概括性的标准架构，包括语言与沟通，数学、科学与技术的理解，文化理解，解决问题以及个人与人际间的特征。

此后，梅尔委员会承接此项工作，主要任务是进一步发展出关键能力的具体内涵，并于 1992 年 9 月提出“关键能力”的总结报告，关键能力的七大基本范畴确定完成，分别为收集、分析、组织信息，沟通观念与信息，规划与组织活动，团队合作，数学观念与技巧的应用，问题解决，技术应用。这七大关键能力内各自有其详细的内涵设定，并分为三个水平阶段，各阶段中对学生应达成的学习目标有不同的描述。

（四）英国的关键能力

英国对于学习能力的研究具有一定历史，英国“皇家语言学、制造与商业促进会”（RSA）在 1979 年发布《能力教育宣言》后，立即在教育界、工业界、社区及政界产生强烈的反响，社会各界呼唤更新教育思想，转变培养模式，强化能力培养。因此，英国从国家层面开展了一系列对学习者关键能力的研究，其中包括终身学习能力。2008 年，英国资格与课程当局提出了终身学习的六项关键能力，它们是交流技能、数理能力、信息技能、合作能力、自我提高与评价能力和问题解决能力。宣言不仅指出这六项关键能力应作为终身学习的关键能力，还要求所有学习者都必须具备这些能力。

（五）新西兰的关键能力

自 1989 年以来，新西兰教育改革旨在促进教育经费的有效利用，以便更能满足新西兰快速变化的需要。在学校管理改革之后，焦点转向课程发展与文凭体系的发展，以满足学生需要与经济的需求，有助于学生发展核心技能：沟通技能、信息技能、问题解决技能、体能技能、计算能力、自主管理能力和竞争能力、社交与合作能力以及工作与研究能力。

2005 年，新西兰教育部在高等教育中的关键能力（Key Competencies in Tertiary Education）报告书中，根据新西兰所面临的知识经济社会环境，提出四项高等教育的关键能力：①参与社会团体活动包括与他人相处，合作，处理和解决冲突，声明、保护权利和责任，支持，实现责任和贡献，激发团队共同达到特定的目标；②自主地活动包括根据自己的兴趣、条件与需求进行自我定位和行动，规划个人生活，在大的环境中行动；③使用交互工具包括语言、识字和数学能力，符号，知识，科技；④思考包括创造性思考、使用认知或后认知策略等。

（六）德国的关键能力

为适应劳动力市场的变化，一向在职业教育发展方面有所成就的德国，针对劳动力的供求关系与教育策略进行研究，而后提出“关键能力”（Schluessel qualifikation）作为职业教育的发展指导方针。1974 年德国梅腾斯首度提出“关键能力”［Schluessel qualifikation（key qualifications）］——作为雇员面对不断变化的环境，增强其跨越不同工作的流动性及适应未来的发展所应具备的能力。

梅腾斯认为关键能力有以下基本要素：

（1）基本能力：逻辑性、计划性和连贯性思维；

（2）水平能力：获得和利用信息的能力；

（3）可迁移的知识原理：不同职业或知识领域共同具有的能力；

（4）经久不衰的能力：不因职业种类或劳动者年龄改变依然具有作用的能力，如社会和法律知识、经济知识、自然知识等。

关键能力在八九十年代被广泛运用在教育学领域，分类也有很多种，在德国较具影响力的两种分类如下：

第一，德国联邦职业教育所与西门子公司对关键能力的分类（刘京辉、唐以志，2000）如表 2－2 所示。

表 2－2　德国国家教委对职业关键能力的分类

分类	组织与执行工作任务	交往与合作	学习技能和思维能力	独立性与责任感	承受能力
职业教育目标	制定工作计划，完成工作任务，检验工作成绩	群众中的行为合作人际关系	学习行为信息的评估与处理	工作责任心	心理—生理要求
单项能力	目标坚定、细心、准确、自我控制、系统工作方式、最佳工作方式、组织能力灵活性、协调能力	口头表达能力、书面表达能力、客观性、合作能力、同情心、顾客至上、环境适应能力、社会责任感、公正、助人为乐、光明磊落	学习积极性、学习方法、识别能力、形式逻辑、思维能力、触类旁通能力、想象能力、系统思维能力、分析能力、创造能力、在实践中运用理论知识的能力	可靠性、纪律性、品质意识、安全意识、自信心、决策能力、自我批评能力、评判能力、全面处理事物的能力	精力集中、适应新环境的能力

［资料来源　1990 年国家教育委员会职业技术教育中心研究所（转引自王晓望，2004）］

第二，德国培训与教育协会（Kammergemeinschaft Ausbildung und Bildung）的分类。他们将关键能力分成十个范畴：组织与执行工作任务、交往与合作、学习与工作技巧的使用、与人交谈的技巧、解决问题和判断能力、独立性与责任感、承受能力、创造性与适应能力、外语能力、学习能力。

（七）我国终身学习能力的相关研究

目前，国内关于终身学习能力还没有实质性的系统研究，更没有来自国家层面或全国性的研究，只有学者们从各自不同的角度对终身学习能力进行的探讨。

许加生与别同玉在《论终身学习与终身学习能力的培养》中从学校教育的观点出发，分析终身学习能力的构成要素，其中包括自学能力、适应能力、分析和解决问题的能力、利用现代化学习工具的能力、组织管理能力、实际操作能力、表达能力以及创造能力等。他们提出的终身学习能力构成要素与欧盟提出的终身学习八大关键能力类似，更多的是借鉴与解释。

徐艳伟（2008）分析了终身学习能力的内涵，他认为“终身学习能力是指人类个体经过学习和训练而具备的、一直保持到老年都还在起作用的那种从客观环境中获取知识信息的能力”。在此基础上，研究者利用问卷调查与访谈法的方式针对教师这个特定群体进行了调查。研究最终提出教师终身学习能力的一般构成要素主要包括自主学习能力、信息技术能力、教育科研能力、研究学生的能力、自我反思能力、合作交流能力和自我调控能力等。

钟志贤等（2009）认为“作为一种适应数字化时代发展的学习理论，关联主义为终身学习能力的培养提供了一个新的视野”。他们的研究认为“终身学习能力是指学习者持续开展学习活动的主客观条件的总和。客观条件是指开展学习的物质条件，主观条件是指学习主体的接受、同化与顺应、建构与生成网络的能力”。研究最后从关联主义出发，从关联主义理论的观点来推导终身学习的十大能力及相关能力，如实践能力、迁移能力、关联能力、搜寻能力、信息素养、分布式学习能力、协作学习能力、可持续发展能力、知识管理能力、决策能力、应变能力、创新能力、整合能力等。

三、各国终身学习能力组成的比较分析

从以上对各国和组织对终身学习能力的研究可以看出，研究者都根据各自的社会经济及政策环境从不同的视角对终身学习能力及相关能力开展研究，其中欧盟对终身学习能力的研究最卓有成效。

纵观各国提出的终身学习能力组成可知，虽然各有特点，但他们相互间仍存在着一些相似之处。为了找出各国能力组成项间的联系，形成一些共识，这里对欧盟及各国提出的各项能力进行基于内容分析的归纳整理，内容分析结果如表 2－3 所示。

表 2－3　各国和组织的终身学习能力分析表

能力项 \ 国别/组织	欧盟	美国	英国	中国	德国	新西兰	澳大利亚
母语沟通能力	√						
外语沟通能力	√				√		
信息技术能力	√	√	√	√		√	√

（续上表）

国别/组织 能力项	欧 盟	美 国	英 国	中 国	德 国	新西兰	澳大利亚
沟通技能	√	√	√		√		√
开拓意识	√						
独立自主能力					√	√	
实际操作能力			√	√			√
组织管理能力				√	√		√
问题解决能力		√	√		√	√	√
团队合作能力	√	√	√	√	√	√	√
批判性思维能力				√		√	
数理能力	√	√	√				√
自学能力	√	√		√	√		
反思能力		√		√		√	
创造能力				√			
持之以恒能力				√	√		
自我评价能力		√	√				
社会交往能力及公民素养	√	√			√		

不同国家对一些能力项表述的具体形式虽然不一，但其所表达的意义相同或类似，因此对其进行归整描述，如欧盟提出的数学、科学与技术能力，美国提出的利用数学解决问题的能力以及澳大利亚提出的利用数学观念与技巧的能力，在此统一表述为数理能力。

各国和组织提出的终身学习能力共有 18 项。在这 18 项中，部分能力项认同度较高，也有一些项目存在一定的差异。各国和组织对终身学习能力界定的特点如下：

1. 对于知识社会对人们基本能力的要求，各国和组织的研究基本达成一致

团队合作能力在当今社会中是个体必备的一种基本能力。这一不争的事实让各国都注重对这种能力的培养，因此大家形成了普遍共识。类似情况的能力项还有信息技术能力、沟通能力和问题解决能力等。

2. 各国和组织所处的社会政治环境不同，因此也对终身学习能力提出了不同的要求

欧盟提出的母语沟通能力与外语沟通能力，是由欧盟自身的特点决定的。在欧洲多文化与多语言社会背景下，某些成员国的母语并非其官方语言，在有些成员国母语可能是几种官方语言中的一种，所以利用官方语言进行交流就成了确保个体全面开展终身学习的前提条件。因而，欧盟规定“对于这种情况的测评与终身学习关键能力定义问题，成员国可以相应地根据自身的实际情况来决定”。

3. 理论上讲，进行终身学习的目的并不仅仅是获得某取职业的能力，更重要的是追求人性的完善和人生价值的真正实现，但实际上不同国家或地区实施终身学习的目的不尽一致

在美国，终身学习的目的更强调经济和功利的一面，即通过终身学习适应技术变革的要求，促进劳动力技能更新和充分就业，保持利于竞争力。欧盟的终身学习的实施目的则整合了功利性与服务性的特点，强调个人与社会的和谐发展。欧洲作为发达国家聚焦的地方，一方面重视其功利性，这一点从各国广泛强调职业技能培训等的政策中可以明显地看出；另一方面，欧洲更多地强调科学精神与人文精神的融合，职业技术教育与生活教育的统一。

4. 终身学习能力内容与各国终身学习的运行机制及各国的政治体制密切相关

美国是地方分权制的国家，其发达的市场经济决定了终身学习一直是以市场作为重要手段来调节的，因此美国终身学习的运行机制是典型的市场机制，其终身学习能力主要以促进劳动力技能更新与充分就业为目标。欧盟作为超国家的政治组织，其组织功能主要体现在推行某一行动前，先组织盟内国家的讨论，达成协议后在各国内部统一推行，因此其终身学习能力的内容与其组织的开放式合作特征是密切相关的。

四、终身学习能力构成项及其相互关系

（一）我国终身学习能力组成的确定

通过文献研究可知，欧盟、美国、英国、澳大利亚、德国、新西兰、日本及中国等组织和国家分别根据各自的社会、经济及政策环境，从不同的视角出发，对终身学习能力的组成及界定开展了研究。通过比较分析可归纳出他们对终身学习能力组成项的认识，如表2-4所示。

表2-4　各国和组织提出的终身学习能力

序号	要素	序号	要素
1	母语沟通能力	10	外语沟通能力
2	信息技术应用能力	11	团队合作能力
3	自主学习能力	12	知识管理能力
4	独立学习能力	13	开拓意识
5	持之以恒能力	14	实践操作能力
6	自我评价能力	15	组织管理能力
7	问题解决能力	16	应变能力
8	批判性思维能力	17	反思能力
9	创新能力	18	逆向思维能力

根据如表2-4所示的国内外对终身学习能力组成已有的研究结果，通过调查领域专家的意见以确定终身学习能力的构成要素。调查所使用的调查工具分为两个部分：引言和主体。主体由三部分组成：第一部分，受访者的人口统计变量和一般信息。第二部分，主

要调查专家对各项终身学习能力项的认同程度，属于封闭式问题，采用单项选择题的形式。这部分以18条终身学习能力项为内容，分别以重要性程度为参考编制为五级量表："很有必要""有必要""可有可无""没必要""完全没必要"，分别赋予5分、4分、3分、2分、1分，共18个题项。被调查者依据自身的经验为各项能力要素选择相应的分值。第三部分，开放性问题，主要收集专家对终身学习能力构成项的意见与建议。在这部分，参与者可以写出自己的意见和建议，用以补充可能不存在于已经列出的18项能力项之外的其他能力项，结果如表2-5所示。

表2-5　终身学习能力要素项重要程度得分率统计表

能力项	*Fi*	能力项	*Fi*
信息素养	0.94	反思能力	0.84
母语沟通能力	0.93	团队合作能力	0.84
自主学习能力	0.93	实践操作能力	0.78
独立学习能力	0.88	应变能力	0.77
持之以恒能力	0.88	知识管理能力	0.77
自我评价能力	0.86	外语沟通能力	0.77
问题解决能力	0.86	逆向思维能力	0.76
批判性思维能力	0.86	开拓意识	0.76
创新能力	0.84	组织管理能力	0.74

从以上计算结果可知，18条能力要素项中，信息素养的得分率最高达到0.94，得分率最低的为组织管理能力，得分率为0.74。在我国，母语沟通能力和自主学习的能力被认为是终身学习能力的重要组成项，*Fi*值都达到0.9以上；团队合作能力和问题解决能力同样具有较高的认同度。而实践操作能力、应变能力、知识管理能力、外语沟通能力、逆向思维能力、开拓意识以及组织管理能力的得分率相对较低，都没有达到0.80，分别为0.78，0.77，0.77，0.77，0.76，0.76以及0.74。以上几项对应的差异量数统计表如表2-6所示。

表2-6　得分率不及0.80的能力项的一般描述统计表

能力项	N	Mean	Std. Deviation
实践操作能力	42	3.809 5	0.890 00
应变能力	42	3.785 7	0.750 15
知识管理能力	42	3.761 9	0.759 00
外语沟通能力	42	3.761 9	1.122 05
逆向思维能力	42	3.738 1	0.828 15
开拓意识	42	3.714 3	0.805 04
组织管理能力	42	3.619 0	0.794 87

以上七项的重要程度得分率与差异量数据显示，实践操作能力、应变能力、知识管理能力、逆向思维能力、开拓意识及组织管理能力等六项的标准差都较低，分别为0.890 00，0.750 15，0.759 00，0.828 15，0.805 04以及0.794 87。这表明专家对这六项能力要素评价态度相对一致，认同度均不高。外语沟通能力虽然标准差相对较大，为1.122 05，但其得分率依然较低，表明有少数专家对外语沟通能力持认同态度，但从整体来看绝大多数专家对其认同度不够，因此最终其得分率依然较低。根据以上两项统计数据，将$Fi \geq 0.80$的终身学习能力项确定为重点关注的核心能力项。

（二）各能力项的分析

由以上的研究我们可以确定教师终身学习的核心能力主要由信息素养、自主学习能力、问题解决能力、批判性思维能力、持之以恒能力以及自我评价能力等六项主要要素构成。

1. 信息素养

信息素养是数字化时代终身学习能力的基础。无论是分布式学习还是协作学习，都离不开学习者的信息素养。随着信息技术的不断进步，不同时代有不同的信息素养要求。一般来说，信息素养是利用各种信息工具特别是多媒体技术和网络技术工具的能力。

信息素养涉及八个方面的能力：运用信息工具、获取信息、处理信息、生成信息、创造信息、发挥信息效益、信息协作和信息管理。

【扩展视野】

九大信息素养标准

1998年，美国图书馆协会和教育传播协会制定了学生学习的九大信息素养标准，概括了信息素养的具体内容。

标准一：具有信息素养的学生能够有效地和高效地获取信息。

标准二：具有信息素养的学生能够熟练地和批判地评价信息。

标准三：具有信息素养的学生能够精确地和创造性地使用信息。

标准四：作为一个独立学习者的学生具有信息素养，并能探求与个人兴趣有关的信息。

标准五：作为一个独立学习者的学生具有信息素养，并能欣赏作品和其他对信息进行创造性表达的内容。

标准六：作为一个独立学习者的学生具有信息素养，并能力争在信息查询和知识创新中做得最好。

标准七：对学习社区和社会有积极贡献的学生具有信息素养，并能认识信息对民主化社会的重要性。

标准八：对学习社区和社会有积极贡献的学生具有信息素养，并能实行与信息和信息技术相关的、符合伦理道德的行为。

标准九：对学习社区和社会有积极贡献的学生具有信息素养，并能积极参与小组的活动探求和创建信息。

信息技术应用能力是信息化社会需要人们具备的一种基本能力，是人们面对信息社会的一种适应能力。信息技术应用能力包括高效获取信息的能力，熟练、批判性地评价信息的能力，有效地吸收、存储和快速地提取信息的能力，运用多媒体表达信息、创造性使用信息的能力，将驾驭信息的能力转化为自主、高效地学习与交流的能力，学习、培养和提高信息文化新环境中公民的道德情感、法律意识与社会责任等六个方面描述了信息素养的内在结构与目标体系。信息技术应用能力是信息时代每个社会成员的基本生存能力，也是终身学习能力的重要组成部分。

2. 自主学习能力

自主学习是学习者激励自己并使用适当学习策略的学习，即对元认知策略、动机策略与行为策略的系统作用，是对有关学习有效性的反馈做出反应，是对学业完成情况的自我知觉。

在自主学习过程中，学习者自觉确定学习目标、选择学习方法和监控学习结果。齐莫曼等人认为，自主学习的内部心理过程可以按其发生顺序划分为三个阶段，即计划阶段（forethought phase）、行为意志控制阶段（performance volitional control phase）和自我反思阶段（self-reflection phase）。在每一阶段，自主学习又受到一些子过程（如目标设置、策略计划和自我监控等）的影响。自主学习能力的核心是强调学习者个人积极能动的态度以及在学习中运用已有的各种学习技能，自由自律地掌控个人的学习，实现学习目标的能力。

独立学习更常见地出现于远程教育环境中，其中查尔斯·魏德迈在他的独立学习理论中描述了独立学习的情形，其理论的核心可以总结为三条灵活自主原理：个人根据自己的需要和条件选择教育目标、决定学习进度以及符合自身情况的学习方法与考试方式。结合以上齐莫曼等人对自主学习的理解来看，独立学习与自主学习的过程极其相似。而英国质量改善委员会（QIA）在“独立学习与专家型学习者”中对独立学习和自主学习（“autonomy” in learning）能力的定义为管理个人学习的能力。他们认为独立学习并不是个人独自学习，而独立学习也就是自主学习（self-directed learning），要求学习者个人设定自己的学习目标与期限，安排学习时间，然后像教师一样对自己的学习结果进行评估。由此分析来看，独立学习能力与自主学习能力的内涵基本一致，考虑到反思能力与自主学习过程中的自我反思阶段的关键能力，因此，在本研究中将自主学习能力、独立学习能力与反思能力合并为一个能力要素项来考查。

3. 问题解决能力

问题解决能力包括理解给定的信息、识别关键特征及其相互关系、建构或运用外部表征、解决问题、评价和判断问题解决方法等五个方面。加涅对问题解决能力的定义是个体虽有目标但没有找到达成这个目标的方法的情境。他认为无论哪一类问题的解决，都包括四个认知过程，它们分别是形成问题的表征、搜索问题空间、选择一个解决方案和评价。

问题解决能力是个人通过认知过程来面对和解决现实情境下无明显解决方法的问题的能力。问题解决能力领域已经超越了单一的学科领域。在问题解决过程中，人们要理解给定的信息，识别关键特征及其相互关系，构思或进行外部表征，解决问题，并对问题的解决方法进行评价和判断。其中，认知过程是指问题解决行为各个组成部分的思维过程，包括理解、概念、表征、问题解决、反思和交流等方面的应用。而问题解决能力领域不是指传统意义上的分门别类的单一学科，而是指更广泛意义上综合各学科知识和各领域能力解决真实问题的能力。问题解决能力强调解决真实世界中的问题，需要个体综合运用知识、技能和策略，在不同的但有时又有联系的情境中进行迁移，体现知识再现和应用的灵活性。在问题解决过程中，需要个体做出决定并与他人进行交流。

4．批判性思维能力

所谓“批判性思维”，是指对于某种事物、现象和主张发现问题所在，同时根据自身的思考逻辑作出主张的思考。美国加利福尼亚州立大学索诺玛分校“批判性思维与道德性批评中心”所长保尔川从哲学的角度梳理了有关研究，并提出了“批判性思维”的概念。他首先考察了学校教育中“批判性思维”的重要性及人们对待“批判性思维”的“心智结构”，断言“批判性思维”应当构成世纪教育的本质性基础。研究者们对批判性思维的总体结构基本达成一致意见。研究者普遍认为批判性思维除了批判性智力技能之外，还必须包含批判性精神。

美国心理协会（APA）于1990年在其提出的批判性思维理论中将批判性思维定义为一种有目的性的，对产生知识的过程、理论、方法、背景、证据和评价知识的标准等正确与否做出自我调节性判断的思维过程。据此，加利福尼亚批判性思维测验认为批判性思维者具备求真、思想开放、分析性、系统性、自信、好奇性以及成熟度等特点。批判性思维智力技能包括阐明、分析、推论、评价、解析和自我调节几方面。

【扩展视野】

批判性思维的定义

《沃森—格拉泽，批判性思维评估》一书的作者之一，爱德华·格拉泽（Edward Glaser）在1941年对批判性思维所包括的因素作出以下定义：①对在人的经验范围内发生的问题进行深思的态度；②逻辑询问和推理方法的知识；③运用这些逻辑询问和推理方法的技能。第一条为态度，第二、三条为知识与技能。事实上，虽然西方学者对批判性思维的理解形式多样，但几乎所有的定义都是从认知能力和情感表达两方面来阐述的。

下面分别从这两个方面作进一步探讨。

从认知能力的角度，格拉泽列出了12种批判性思维能力要素：①发现问题的能力；②找到可行的方法解决这些问题的能力；③收集、汇集相关信息的能力；④找出问题中潜在的假设及价值的能力；⑤正确、明晰和有辨别力地理解和使用语言的能力；⑥分析数据的能力；⑦评估证据的能力；⑧发现各种命题、观点之间逻辑联系的能力；⑨得出普遍规律和结论的能力；⑩验证所得出的普遍规律和结论的能力；⑪根据更广泛的经验重建自己信仰模式的能力；⑫在日常生活中对特定事务施行正确判断的能力。

关于批判性思维能力问题，来自人文学科、自然科学、社会科学和教育领域的46位美国和加拿大专家于1990年发表了《批判性思维：一份专家一致同意的关于教育评估的目标和指示的声明》，文中提出批判性思维认知能力的核心为阐述、分析、评估、推论、解释和元认知六个方面，它们的要义：

阐述：理解和表达经验、情形、数据、事件、判断、惯例、信仰、规则、程序或标准的意义和重要性。阐述还包括如分类、对重要性的解释和澄清意义等亚能力。

分析：鉴别陈述、提出问题、概念、描述或其他试图表达信仰、判断、经验、理由、信息或意见（看法）的表达形式之间的推论性关系。专家们将审查观点、鉴定论点和分析论点的能力作为分析的亚能力。

评估：评定对于感觉、经验、情形、判断、信仰或观点的描述和解释的可信性；评定陈述、描述、提出问题或其他表达形式之间的推论性关系的逻辑强度。

推论：鉴别和保证得出合理结论的必要元素；形成推测和假说；考虑相关信息并从数据、陈述、原理、证据、判断、信仰、观点、概念、描述、提出问题或其他表达形式中得到推论。质疑证据、推测可供选择的办法、得出结论等是推论的亚能力。

解释：陈述推理的结论；证明推理的正确性；用令人信服的论据来呈现推论。陈述结果、证明过程的正确性和呈现论据等是解释的亚能力。

元认知：自我有意识的监控认知行为以及这些认知行为中所运用的认知手段引起的结果，特别是以一种质疑、重审或纠正推论或结果的态度来分析、评价自己的推论性判断。自我检查和自我修正是它的亚能力。还有的学者用其他的形式表达了批判性思维所包含的认知能力要素。例如，爱尔德（L. Elder）和保罗（R. Paul）于1994年提出，对于批判性思维最好的理解是思考者控制他们自己思考的能力，这要求他们发展合理的标准来分析和评估他们自己的思维，并运用这些标准来提高思维的质量。

综上所述，虽然不同的学者对批判性思维的定义表述各不相同，但它们有如下共同之处，而这些相同点可以看成是批判性思维之魂：

认知能力方面：①发现问题、收集信息、分析数据、评估证据的能力；②鉴别事实、个人主张、逻辑判断之间差异的能力；③得出普遍规律，评定其逻辑强度的能力；④正确、清晰陈述推论，并有效解释结论的能力；⑤不使自己原有的信仰、认识阻碍判断，并保持开放态度的能力。

情感表达方面：①不草率、不盲从，对问题深思熟虑；②保持好奇和质疑的态度，在收集大量信息的基础上做出正确的判断；③意识到自己的偏见、歧视，不使这些偏见影响判断；④能以一种开放的态度理性地看待各种观点，理解他人；⑤正确分析、评估他人及自己的信息、观点，愿意重新建构和修正自己的观点。

［资料来源　王玮．重新认识批判性思维及其在课程中的运用．比较教育研究，2004（11）］

5．持之以恒能力

持之以恒能力是指人们根据学习的目标，在学习过程中自觉地实施、调节和控制自己的学习行为，不断排除干扰，克服困难，以完成预定学习任务的技能。持之以恒能力是一个人实现学习目标的重要主观条件，学习是一个细致、耐心的脑力活动过程，要求有坚强的意志和顽强的毅力。持之以恒能力反映了学习者个体的意志品质，决定了个体是否能根据自身的目标来调控和支配自己的行为。在终身学习过程中，学习者可以利用持之以恒能力，根据自己学习行为结果的预期设想来保证自身在学习活动中具有明确的目的性和方向性。持之以恒能力常与学习上的困难或障碍相伴随。

持之以恒能力在学习过程中表现为学习者对自己的学习目的有明确而深刻的认识，能自觉地投入学习，以达到既定的学习目标。学习者利用持之以恒能力可以抑制干扰学习的欲望和情感，如战胜惰性、抵制诱惑等。学习者要克服学习上的障碍，就需要发挥持之以恒能力。可见，持之以恒能力是学习者顺利开展终身学习的保证。

6. 自我评价能力

自我评价是指学习者依据一定的评级标准，对自身的情况做出分析和判断，并对自身学习进行反馈和自我调节的活动。自我评价是学习过程的出发点和归宿，伴随着学习的整个过程，因为在学习过程中，有效的自我评价可以激发学习者的内在学习动力，对自己的学习行为进行自我反思、自我诊断、自我监控、自我激励、自我完善。他人的评价以及外部社会的评价最终要通过自我评价发挥作用，学习者最终要靠自我评价来发展自己、完善自己，进而促进自我实现。

对终身学习者来说，随时依据自己学习和工作的情况进行自我评价，明确自身的需求，并以此为目标开展进一步学习，并最终达到目标，实现自我完善。

（三）核心能力项之间的关系

1. 能力项之间相关关系的分析

采用 Pearson 积差相关方法来辨别各要素间的相关关系，所得结果如表 2－7 所示。

表 2－7　Pearson 积差相关系数

		自主学习能力	信息素养	持之以恒能力	问题解决能力	自我评价能力	批判性思维能力
自主学习能力	Pearson Correlation	1	0.790**	0.755**	0.801**	0.773**	0.803**
	Sig. (2-tailed)		0.000	0.000	0.000	0.000	0.000
	N	452	452	452	452	452	452
信息素养	Pearson Correlation	0.790**	1	0.709**	0.845**	0.702**	0.779**
	Sig. (2-tailed)	0.000		0.000	0.000	0.000	0.000
	N	452	452	452	452	452	452
持之以恒能力	Pearson Correlation	0.755**	0.709**	1	0.727**	0.688**	0.701**
	Sig. (2-tailed)	0.000	0.000		0.000	0.000	0.000
	N	452	452	452	452	452	452

（续上表）

		自主学习能力	信息素养	持之以恒能力	问题解决能力	自我评价能力	批判性思维能力
问题解决能力	Pearson Correlation	0.801**	0.845**	0.727**	1	0.780**	0.821**
	Sig.（2-tailed）	0.000	0.000	0.000		0.000	0.000
	N	452	452	452	452	452	452
自我评价能力	Pearson Correlation	0.773**	0.702**	0.688**	0.780**	1	0.749**
	Sig.（2-tailed）	0.000	0.000	0.000	0.000		0.000
	N	452	452	452	452	452	452
批判性思维能力	Pearson Correlation	0.803**	0.779**	0.701**	0.821**	0.749**	1
	Sig.（2-tailed）	0.000	0.000	0.000	0.000	0.000	
	N	452	452	452	452	452	452

注：**在0.01水平（双侧）上显著相关。

表2-7是终身学习能力六项两两相关的相关系数所形成的矩阵，结合积差相关系数显著性检验的概率值p可判定能力项之间的关系。从表中可知，各变量间的积差相关系数分布在0.688到0.845之间，显著性概率值$p<0.05$，表明各变量间的相关均达到显著水准。

就自主学习能力而言，与其他五项要素的相关系数分别为0.790，0.755，0.801，0.773，0.803，其p值均小于0.05，相关显著。自主学习能力与信息素养、问题解决能力及批判性思维能力的相关关系最为突出，达到或接近0.80。

就信息素养而言，与其他五项要素的相关系数分别是0.790，0.709，0.845，0.702，0.779，相应的p值均小于0.05，相关显著。根据相关系数，信息素养与自主学习能力及问题解决能力的相关关系最为突出。

持之以恒能力与其他五项要素的相关系数分别为0.755，0.709，0.727，0.688，0.701，相应的p值均小于0.05，相关显著。其中，持之以恒能力与自主学习能力的相关关系最为突出。

问题解决能力与其他五项要素的相关系数分别为0.801，0.845，0.727，0.780，0.821，相关显著。其中，问题解决能力与自主学习能力、信息素养及批判性思维能力的相关关系最为突出，均达到0.80以上。

自我评价能力与其他五项要素间的相关关系分别为0.773，0.702，0.688，0.780，0.749，其p值均小于0.05，相关显著。其中，自我评价能力与自主学习能力及问题解决能力的相关关系较为突出。

批判性思维能力与其他五项要素的相关系数分别为 0.803，0.779，0.701，0.821，0.749（$p<0.05$），相关显著。其中，批判性思维能力与自主学习能力及问题解决能力的相关关系最为突出。

2. 最近邻元素分析

最近邻关系分析方法（neighboring element analysis）能够根据个案间的相似性来对个案进行分类。相似个案相互靠近，而不同个案相互远离，因此通过两个个案之间的距离可以测量它们的相似性。相互靠近的个案称为“邻元素’。当出现新个案（以问号表示）时，将计算它与模型中每个个案之间的距离，计算得出最近邻元素，并将新个案放入包含最多最近邻元素的类别中。

分别对构成终身学习能力的六项：自主学习能力、信息素养、问题解决能力、批判性思维能力、自我评价能力及持之以恒能力进行最近邻关系分析，以确定各能力要素的“邻元素”。在对各要素进行最近邻元素分析时，统一将总样本分为两部分，其中学习样本为70%，保持样本为30%。学习样本包含用于训练最近邻元素模型的数据记录；数据集中的某些个案百分比必须分配给训练样本以获得一个模型。坚持样本是用于评估最终模型的独立数据记录集；保持样本的误差给出模型预测能力的“真实”估计值，因为坚持个案不用于构建模型。

（1）自主学习能力的最近邻元素分析。

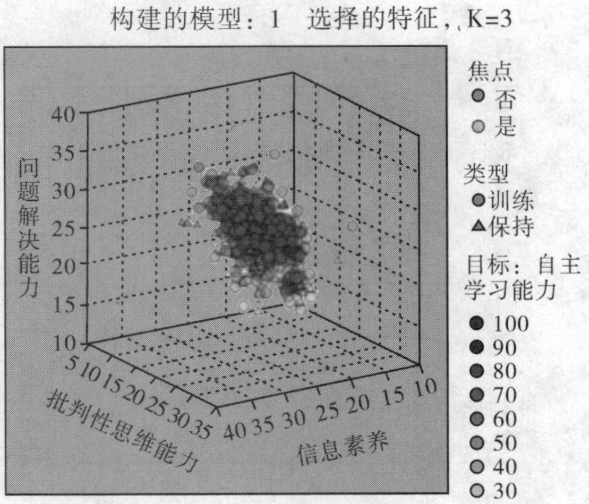

图 2-2 自主学习能力最近邻元素空间模型

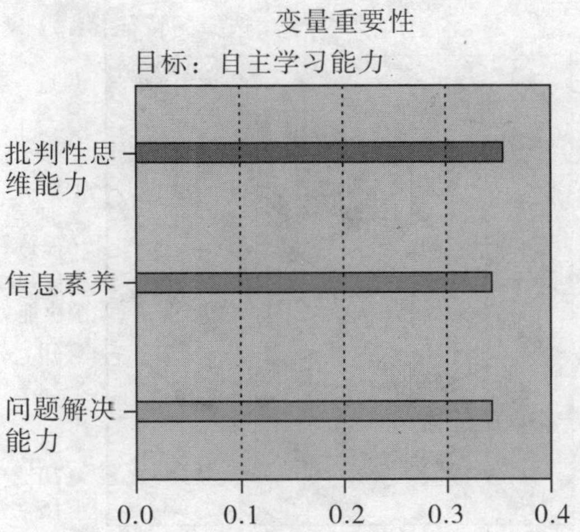

图 2-3 自主学习能力最近邻元素重要性

由图 2-2 可以看出，自主学习能力的最近邻元素包括信息素养、问题解决能力与批判性思维能力，自主学习能力与各邻元素的相关系数分别为 0.790，0.801，0.803，这三个要素的相对重要性从高到低分别为批判性思维能力、信息素养与问题解决能力（如图 2-3 所示）。

（2）信息素养的最近邻元素分析。

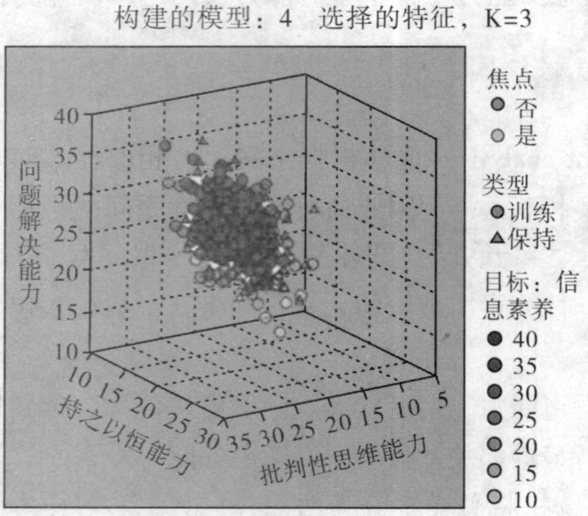

图 2－4　信息素养最近邻元素空间模型

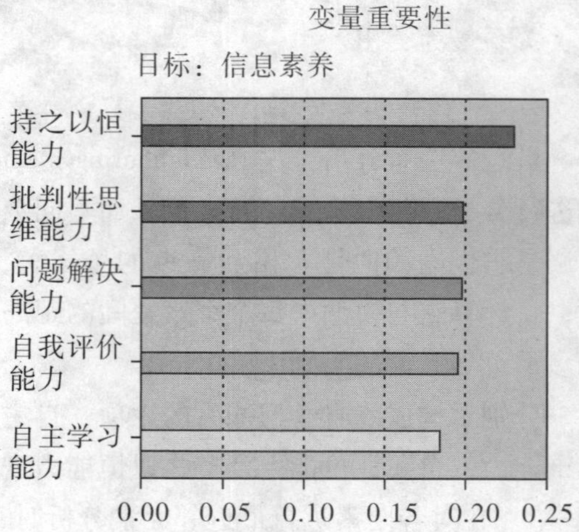

图 2－5　信息素养最近邻元素重要性排序

结果显示，信息素养的最近邻元素有问题解决能力、批判性思维能力及持之以恒能力（如图 2－4 所示），信息素养与各邻元素的相关系数分别为 0.845，0.779，0.709，各邻元素重要性顺序从高到低为持之以恒能力、批判性思维能力与问题解决能力（如图 2－5 所示）。

（3）问题解决能力的最近邻元素分析。

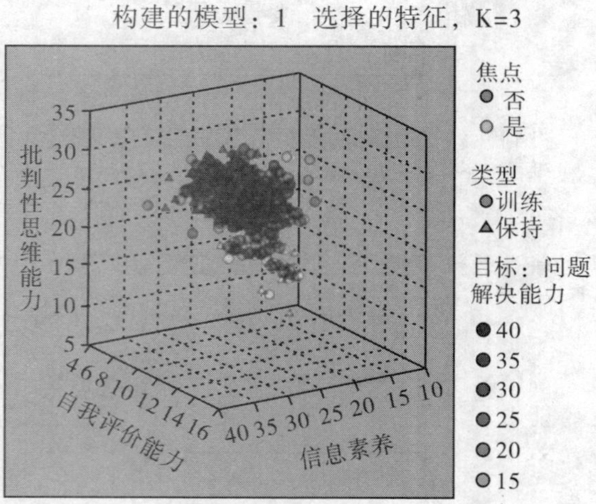

图 2－6　问题解决能力最近邻元素空间模型

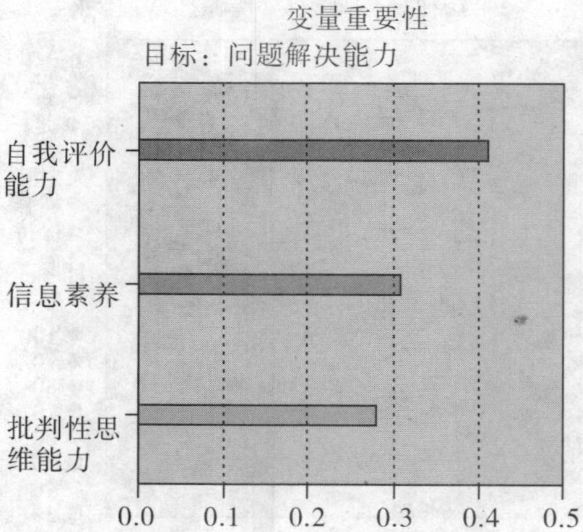

图 2－7　问题解决能力最近邻元素重要性排序

从图 2－6 中可见，问题解决能力的最近邻元素包括批判性思维能力、自我评价能力与信息素养，问题解决能力与各邻元素的相关系数分别为 0.821，0.780，0.845，其中各元素的重要性从高到低的排列顺序为自我评价能力、信息素养及批判性思维能力（如图 2－7 所示）。

（4）批判性思维能力的最近邻元素分析。

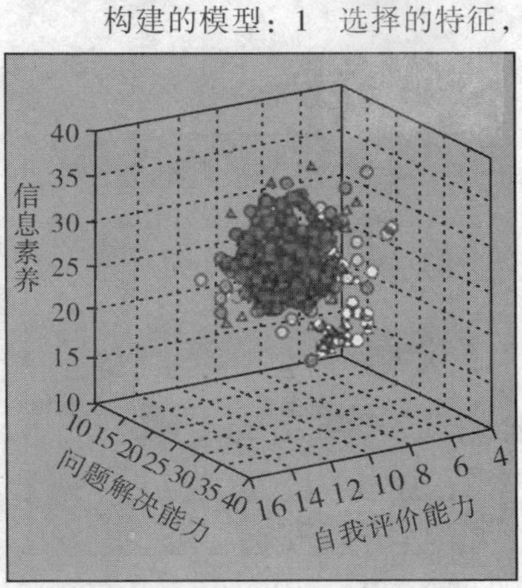

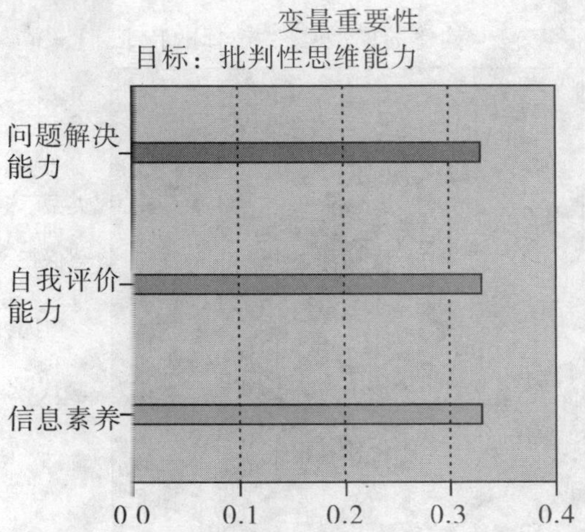

图 2－8　批判性思维能力最近邻元素空间模型　　图 2－9　批判性思维能力最近邻元素重要性排序

统计结果如图 2－8 所示，说明批判性思维能力的最近邻元素包括三个，分别是信息素养、问题解决能力与自我评价能力，批判性思维能力与各邻元素的相关系数分别为 0.779，0.821，0.749，其中问题解决能力的重要性最高，自我评价能力次之，信息素养的重要性第三（如图 2－9 所示）。

（5）自我评价能力的最近邻元素分析。

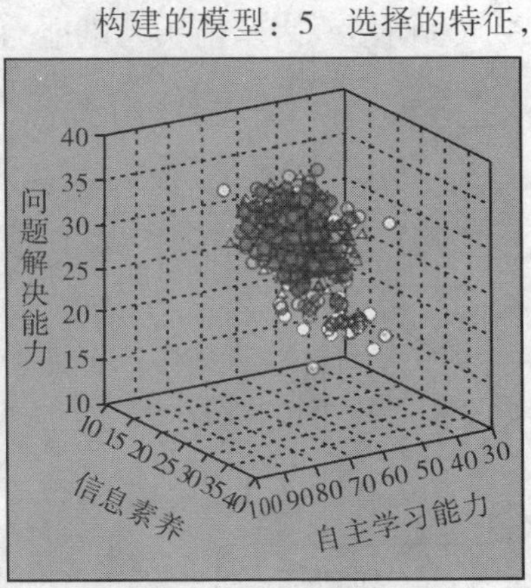

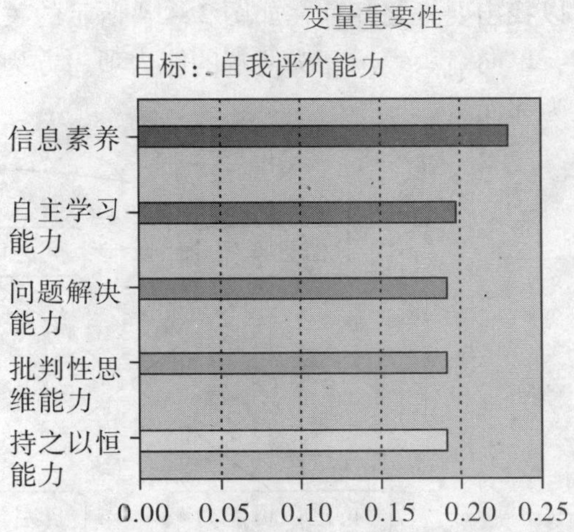

图 2－10　自我评价能力最近邻元素空间模型　　图 2－11　自我评价能力最近邻元素重要性排序

统计结果表明，自我评价能力的最近邻元素包括问题解决能力、信息素养及自主学习能力（如图 2－10 所示），自我评价能力与各邻元素的相关系数分别为 0.780，0.702，0.773，此三个“邻元素”的重要性顺序由高到低依次为信息素养、自主学习能力与问题解决能力（如图 2－11 所示）。

（6）持之以恒能力的最近邻元素分析。

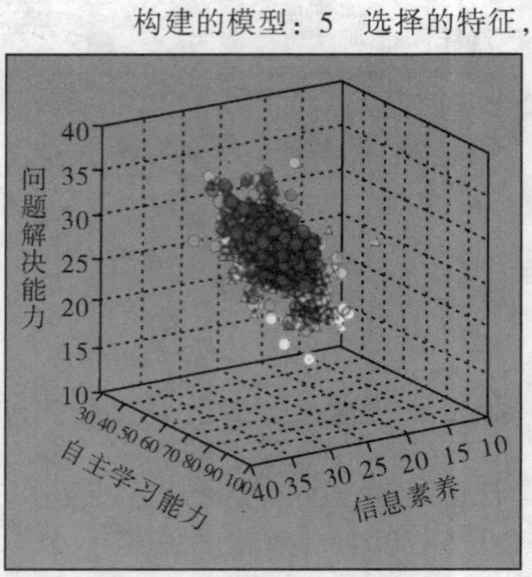

图 2－12 持之以恒能力最近邻元素空间模型

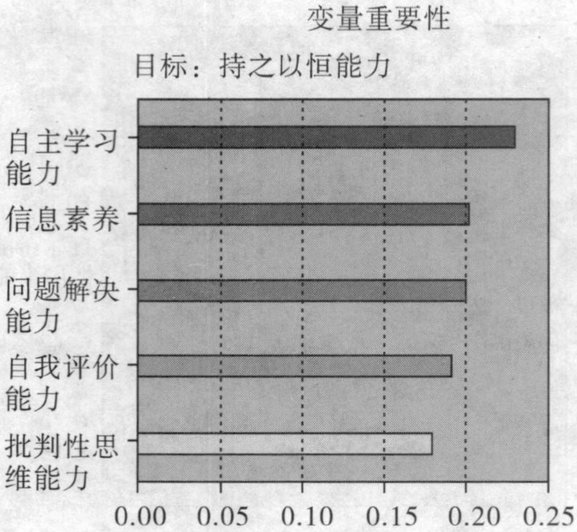

图 2－13 持之以恒能力最近邻元素重要性排序

根据分析统计结果图可以发现，持之以恒能力包含三个最近邻元素，分别是问题解决能力、自主学习能力及信息素养（如图 2－12 所示），持之以恒能力与各邻元素的相关系数分别为 0.727，0.755，0.709，各元素重要性由高到低分别为自主学习能力、信息素养及问题解决能力（如图 2－13 所示）。

通过以上对终身学习能力各项的最近邻元素分析以各项能力项的“邻元素”为线索，可以找出要素之间存在如图 2－14 所示的关系。在终身学习能力项间的“邻元素”关系图中，单向箭头表示箭头两端的能力项一方为另一方邻元素，双向箭头表示箭头两端能力项互为邻元素。

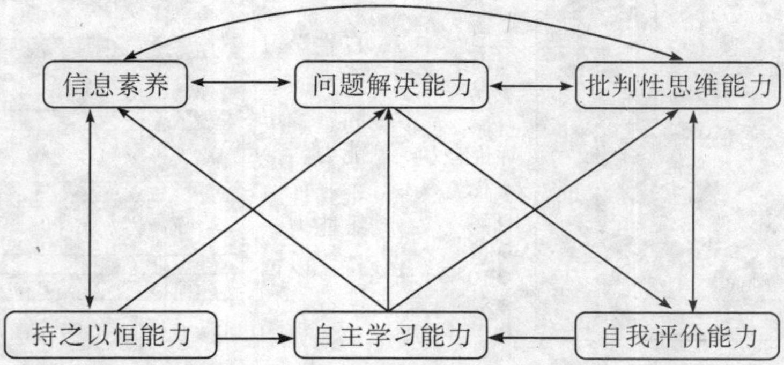

图 2－14 终身学习能力各要素间的“邻元素”关系

结合以上终身学习能力各构成项间的相关关系分析与最近邻元素分析的结果，结合考虑各能力项间的相关系数、相关关系最突出的能力项及最近邻元素，最终保留属于最近邻元素且相关关系突出的要素项。就自主学习能力而言，其最近邻元素包括问题解决能力、信息素养及批判性思维能力，相关系数分别为 0.801，0.790，0.803，而在前述积差相关关系分析中，自主学习能力与另外五项要素的关系最为突出的就是以上三项要素，故将这三项保留。就信息素养而言，其最近邻元素包括问题解决能力、批判性思维能力及持之以恒能力，相关系数分别为0.845，0.779，0.709，通过积差相关分析得知，信息素养与另外五项要素的关系最为突出的为自主学习能力及问题解决能力，故将问题解决能力保留。对另外四项能力项也依此分析，最终得出终身学习能力构成项之间的关系如图2－15所示。

观察如图2－15所示的结构关系图可以发现，在终身学习能力体系中，自主学习能力处于核心地位，其他各能力项不同程度地支持着自主学习能力的发展。其中信息素养、问题解决能力及批判性思维能力与自主学习能力的相关系数分别达到0.790，0.801，0.803，此三者对其影响最为突出。此外，持之以恒能力与自我评价能力对自主学习能力的发展至关重要。终身学习是通过一个不断的支持过程来发挥人类潜能的过程，它激励并使人们有权利去获得他们终身所需要的全部知识、价值、技能与理解，并在任何任务、情况和环境中有信心地、有创造地、愉快地应用它们。在终身学习过程中，学习是基于学习者个体的自主性，根据自身的需要选择适合个体自身的手段与方法自发进行的活动。因此，自主学习能力决定着终身学习是否能够顺利开展，同时，其他各项能力也是支持个体开展自主学习的坚强后盾。信息素养、问题解决能力与批判性思维能力之间相互影响、相互支持，构成终身学习能力发展的基础。

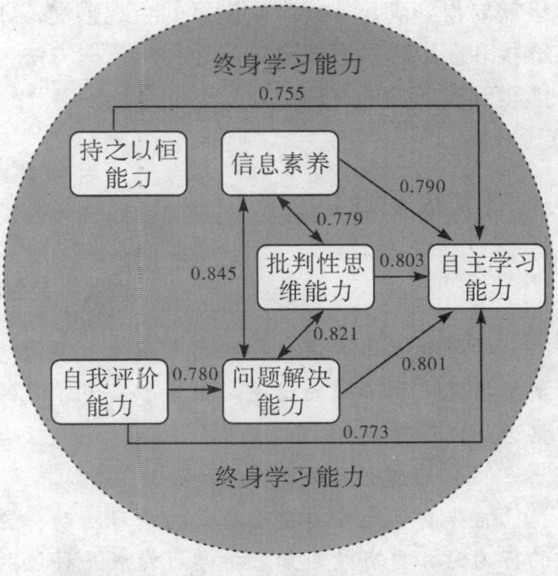

图2－15　终身学习能力各构成要素间的结构关系

处于结构关系图边缘的自我评价能力与持之以恒能力是开展终身学习的助推器，两者与其他要素项的关系是密不可分的。自我评价能力是学习者不断反省、明确知识需求的手段。而持之以恒能力作为学习者积极的心理状态，是维持终身学习持续进行的保障。

五、终身学习能力的培养

（一）转变教育观念，树立终身学习的理念

“终身学习”是社会发展对每个公民提出的要求——是一种社会的需求，同时“终身学习”也是人“自我发展”的前提。树立终身学习的理念，时刻将其铭记在心，是开展终身学习，培养自身终身学习能力的前提。

（二）注重终身学习核心能力的培养

终身学习能力的培养，归根到底是终身学习核心能力的培养，那么，首先要意识到自身具备了哪些能力、哪些能力还不具备、如何培养这些能力。

1. 树立明确的目标，掌握适合自己的学习方法

马斯洛的需要层次理论告诉我们，自我实现是人的最高层次的需要。一个人只有当高级需要得到满足才能产生满意的主观感受，才能得到鼓舞的力量。有了需要和可能，通过寻找和获取提供必要的学习途径，掌握方法，而不只是停留在口头上，终身学习的活动才能得到实质性的保证。

【扩展视野】

学习原则

学习的具体方法，往往因人而异，不同的人有不同的学习特点，完全可以根据自己的实际情况采取不同的措施。但为了实现学习的高效率，取得好的学习效果，在学习中要严格遵循以下原则：

（1）自觉性原则。

首先自觉地安排自己每天的学习活动，自觉地完成各项学习任务。当学习是一种自觉的行为时才更有效。如果把学习变成一种被别人压迫的行为，学习的动力就会减弱，久而久之就会产生厌倦感，失去学习兴趣，学习效果可想而知。

（2）主动性原则。

学习要有热情，主动获取知识，不等待，不依靠，不耻下问。做任何事情，积极主动是取得成功的必要条件，学习也不例外。有很多学生甚至教师在学习中碍于面子问题，不懂的问题宁肯烂在肚子里，也不愿开口问一下别人，最终受损失的往往还是自己。

（3）独立性原则。

独立性要求做事有主见，不轻信，不盲从，不人云亦云，能独立地完成学习任务，不轻易受群体因素的影响。别人灌输的知识终究是别人的，只有依靠自己独立的智慧努力获取的知识，才是自己的。如果学习中没有独立性，就没有创造性，就不可能取得最佳的学习效果。

2. 联系实际，不断激发自己学习的内在动机

教师成长的动力主要有两种：外在引导和内在激励。在教师专业发展的道路上，起关键作用的是内在激励。只有在内在激励下，教师专业发展的动力才会长久，才会有效。常言道，内因起决定作用，不论这个“因”是出于个人兴趣或是其他原因，充分的内在动机是激发学习者不断学习的强大动力，也是培养持之以恒能力的重要因素。

3. 善于观察，养成不断探索、整合与批判信息，不断进行自我更新的习惯

个人不仅要有迅速获得信息的习惯，更要有整合信息、吸收信息和批判信息的习惯，从而不断地更新自己的知识库，跟上信息飞速发展的步伐。

教师应有一定的探索心，能凭借自己的兴趣爱好、发现和寻找进行学习，多方寻求答案，解决疑问，从而寻求发展。探索首先来源于兴趣。培养不断探索的习惯，首先要对周

围某些事物、现象，对听到和看到的观点、看法有浓厚的兴趣，并乐于说出自己的看法，积极与他人进行交流、讨论。培养不断探索的习惯，还需要不断地丰富自己的信息资源。

自我更新，就是不满足于已经掌握的知识和形成的能力，从发展和提高的角度，对自己的知识、认识和能力不断地进行完善。

4．经常进行自我评价，善于反思

学会用一整套的方法反思自己的学习和工作行为得失，自己的思想水平和境界层次，这对个人自我更新的意义重大。在反思的过程中，对自己的成见要持客观的批判态度，而不要抱残守缺，对别人的评论和意见不屑一顾。

【小结与回顾】

在本节中，我们了解了教师终身学习中的核心能力项及它们之间的关系。请仔细思考，然后回答以下问题：

1．教师终身学习核心能力的重要程度如何？请排列一下。

2．你具备了哪些终身学习的核心能力项？还有哪些需要加强？

3．就个人而言，你是如何培养自身的终身学习能力的？

参考文献

1．D. S. Rychen，L. H. Salganik. （2005. Eds. ）The Defining and Selecting Key Competencies（executive summary）［EB/OL］. http：//www. oecd. org/dataoecd/47/61/35070367. pdf. Retrieved Date：2009 - 04 - 02

2．J. B. Fontelles，J. E. Enestam. Recommendation of the European Parliament and of the Council of 18 December 2006 on key competencies for lifelong learning. Official Journal of the European Union L394. http：//eur-lex. europa. eu/LexUriServ/site/en/oj/2006/1_394/1_3942006 1230en00100018. pdf

3．张春燕.《欧洲终身学习质量指标报告——15 项质量指标》研究［D］. 首都师范大学硕士学位论文，2008

4．S. Stein. Equipped for the future content standards：What adults need to know and be able to do in the 21st century［EB/OL］. http：//eff. cls. utk. edu/PDF/standards _ guide. pdf. Retrieved date：2009 - 04 - 11

5．张珂，邓小丽. 澳大利亚基础教育研究：“关键能力”简述［J］. 外国中小学教育，2005（5）

6．关晶. 关键能力在英国职业教育中的演变［J］. 外国教育研究，2003（1）

7．王晓望. 试析关键能力［J］. 中国培训，2004（7）

8．刘京辉，唐以志. 关键能力及其启示［J］. 职教论坛，2000（3）

9．许加生，别同玉. 论终身学习与终身学习能力的培养［J］. 成人教育，2003（10）

10．徐艳伟. 教师终身学习能力的一般构成要素［J］. 中国教育技术装备，2008（10）

11．钟志贤，王水平，邱婷．终身学习能力：关联主义视角［J］．中国远程教育，2009（4）

12．李勇，张敬，郭兴举．发达国家终身学习实践的比较研究及对我国的启示［A］．亚欧终身学习论坛文集，2008

13．桑新民．多媒体和网络环境下大学生学习能力培养的理论与实验研究［J］．中国远程教育，2000（1）

14．庞维国．80、90年代以来国外自主学习研究的若干进展［J］．心理学动态，2000（4）

15．丁兴富．远程教育基础［M］．北京：北京师范大学出版社，2002

16．QIA. Independent Learning and the Expert Learner［EB/OL］. http：//tlp. excellencegateway. org. uk/tlp/xcurri - cula/el/assets/documents/independent. 0. pdf

17．吴明隆．SPSS操作与应用——问卷统计分析实务［M］．台北：五南图书出版公司，2007

18．SPSS Statistics Base 17.0用户指南

19．高志敏．关于终身教育、终身学习与学习化社会理念的思考［J］．教育研究，2003（1）

20．R. 赖丁，S. 雷纳．认识风格与学习策略［M］．上海：华东师范大学出版社，2003

21．莫雷．教育心理学［M］．北京：教育科学出版社，2007

第三节　开展终身学习的方法和手段

【情景导入】

在教师办公室里，两位教师在课间休息时间聊起了刚刚上完的课。

教师A：刚才课堂上学生问我物理学科最新的研究成果，我竟然回答不上来。真的也有一段时间没关注了，看来以后得多关注学科的研究动态啊。

教师B：是啊，咱们平时只顾着上课、备课、改作业，就琢磨教材上的那点儿知识，下了班又要忙家务，哪儿有时间啊？

教师A：活到老，学到老啊。再忙，作为老师，我们也要不断学习新知识，接纳新思想呀，否则，连学生问的问题都应付不了，更别说解答，可能还会被学生嘲笑啊。

【问题的提出】

作为一名教师，如何才能有效地开展终身学习，不断提高和完善自己各方面的能力呢？

终身学习，只有理念是不够的，还要掌握方法，切实地开展，才能真正发挥终身学习的作用，促进教师专业发展。这一节将介绍开展终身学习的具体方法和手段。

一、制定终身学习规划

好的开始是成功的一半，一个精心设计的、合理的学习规划是终身学习有效开展的重要保证。因此，在学习之前，有必要学会制定合理的、适合自己的学习计划。对开展终身学习，我们可以制定长期目标、短期计划以及具体的学习时间表。

1. 长期目标

长期目标是指在一个比较长的时间内的学习计划，比如说三年、五年。长期计划可以是一种大致计划，明确要达到的总体目标。因为三五年的时间里，实际工作、学习和生活的变化很多且往往无法预测，所以长期目标不需要也不可能很具体，仅能让自己对将要进行的学习活动做到心中有数。

2. 短期计划

短期计划是指为了实现长期计划中拟定的学习目标而采取的具体行动计划。短期计划应该更详细和具体一些，比如详细列出某一个月、一个星期或者一天的学习计划。把较大的学习任务分配到每月、每周、每天去完成，化整为零，才能保证长远计划中的任务逐步得到落实。

3. 具体的学习时间表

大家都有过这样的经历，花了许多时间拟定个人学习计划，在执行没多久之后却忘得一干二净。其实问题可能出在两个方面：一是计划的可行性和适当性；二是学习中是否能坚持依照计划行事。要解决第一个问题，教师们一定要注意学习时间表的制定，一定要根据自己工作和生活的情况制定得合理和可行，如每次学习的时间不要太长，学习频率不能太密，适当应用零散时间段等。有效地利用时间，有利于安排的实施和坚持。要解决第二个问题，教师们则需要发挥持之以恒能力，不断地鼓励自己坚持学习安排。为了有规律地学习，应该自觉地依照计划行事，做一个主动的学习者。

有了学习时间表，就知道一天中什么时候该做什么事情，了解自己的学习进度，清楚地知道哪些事情还等着做，同时又有利于把现在的表现与先前想做的作比较，从而不断调整学习的进度。如果能按部就班、循序渐进地学习，学习是不会给生活和工作带来太大压力的。

总观以上三种计划，它们相辅相成，逐步从概括到具体。长期目标可随生活和工作的环境进行调整，而短期计划和具体的学习时间表则是应该严格执行。当然，做一些细微调整也是必要的，但不能随心所欲地改动，那样短期计划才能有效地得以实施，而不会光是一纸空谈。

【案 例】

我的终身学习计划

荔湾区教育发展研究中心　吴建希

为了适应时代的需求，促进自己专业发展，掌握教改动态，提高课堂效率，增长自己的见识，树立终身学习意识，决定做到以下三点：

一、长期目标

1. 在教研员岗位方面，掌握前沿的教育教学理论，掌握中学学科教学所需的相关知识，全面掌握中学化学教学知识和方法手段以及教学策略，增强教育教学技能训练，不断更新与扩展知识，加强现代教育技术、教育教学实践的研究。

2. 在生活方面，增强身体锻炼，提高生活质量，陶冶精神生活。

二、短期计划

1. 每年参加中学教师继续教育，自觉参加岗位培训。学习两门课程，一门课程为公共课，另一门课程为学科专业课，以不断提高自己的专业素养，做学科教学与研究的领头人。

2. 每学期至少听课50节，并随听随评，只有看得多，才能识得广。

3. 每年至少撰写一篇教学论文，写教学论文也是一种学习的好方法，有了主题，学习才有方向，围绕主题的学习，效果是最佳的。

4. 订阅四种杂志：《教师博览》《特别关注》《上海中小学教研》《生活文摘》。

三、科学安排学习时间

1. 每天早晚各半小时为体育锻炼时间，早上6：00～6：30和晚上7：30～8：30。

2. 每天早晚各半小时为学习时间，早上7：00～7：30看电视，了解国家大事及国内外新闻；晚上10：30～11：30，阅读所订阅的书籍，扩大视野，增长知识。

3. 每周半天时间学习教育教学专著或上网查阅与近期课题研究相关的资料，并做摘抄记录，增强自己的业务知识。

4. 形成收集资料的习惯，把一些必要的资料摘录、复印或录入电脑。

5. 每个月撰写一篇听课随笔。

6. 严格规定完成期限，每天至少有半小时到一小时不被干扰时间，就是晚上10：00～10：30，以确保自己的学习和思考空间。

贵在有恒，只要自己坚持到底，我相信自己的专业素质会越来越高，教研工作上的效果会越来好。

编者点评：吴老师的终身学习计划包括了长期目标、短期计划和学习时间安排三个部分，各部分的内容逐步细化、具体化。我们可以看到他的短期计划是每年、每学期的任务安排。学习时间安排部分则将任务具体到了每一个月、每周甚至每一天。这样经过一天天的积累，长期计划中的目标就能得以实现了。当然，在实际工作和生活中，每个人可以根据实际的情况合理调整学习计划，如短期计划可以具体到每一天，学习时间表也可以根据工作安排的变化进行灵活设置，但切记贵在坚持。

【扩展视野】

时间管理的七条魔法

魔法一：改变你的想法

美国心理学之父威廉·詹姆士通过对时间行为学的研究发现这样两种对待时间的态度："这件工作必须完成，但它实在讨厌，所以我能拖便尽量拖"和"这不是件令人愉快的工作，但它必须完成，所以我得马上动手，好让自己能早些摆脱它"。当有了学习动机，迅速踏出第一步很重要。不要想立刻推翻自己的整个习惯，只需强迫自己现在就去做必做的某件事。

魔法二：学会列清单

把自己要做的每一件事情都写下来。而当你看到长长的清单时，能让你随时都明确自己手头上的任务。不要轻信自己可以用脑子把每件事情都记住。这样做也会让你产生紧迫感。

魔法三：遵循二八定律

生活中肯定会有一些突发困扰和迫不及待要解决的问题。如果你发现自己天天都在处理这些事情，而不是最紧急的事情上，那表示你时间管理并不理想。成功者花最多时间在做最重要的事，而一般人都是在做紧急但不重要的事。

魔法四：安排“不被干扰”时间

每天至少要有半小时到一小时的“不被干扰”时间。假如你能有一个小时完全不受任何人干扰，自己关在自己的空间里面思考或者工作，这一个小时可以抵过你一天的工作效率，甚至有时候这一个小时比你三天的工作效率还要好。

魔法五：严格规定完成期限

巴金森在其所著的《巴金森法则》中写下这段话：“你有多少时间完成工作，工作就会自动变成需要那么多时间。”如果你有一整天的时间可以做某项工作，就会花一天的时间去做完它。而如果你只有一小时的时间可以做这项工作，就会更迅速有效地在一小时内做完它。

魔法六：做好时间日志

记录自己花了多少时间在做哪些事情。早上出门（包括洗漱、换衣、早餐等）花了多少时间，把它详细地记录下来。搭车花了多少时间，出去拜访客户花了多少时间……把每天花的时间一一记录下来，你会清晰地发现自己浪费了哪些时间。这和记账是一个道理。只有你找到浪费时间的根源，才有办法改变。

魔法七：理解时间大于金钱

用金钱去换取别人的成功经验，因为这会节省很多时间。一定要抓住一切机会向顶尖人士学习。仔细选择你接触的对象，假设与一个成功者在一起，他花了40年时间成功，你跟10个这样的人交往，你不是就浓缩了400年的经验？

（资料来源 http：//www. chinacons. com/SuccessCase/7 - 66 - 7090901310000167/7100604320000413. html）

【过程与方法】制定终身学习计划的一般方法

制定终身学习计划的一般过程如下：

了解自己的实际情况——→制定长期目标——→制定短期计划——→制定具体的学习时间表。

在制定终身学习计划中，要注意以下问题：

（一）了解自己

要制定适合自己的学习计划，首先要清楚自己所处的环境以及个人专业能力的发展状况。因此在制定计划之前，需要先回答一系列关于自己的问题。下面列出的是在制定学习计划时需要清楚获得答案的基本问题。

●为什么对终身学习感兴趣？也即是明确学习的目的。

■为了获得一个更好的工作？

■为了扩大就业的选择机会？

■为了能更好地把握自己的生活？

■为学习本身的乐趣而学习？

●你希望将学习列为生活中的头等大事吗？

许多人非常希望成为一个终身学习者，但是他们似乎永远也无法做到，因为他们的生活中终身学习往往不是排在优先要完成的任务中，总要等有时间才安排，因此有趣的创意和学习的机会总是与他们擦肩而过，而他们似乎总是赶不上报名入学的时间．似乎永远没有时间听购买回来的自学磁带。如果学习是头等大事，必须让它享有优先级的待遇。

●怎样才能最大限度地满足学习需求？怎样才能最有效地学习？自己的学习偏好是怎样的？是否有时间在正式的课堂里学习？如果没有，还可以通过哪些方式学习？

●从哪儿开始学？

■自己目前的技术水平如何？

■学习那些真正感兴趣的知识之前，是否需要掌握一些基础知识？比如，如果你的代数总是很差，就不要从微积分开始学。

●你的学习需要达到何种程度？

■需要取得计算机制图的等级证书，还是需要做出色的陈述报告？

■需要取得沟通技巧方面的等级证书，还是需要学习怎样提高决断力？

（二）有的放矢

仔细回答上述问题便于教师们结合自身情况，制定详细的学习计划。在拟定自己的学习计划时要注意以下五个方面：

1．制定长期目标

思考自己擅长或希望了解的事物，写下长期目标，是为了督促自己为达到目标而不断奋斗。当然长期目标应该是自己可能达到，而不是一些唾手可得的或者无法达到的目标。太难或者太容易的任务都会使学习者泄气。

2．制定短期计划

短期计划较具体，可以使长斯目标中的任务逐步得到完成。如果长期目标是在五年之内精通英语，那么请为自己设定一些短期目标，如在月底能够用英语在西餐厅点餐；设定几个中期目标，如一年后能够听懂英语广播的部分内容。如果一步步达到了自己的短期目标，那就意味着走上了达到长期目标的道路。

3．将学习融入日常活动

制定一个“每日要做”的任务清单，该清单应包括具体的学习活动。也许通常教师们对每一天的活动事先并未做计划，那么现在就开始计划吧。每天上床睡觉前或者起床之后花 10 分钟时间回顾一下计划的执行情况，想想新的一天想要学习的知识，包括学习目标和自我完善的项目。

4. 确定每天可以用于学习的时间，制定学习时间表

成功学习的秘笈是坚持不懈的努力。每天练习某项技能 30 分钟，基本上保证每天都不间断，比在周末挤出好几个小时一次性完成一周学习任务的效果会更好。

5. 计划要考虑全面且留有余地

在学习计划制定中不能除了学习，还是学习。学习有时，休憩有时，娱乐也有时，所有这些都要考虑到计划中。计划要兼顾多个方面，学习时不能废寝忘食，这对身体不好，这样的计划也是不科学的。计划不要太满、太死、太紧，要留出机动时间，才更利于计划实施的机动性。毕竟现实不会完美地跟着计划走，在计划中留一定余地，这样完成的可能性就增加了。切记学习计划制定的关键是要提高学习时间的利用率，而不是延长学习时间。

【案 例】

终身学习规划

荔湾区教育发展研究中心　张晓红

一、外部条件分析

第一，时代变革要求教师能与时俱进，认真思索教育教学的新目标和发展教学新技能。

当前时代发展的基本特征是经济全球化、信息时代、可持续发展和知识经济。这就要求教师必须将公民素质的培养、信息的获取与应用能力、终身学习与终身发展的意识与能力、合作与创新等元素纳入日常教育教学工作的重中之重。我们应在继续关注学科专业发展的同时，注重发展与上述培养目标相对应的教学能力。

第二，当前教师日益增大的工作压力需要教师重新审视自己的职业发展。

教师当前的生存现状令人担忧，具体表现在学生管理越来越繁、教学要求越来越高、教师工作越来越重、取得成就越来越难。社会对学校的不负责任的批评，学校对教师教学成绩的简单化评估，家长对学生的不切实际的期望，都给教师工作带来了前所未有的压力。

面临重负，我们确实需要重新审视我们旧有的职业习惯，谋求一个不仅能有成就感还能有愉悦感的职业生涯。

第三，课程改革对教师专业发展提出新的挑战。

我们要重新发现学生，贯彻以人为本的教学理念；

我们要重新审视知识，把知识构建当成课堂教学的重中之重；

我们要重新看待教学过程，树立师生积极互动、双向交流、共同发展的课程意识；

我们要重新定位教师，重视在教学过程中教师自身素质的不断发展。

二、自身条件分析

我从教已经 26 年，一向好为人师，乐意为别人解惑，对物理和物理教学都充满兴趣，在工作中能够主动钻研、积极思考，改善教学效果的意愿一直很强。经过多年的发展，在专业能力方面已经形成一定的特色和特长。其主要表现在物理专业知识深厚，熟悉物理概

念之间的联系和物理研究方法，教材重组能力强，解题能力也很强；擅长编制各种不同训练目的的物理练习和课堂学习材料，擅长引导学生利用旧知识学习新知识和解决问题；课堂教学的形式比较灵活，理论和现象结合得自然流畅，能够激发学生学习的兴趣，吸引学生主动思考和提问，教育教学能够得到不同层次学生的好评。

我的主要不足之处：不善于严格要求学生落实除课堂学习之外的学习任务，使课堂教学的效果得不到巩固和加强；另外，我的情绪调控能力还需加强，有些时候还不能够用平和的心态解决教育困难。

此外，在鼓励学生克服学习困难、端正学习心态、指导学生合理规划奋斗目标方面，这些年我虽然有所重视，但投入的精力和时间还显得不足。

三、自我定位及总目标

我计划通过接下来三年的努力，为自己能够逐渐发展成为真正的教学大师奠定一些基础。预期的教学风格是不拘泥于教学形式，不拘泥于教材和教辅；预期的教学能力是能够适应不同水平的学生群体，同一堂课能使不同水平的学生都获得相应的知识；预期的教育能力是能够走进不同类型的学生的心灵，分享他们的喜忧，也解决他们的困惑，在潜移默化中帮他们树立正确的世界观和方法论；预期的教研能力是能够及时研究和处理当前教学过程中出现的、具有普遍性的现象和问题，能够用理论指导并结合教学实践逐步发展出一套比较完善的训练方法，从而可以做到有效地夯实物理基础；预期的教学心态是以人为本，发展素质，面向全体，因材施教，因人施教。

四、具体措施

1. 通过课题研究的形式，邀请物理教师共同进行物理教学的研究；

2. 坚持学习教育理论，关注教育热点问题；

3. 培养终身学习的意识和习惯，加强信息搜集、甄别和加工能力；

4. 积极参加区、市物理教师的高级研修班；

5. 及时撰写教学札记和反思，大胆尝试不同的教学方式。

五、短期计划

1. 以课堂为主要教研阵地，发展和完善“多层次多角度地帮学生理解和巩固”的教学模式；

2. 平均每学年至少做好一个区级重点课题或市级课题的研究；

3. 每个学期至少发表一篇有影响力的教育教学论文；

4. 发挥自己的专业特长，帮助青年教师成长，为发展本区物理教育尽一份力；

5. 完善自己的教学资源库，使自己的常规教学进入半自动化状态；

6. 完善班级管理能力，建议标准化的管理后台，同时发展灵活的沟通能力和有效的影响能力，将自己发展成为德育工作的能手。

六、日常学习时间表

周一到周五学习时间表：

1. 上午 8：00 ~ 8：30 浏览国内外重大要闻，同时练习网上信息搜索能力。如果此时段有课，则在上午另找半小时进行。

2. 中午12：30～13：30有目的地和学生谈话，了解青少年的活动现状和心理需求。如果某天中午没有进行谈话，那么这个时间段就用于学习教育心理学著作。

3. 晚上20：30～22：00周一和周二用于完善教学资源库；周三和周四用于读或者写教育论文和教学研究课题；周五用于写教学札记或者班级管理反思。

周六和周日学习时间表：

1. 周六上午和晚上为读中外人文历史政治经济经典时间；

2. 周日晚上为读自然科学的科普读物时间。

备注：

1. 每次阅读时间大约为两个小时，可以是书籍也可以是相关视频；

2. 其余时间为家庭生活时间，以家庭为单位进行活动，活动方式由家人共同决定。

编者点评：张晓红老师的这份终身学习规划紧密结合自身情况，目标设置具体、明确，时间安排合理，可实施性较强，是一份很好的终身学习规划。张老师在制定计划之前，首先分析了外部环境和自身情况，明确了外部需求、自身的优势和不足，然后有针对性地制定长期目标，这部分包括了预期要到达的具体水平，在短期计划中还设定了量化指标，如至少一个学期发表一篇有影响力的教育教学论文。通过将总体目标进一步具体化，有利于以后评价目标的达成情况。另外，张老师充分利用周围的环境和自身条件，寻找实施计划的具体途径和措施，并将自己的学习任务分配到了每一天的具体时间段上，利于学习活动的实施。

二、知识学习策略

一名优秀的教师首先应该是一名善于学习的教师，只有自己掌握了学习方法和策略，并勤于学习，才能引导和开发学生的学习智慧。因此，有效的学习策略是教师学习和发展的重要保障。

（一）学习策略的概念

学习策略是学习者为了提高学习的效果和效率，有目的、有意识地制定有关学习过程的方案。它对学习活动所进行的调节和控制主要是通过学习方法的调用来实现的。

学习策略的本质属性是对学习进行自我调节和控制。在实际的学习过程中，学习者应该用什么方法对学习进行自我调节和控制呢？主要是使用学习方法。学习方法是指学习者用于编码、储存、提取、运用等认知过程中的方法或技能。例如，记忆术、建立新旧知识的联系、建立新知识内部联系、做笔记、在书上评注、画线等都是一些具体的学习方法。它们是学习策略的体现，是学习策略的一个基本组成部分。学生即使掌握了一定的学习方法，但如果在实际学习过程中，面对特定的学习内容，不会使用或不知道如何使用这些学习方法，他们就无法或难以对学习进行自我调节和控制，这就需要学习策略发挥作用，有效地调动各种学习方法。

（二）学习策略的构成

了解学习策略的构成有助于使用和把握学习策略。一种广为接受的观点是学习策略分为认知策略、元认知策略和资源管理策略。

1. 认知策略

认知策略是加工信息的一些方法和技术，有助于学习者有效地从记忆中提取信息，包括复述策略、精细加工策略和组织策略等。一般而言，认知策略因所学知识的类型有所不同，复述策略、精细加工策略、组织策略主要针对陈述性知识，针对程序性知识则有模式再认识策略和动作系列学习策略。

复述策略就是为了记住某事物而不断积极地重复的策略。例如，不断地大声重复关键词或关键项目，来回反复地阅读或抄写，使用押韵、图画、空间对应等一些记忆术，大声地重复阅读和记忆信息，有选择地记笔记，理解重要信息，画线，抄写等。

精细加工策略就是通过对学习材料进行精细加工和完善，使学习者将已知的内容与要学习和记忆的内容联系起来，建构新材料的意义，增加新的知识，丰富已有的知识结构。例如，用自己的话简单重述或概述学习信息，解释学习材料，将自己知道的教给其他人，做带解释和扩充的生成性笔记，提出并回答与学习材料相关的问题，对学习材料进行对比、比较和分析。

组织策略就是用某种工具或方法将学生要学习的内容组织起来，体现在学习内容的结构和知识点间的知识结构，如用图表来概括内容、用树状图来表示关系、用流线图来解释流程。

复述策略、精细加工策略和组织策略的具体体现可以总结如表 2－8 所示。

表 2－8　认知学习策略总结表

为了促进知识的记忆	
复述策略	运用记忆术
	重复阅读
	重复抄写
	大声重复关键词
	用记忆卡
	一字不落地记笔记
	一遍遍地背诵材料
为了促进有意义的学习	
精细加工策略	将新材料纳入已有知识体系中（同化）
	使用新概念将新材料组织起来（顺应）
	解释
	总结
	类比
	对材料提出问题并回答
	将材料教给他人
	将知识应用到新情境中去

（续上表）

组织策略	列提纲
	画图表
	分类
	归类
	找出相似点和不同点
	确定等级和层次关系
	从细节中找出主要内容和中心思想

2．元认知策略

元认知是弗拉维尔于20世纪70年代提出的一个概念，包括元认知知识和元认知控制。元认知知识是有关个人、任务和策略的知识。元认知控制是指个体在认知活动中对自己认知活动进行控制和相应的调节，以达到预定目标。

元认知策略是一种典型的学习策略，指学习者对整个过程中监控和指导自己认知过程的策略。它包括对自己认知过程的了解和控制策略，概括起来大致可分为计划策略、监视策略和调节策略。

（1）计划策略。

元认知计划策略在整个元认知策略甚至在一切学习策略中，都占据一个很重要的位置。因为计划无论大小，总是涉及学习活动的全局，而始终保持全局观，恰恰是策略性学习的关键。而且没有学习计划就没有评价学习效果的标准，也没有卓有成效的评价活动，更别提良好的调节了。

（2）监视策略。

元认知监视策略是指在认知过程中，根据认知目标及时检查评价认知活动的结果与不足，如检查学习内容是否被领会，知识的预备度或熟练度是否不足，策略的选择是否有效，目标设定是否过高或过低，把偏差找出来。有监视然后才有调节。元认知监视策略具体包括阅读时对注意加以跟踪、对材料进行自我提问、考试时监控自己的速度和时间等。

（3）调节策略。

元认知调节策略是根据监视的结果，找出认知偏差，及时调整或修正目标的策略。例如，在学习活动结束时，评价认知结果，采取相应的补救措施，修正错误，总结经验教训，等等。在实际运用中，调节策略总是跟监视策略连在一起的。

元认知策略的三个方面总是相互联系在一起工作的。一般是学习者先认识自己当前的任务，然后使用一些标准来评价自己的理解，预计学习时间，选择有效计划或解决问题，最后监视自己的进展情况，并根据监视的结果采取补救措施。

3．资源管理策略

资源管理策略是辅助学生管理可用环境和资源的策略，有助于学生适应环境并调节环境以适应自己的需要，对学生的动机有重要的作用。主要包括学习时间管理策略、学习环境管理策略、学习努力与心境管理策略和社会资源利用策略四类。

【过程与方法】适用的学习策略

教师终身学习的方式因人而异，需要根据自己的实际情况进行选择。总体上来说分为独立学习和交互学习两大类。

（一）独立学习策略

独立学习是指学习者依据自己的情况独立自主地开展学习活动，它是终身学习中常见的学习方式。独立学习策略通常包括理解式学习、批判性学习和探究性学习等。

1．理解式学习策略

学习不是简单的信息积累，更重要的是新旧知识经验的冲突以及由此而引发的认知结构重组。研究显示，把新信息、观点和概念与已有知识联系起来，才是有意义的学习，也就是我们常说的建构式学习。学习时若能主动征集脑子里已有知识与新知识的联系，便能取得更好的学习成效。例如，学习一个新概念时，不要急着去记住它、背熟它，而是应该先问一问自己对这概念的认识有多少，或有没有已经掌握的概念与它相类似或有关，这样才更有利于对新知识的理解。

2．批判性学习策略

批判性学习要求学习者不断用批判的眼光看待自己学习活动的表现和效果，以求获得进一步地发展，因此教师要学会用批判性思维来看待和评估自己的学习情况，并定时进行分析、反思和自省，从而深入地分析自己的学习内容、学习过程和学习效果。在整个学习过程中不为一些感性和无事实根据的传闻左右思想，即不是有效的批判性学习，无利于教师的不断进步。

3．探究性学习策略

探究性学习是教师个人进行理论学习和实践探索活动的学习策略，包括反思实践、专题分析和问题解决等。探究性学习能显著提高并促进教师进行深入的学习和钻研。探究性学习的要求和具体学习活动与当前教师专业发展中强调教师的教育行动研究能力提升促进教师发展的观点是一致的。

独立学习的具体方法：

1．反思实践

教师的终身学习是基于经验的反思学习。教师反思指教师借助行动研究，不断探讨与解决教学目的、教学工具和教学活动等方面的问题，不断提升教学实践的合理性，使自己成为专家型的教师。教学反思有助于改造和提升教师的教学经验，有助于教师成为研究者。教师要结合自己的实践经验和理论知识开展，从而成为教学的主体和教学研究的主体，把自己作为研究对象，研究自己的教学观念和实践，反思自己的教学观念、教学行为以及教学效果。通过反思和研究，不断探究和解决教学问题，不断更新教学观念，改善教学行为，提升教学水平。在这一学习过程中，教师能形成自己对教学现象、教学问题的独立思考和创造性见解，使自己真正成为教学和教学研究的主人，提高教学工作的自主性和目的性。

2. 阅读规划

根据自己的阅读目标、工作和学习时间的安排制定相应的阅读计划，包括决定读什么方面的书，列出阅读书目，合理选择时间和方式进行阅读，如是否利用上班时在地铁上的时间进行学习，用手机阅读还是晚上在家里书房里阅读。

3. 记录研思

在研究、学习和工作过程中，即时记录想法和心得，并不断地反思，从经验中学习和进步，对于教师来说这也是一种重要的学习策略。

【案 例】

参观香港基督教圣约教会坚乐小学杂感

广州市荔湾区教育研究中心　刘慧清

五月里的一天，天朗气清，我们一行人坐在坚乐小学特派的小巴上。小巴在高速公路上飞驰，穿过闹市，经过工业区，毫不犹豫地把一切风景远远地甩在后面。我还没来得及细细欣赏，小巴便已下了高速，在山岭公路上进行爬坡下坡的运动，很快就到达目的地。

眼前的学校远离烦嚣的闹市，依山傍水，四周景色宜人。简朴而庄严的校门，高大的教学楼上镶嵌着"香港基督教圣约教会坚乐小学"几个大字，显得很醒目。

经过简单而隆重的欢迎仪式，我们开始了参观学习活动。

镜头一：校长和各部门主管老师向我们介绍学校情况，给我印象深刻的是他们介绍的整个过程都是站着的，做的幻灯片也很简单，没有任何的花俏。当时我就想到自己曾经参加过的各种形式的教学交流活动，大部分的经验介绍者都是坐着发言，这是很普遍的现象。经验介绍会不是圆桌会议，不属于讨论性质，是属于经验推广，站着说，是发言者对自身角色的定位与肯定，是自信的表现；其次是对听众的一种尊重和礼貌，是个人修养的体现；最后，站着容易累，提醒自己快点讲完，珍惜大家的宝贵时间。站着向他人介绍经验这点，值得学习。

镜头二：坚乐小学的功能室有很多，但我最喜欢的还是学生图书馆。图书馆的门口写着"芝麻开门"，哈哈哈，我们全变成阿里巴巴了。推门一看，这哪是图书馆，简直就是个玩具城！桌上摆的，墙上挂的，书架旁放的全是各式各样的可爱玩具。50 英寸的液晶电视播放着卡通片。矮墩墩而结实的桌椅安静地等候读者的入座。儿童王国般的环境布置深深吸引着学生，难怪学生阅读的兴致这么高，久久不愿离去。

镜头三：走在坚乐的校园里，除了卫生间，我没有在其他地方见过垃圾桶，然而走廊、课室、功能室的地面没有一丁点的垃圾。香港是一个文明程度比较高的地区，虽然马路上的垃圾桶不多，但地上很干净。香港人也从来不会随地吐痰，乱丢乱弃，这与当地的严厉的法治有关，但更重要的是教育的影响。从坚乐小学干净整洁的校园环境可以看出，香港人的良好保洁意识是与学校教育密不可分。相比之下，我们的学生保洁意识不够强，课室地面随处可见废纸、文具。从卫生、纪律、礼貌等细节可以看出学生的素质，而学生素质决定教育投入的成本。学生文明程度高，教师花在班级管理方面的时间相对少，精力集中在教学上，教学效果自然好。学生文明程度高，注意环保，爱护公物，减少资源的损耗，学校可以节省开支。

镜头四：香港小学也有类似综合实践活动的课程，叫研习课。坚乐小学的研习课一年一次，时间为一周，通常是从一个星期的下半周至下一个星期的上半周结束。在研习周里，其他的学科全部停课，整整一个星期用来进行研习，全校学生和教师都要围绕一个主题开展活动，既要在学校分工汇报，又要走出校园实践。而研习的内容则是提前一年就开始构思的，以年级为单位，由教师根据学生实际情况写好设计，这设计既是教材，也是学生的作业本和汇报书。这种高度集中的活动形式真正做到教师全员参与，学生也可以暂时抛开书包，把繁重的作业放到一边，全心全意投入研习活动。坚乐小学研习课的合理性安排很让我羡慕。

务实、精心、人性化、有创意、注重细节、讲求实效是坚乐小学留给我的初步印象。

编者点评：刘慧清教师将参观香港基督教圣约教会坚乐小学过程中的所想所思记录下来，并结合自身的经历进行反思，感悟到教育要务实、精心、人性化、有创意、注重细节、讲求实效。这样的参观记录对于作者以后的教育理念、工作和实践都会产生很大的影响。

（二）交互学习策略

交互学习是教师之间相互学习、资源共享的学习策略，包括工作坊、研讨会、讲座和报告等。近年来，基于建构主义、社会文化理论和情景认知等理论，许多研究者强调教师学习共同体的建立对教师成长的重要促进作用。

1. 工作坊

工作坊是一种可以将同行聚集起来，针对一项或多项议题进行讨论，发表自己的意见想法，相互交流，相互凝聚共识的合作方式。其基本的过程：

• 信息的分享。工作坊第一个阶段，就是必须将原有的基本资料共同分享。通过这样分享的过程，可以将参与者所持有的信息、讨论成果互相分享，让参与者能够在平等的立场下共同讨论，交换意见，进而凝聚意识。

• 小组提案设计。第二个阶段主要利用分组讨论的方式，让参与者互相讨论。通过小组讨论的过程，让参与者之间可以互相交流意见，激荡脑力和共同创造。透过凝聚意识的过程，拉近参与者之间的关系，以利于往后活动的顺利进行。

• 全体表达意见。最后的阶段就是各小组发表讨论结果。各小组发表之前共同讨论出来的成果，并与其他小组互相交流。由于各个小组的价值观与立场不同，从客观的角度来分析事情，希望借此沟通协调的机会，共同思考出一个最适合的方向，并延续伸展至之后的活动中。

2. 研讨会

研讨会是指专门针对某一行业领域或某一具体讨论主题在集中场地进行研究、讨论交流的会议。研讨会的形式根据会议目的、参加对象不同而有所区别，通常有如下几种：

• 专家研讨会。这种研讨会是行业领域的专家群体因特殊事件或特殊话题聚集起来召开的会议。这种会议是针对具体问题展开公平和公开的讨论，实现观念的交流和分享，并商议对策和形成相关决定的一种会议形式。专家研讨会对场地的要求是相对封闭、安静、利于保密。

• 行业演讲会或品牌技术研讨会。这种研讨会通常由利益主体组织，以技术或产品交流为形式，但却是以产品品牌宣传为主要目的。这类技术研讨会通常由品牌或行业媒体组织主办。品牌技术研讨会的规模通常在 100 ~ 200 人之间，主要针对技术或产品的应用展开介绍、研讨和交流，这是了解专业领域中的新技术和新产品的一种学习机会。

• 网上研讨会。这是随着互联网的普及出现的一种研讨会形式，它与线下的研讨会一样，也是在指定时间举办，并有演讲人进行演讲，演讲人可与观众（网络访问者）互动。由于采用了视频直播的方式，观众也可获得很好的现场参与感。网上研讨会的内容可以保存下来，使未能参与网上会议的人会后观看和分享当时的视频、文献及会后交流活动。

3. 讲座和报告

讲座和报告是由一定机构组织不定期地讲授与学科和教学有关的新理论、新经验或新发展，以更新教师有关知识的一种教学活动形式。通过这种教育活动，教师可以了解前沿知识，也可以深入了解某一主题知识。

【案 例】

一次成功的教学研讨会

【案例背景】

我校 2008 届初三年级共有 8 个教学班，同学科教师之间的教育教学能力和水平差异不大，不同学科各有特色。在工作中，我明显地感受到教师们的责任意识、质量意识、竞争意识很强，而合作意识却相对淡漠，特别是初三年级的教师，虽然学校经常组织研讨交流、经验介绍等活动，但真正愿意把自己在实践中的有效做法、经验和成果与同伴交流和分享的却很少。虽然大家明白人人高效才能打造高绩效团队的道理，但还是有怕被同伴超越的顾虑，这不仅影响了初三研讨会的实效性，也给我们的教学管理提出了一个难题。

【案例描述】

新学年开始了，按照惯例在开学初，学校又要召开新初三工作研讨会。在准备会上，讨论介绍经验的人选时，教师们出现了很大分歧。原因是几位干部提出了七八名在教学的某些方面突出的教师，在定谁做典型发言效果更好的问题上，各说各有理，讨论越来越激烈，但始终没有统一的结果。这时，教务主任又提出，这一届初三教师有经验的多，安排个别发言不利于调动大多数教师的积极性，也影响交流研讨的效果，能否让教师都反思自己的工作，总结成功的做法，准备会上交流。但是这样做会不会产生准备不充分或准备的内容重复，使交流流于形式走过场呢？我当时很是着急，但又举棋不定，觉得他们说得都有道理。这时我想只有采用冷处理的方法，不要急于决定，可以搁置问题重新思考后再做研究。

会后，我静下心来想一想，在初三研讨会安排典型发言，是几年前我刚到初中做管理工作时定下的。当时由于初中的教育教学存在的问题较多，急需要树正气，树典型，找方法，运用在初三研讨会上安排优秀教师作经验介绍的方法，确实起到了激励的作用。优秀教师的典型经验对引导全体教师深入研究教育教学起到了积极的推动作用，使初中的各项工作出现了蓬勃开展的局面。今年出现的新情况恰恰说明了几年来我们狠抓队伍建设的成效。想到这里，一方面我为教师队伍的成长感到欣慰，另一方面，也让我意识到沿用原来的管理方法是没有随着教师情况的变化而调整工作。我不禁反问自己，几个典型的发言能达到在现有水平上最大限度地激励和调动全体初三教师积极性，进一步促进教师们相互学习提高的目的吗？显然是不能。于是，我对初三教师的教育教学情况和以往的研讨情况进行了分析，确实觉得许多初三教师的工作都有亮点，值得肯定和推广，值得交流和分享，而以往的研讨是说的人少，听的人多，主动交流的少，被动接受的多，这与以上分析的教师心理有关，也与研讨的形式有关。于是，我决定重新设计研讨的形式和内容，使研讨能充分发挥教师的主体作用，并为今后的教研创设良好的合作氛围。

调整后的方案是先以学科组为单位寻找身边每位教师的优点和值得学习的教育教学经验，每位教师要当面逐一地说出其他教师三个以上的优点和长处，然后要求每个人做好主题发言准备。研讨会上各学科组在人人发言的基础上总结出好的经验和方法，形成学科组的集体经验，再进行学科间的学习交流。

研讨会的准备工作，教师们是在同伴的赞美中开始的，起初教师们还有些不好意思，继而是被同伴的真诚深深地感动，每个人在这个过程中都得到了肯定，受到了激励和鼓舞，体会到了集体的温暖和幸福，同时也发现了自己的不足。准备会后，每位教师都认真梳理了自己成功的经验、做法和体会，毫无保留地准备了发言内容。

在研讨过程中，教师们积极参与研讨交流，主动展示自己的研究成果，在相互学习和交流中，总结出许多好经验、好方法，使每个人都受益匪浅。这一设计使研讨会达到了意想不到的效果，取得了巨大的成功。不仅密切了教师之间的关系，形成了团结合作的良好教研氛围，还极大地调动了教师工作的积极性，使研讨会成为进一步学习总结的过程，成为相互学习借鉴的起点，成为促进教师走专业发展的阶梯。这样的研讨会，也为今后各项教育教学工作的顺利进行奠定了坚实的基础。

（资料来源　http：//www. teaeherclub. com. cn/tresearch/channel/myschool/kejx/13651. html）

编者点评：案例中介绍的教学研讨会，以教师为研究的主体，在强调个人实践性研究的同时，加强各学科组的共同研讨，注重教育教学经验和方法的总结与提升，对探索教育规律，促进教师专业发展很有必要。案例中，作者从管理者的视角，对创新管理模式、有效调动教师教研积极性以及引导教师开展同伴的互助与合作等方面所做的分析，为有效开展教研活动提供了具有价值的借鉴。

三、交互与交流的策略和技能

作为一名教师，是否了解人际沟通的一般技巧和方法，是否能够成功地运用交流技巧和方法与领导、同事、学生、家长沟通，是提高教学效率、获得自身发展的更大空间所要掌握的重要技能。

教育是一个系统工程，需要各学科教师间的彼此合作，共同提高，也需要社会、学校、家庭等多方面相互配合，共育英才。另外，教师开展终身学习的过程不是简单的信息输入、存储和提取，还是学习者与学习环境之间互动的过程，因此教师学会交流合作尤为重要。

（一）交互的类型

教师的人际沟通和协调能力是其职业成功的必备条件，教师学习过程中要进行以下四类交互：

1. 教师与学校之间的交互

学校应该创设一个资源共享、互相交流、互相合作的人文环境，建构多种合作活动，如教师的网上备课平台、互动平台、教研平台、学校办公平台、备课活动、问题交流中心等，有组织地让教师与教师、教师与学校管理者之间开展各种交互活动。通过与学校各管理者交流，可以及时交流教学工作中的问题，解决问题，获得学校层面的支持和帮助。让教师在开放互动的环境里学习，可加强教师教育教学智慧的交流与积累，不仅能让教师感受合作的需要，享受合作的乐趣，也有利于教师集体智慧的积累和丰富，实现教育教学的共同体。

2. 教师与教师之间的交流

教师的教学工作不是孤军奋战，他的周围有很多同一学科的其他优秀教师，这是一种很好和很方便的资源。教师之间应该做好沟通和交流，针对某一学科进行总结和借鉴。同一个学科组的教师可以形成一个学科的教学共同体，共同体中的每一个成员都能提供自己的建议和方法，加强对学科的深层次理解。在从教一生的过程中，教师之间的交流是一种有效的学习方式，它是有效的借鉴活动。

3. 教师与学生之间的交互

学生是教师终身学习最重要的伙伴和合作对象，教师在自己的职业生涯中始终面对的是学生。终身学习的最终目的是通过自身的专业发展促进自己学生的学习，因而教师更应该充分地利用学生这一重要伙伴，共同推进终身学习的进行。

教师与学生的交互可以用以下的方法进行：

首先，引用探究式学习和合作性学习模式，引导学生学会创造知识，而不是一味地接受知识。在这个过程中，教师的角色开始发生转变，变成了学生的合作者和引导者。

其次，对学生的意见和疑问要高度重视，及时补充相应知识，既能满足学生的求知欲，也能增加自身的知识储量。

最后，与学生建立终身学习的共同参与制度，鼓励学生课后积极补充课外知识，合作探究某一学科的知识；同时将自己通过各种途径获得的各种知识信息及时地传达给学生，让学生放眼看世界、看未来。这样既加强了学生自主学习、终身学习的学习观，也有助于教师终身学习的不断推进。

4. 教师与网络之间的交互

网络的推广和信息化教学设备的普及为教师的工作和学习创建了新的环境和条件。网络学习也逐渐成为教师专业发展的一种新途径。但是有了好的网络并不等于就解决了教师网络学习与交流的问题，最重要的是在网络平台上学习与交流活动的真正开展，并且还要与其他教师形成一种合作关系。当然，这种在线的交流要以使用最常见和最易掌握的沟通工具（如E-mail、BBS、聊天室等）为基础，教师要学会使用这些交流工具以实现有效地交流，从而将注意力集中在合作完成学习任务上，而不是在使用复杂工具上。教师可以通过共同的网络环境互相结识，交流教学的心得和经验，畅谈学科教学的设想，甚至开展网上的教研活动，共同进行教学研究。以互联网和信息技术为基础，建立团队协作的互助网络，它有利于汇集众人的智慧，弥补个人的不足，便于运用集体的智慧来提高整体的应变和创新能力。

【过程与方法】交流和交互的技巧

1. 营造良好气氛

交互中，营造一个良好的氛围，这点非常重要。只有在心情好、氛围好的情况下，双方的思维才能处于活跃状态，大家才可能更有耐心地交流。

2. 注意交流的态度

交流的目的是要了解和获取他人见解，并非赢得对方。因此，在交流过程中，要防止把坚持观点和捍卫尊严联系起来，既不轻易放弃自己的观点，也不强迫别人接受自己的观点。

3. 学会聆听

在交流过程中，要耐心聆听他人的观点，了解他人的思维过程，不轻易打断对方，观察自己与他人的差异，保持良好学风。要坚持学术民主，人人平等相待，真诚地开展讨论、批评，这是学习进步和激发创新活力的重要条件。

4. 学会赞扬

适当地赞扬交流的同伴，尤其当对方表达正确的时候，应适时插入一些评论，例如"您讲得真好！""我当初像您说的那样做就好了"等诸如此类的语言，给对方以鼓舞。

5. 真诚

无论怎样去沟通，都要以真诚为基石，缺少了真诚的沟通是很难成功的。当对方感觉到交流的真诚，即使有的时候做得不是很好，也同样可以得到对方的理解，因此沟通中的真诚最重要。

当然，在实际沟通中还有许多技巧需要掌握，像如何赞扬对方、如何批评对方、如何保留自己的意见、如何提出不同观点、如何改变对方、如何缓和气氛和如何转换话题等。

【案 例】

献给学生满腔的爱心

一位名叫利奥·巴里格利亚的美国大学教师，是通过一件使他终生难忘的事件理解到这一点的。他永远忘不了他第一天登台讲课时，那个坐在第五排的姑娘。

那天，他忐忑不安地走进教室，带着尴尬的微笑向学生问好，但那些大一班的学生都不作声，他一下子慌了，心情紧张，结结巴巴地讲起课来。慌乱之中，他注意到第五排有一个身着夏装、坐得很端正的姑娘，在全神贯注地听讲。他感到她那生气勃勃的样子和那温暖的笑容足以促使自己讲下去。她在听讲中，总是点点头，或轻声说“哦，对”，然后记下来。他得到了巨大的鼓舞，他大着胆子往四周一看，发觉别的学生也都开始认真听讲了，还记着笔记。总之，那个第五排的姑娘帮助他渡过了第一天讲课的难关。

后来，利奥老师得知那位姑娘名叫莉亚妮，他要感谢和赞美她爱护、体贴别人的高尚品德。他一直期待莉亚妮的到来，但从那以后，莉亚妮一连好几天没来上课，随后他才知道那天莉亚妮驾车奔到绝壁，从那里直插海底，自杀了。她才22岁，正当青春年华的好姑娘，上帝赐予她的美好品德也永远消失了。利奥去看望了她的父母，他了解到父母是爱她的，但事情很清楚，莉亚妮并没有感觉到别人在爱她。

“我们整天在干些什么？”利奥老师肺腑激荡，沉痛不已，他向自己也向别人提出了很值得深思的问题。“我们如此忙于传授知识。如果我们没教给莉亚妮任何她真正需要知道的东西，譬如，如何快乐地活着，如何有个人价值观和自尊心，而单教给她如何读书、写作、算题，这又有什么用呢？”从此，这位教师决心研究并开设了一门关于爱的课程。他通过课堂、演讲和广播电视，也通过著书立说，向人们呼唤：人与人之间一定要友爱，而且要把友爱用你的语言和行动表达出来！如果你不表达，别人怎么会接近你？了解你？如果别人不表达，你又怎么能得到别人的理解、喜欢和帮助呢？

（资料来源　http：//blog. sina. com. cn/bxanblznzhyn）

编者点评：从这个案例中，我们能够看出教师与学生间的交流非常重要，教师需要传递给学生的不仅仅是知识，还应该有情感与爱。教师需要具备洞察学生心理的能力，培养身心健康的人才。

案例中的莉亚妮之所以自杀，因为她感觉不到这个世界给她的爱。在独生子女较多的今天，孩子身心的健康发展是关乎教育成败的重大问题。因此，作为一名教师，在与学生交流中应掌握相应的沟通技能，促进学生身心全面发展。

【案 例】

间接谈心

一位农村教师在担任初二年级一个班的班主任时，班上有位调皮的男生很贪玩，常常破坏课堂纪律。这位教师三番五次地找他交谈，都未能奏效。于是，这位教师思虑再三，决定试着写一封信给他。在信中，对他好的方面给予充分的肯定，同时对他的不足也毫不忌讳地严正指出。

其中有一段这位教师是这样写的："你能认清自己，说明你有自知之明，这一点是做人的可贵之处。但人应该懂得珍惜自己，其中就包括正确地对待自己的错误和缺点。愚公有移山之志，而你却连改正错误缺点的勇气都没有，也就谈不上是懂得珍惜自己的人。要是那样的话，那我要对你说：你是十足的懦夫！"

过了两天，这位学生也给教师回了一封信，其中说道："……敬爱的老师，连着两夜我都是流着眼泪而睡的，您的一言一语，深深地打动了我的心，也深深地刺痛了我的心。我将把您的教诲珍藏于心底，并且用实际行动向您证明：我不做懦夫！"后来，他果然没有食言，初三毕业那年考上了市重点高中，三年后又考取了大学。

（资料来源　http：//www. rtt481. com/html/4059. html）

编者点评：这个案例说明，有时候教师与学生之间的间接谈心有着直接谈心不可替代的作用。首先，它可以避免直接谈心时可能出现的种种尴尬场面；其次，间接谈心可以发挥"只可意会"的优势；最后，间接谈心可以使面对面时的难言之隐尽情地表明，以便更深入地与对方交流。间接谈心对方容易接受，并且有更多的时间去考虑他人的看法、建议、要求和希望，从而从容地做出抉择。

【案 例】

善于发现学生优点

有位小学教师在介绍他是怎样使一名同学从人人畏惧的差生得以转变的经验时，介绍了发掘差生身上的"闪光点"和"兴趣点"的激励方法。这位教师说：一次偶然的机会，我发现他能翻跟斗。放学后，我把他留下来。他以为又有什么事要批评他，一脸怒气。我问他："听说你会翻跟斗？"他说："不太会。"我想："不太会？还挺谦虚。"我说："你翻两个给我看。"他满脸不高兴，但为了尽早离开我的房子，回到他的小天地，无可奈何地翻了两个。

啊！太漂亮了，我情不自禁地鼓起了掌。他诧异地看着我。"你还会什么？""我会手撑地倒栽葱，会学狗叫鸟叫，真假都让人分不出，会耍手指戴铁甲做来无影去无踪的魔术，会……"听得我呵呵直乐，他脸上也充满了得意的神情。我让他一一表演一番，嗬，真棒！我看他的模样，瘦瘦的，圆耳尖唇，眼睛滴溜溜，于是想起了六小龄童。我便问他："你认识六小龄童吗？""不认识。""那孙悟空呢？""认识，认识，我还会演孙悟空呢！"说着他左脚蹬地，右腿半弓，左手远指，右手绕臂平额作远观之状，似要腾云驾雾，直逗得我哈哈大笑。"孙悟空是六小龄童扮演的。""他演得真好。"他天真地看着我，满怀憧憬。"从今天起，我任命你为我们班的文娱委员，你要带领舞蹈、杂技等方面的爱好者，在每天的文娱活动时间练习，要有组织、有计划地练出几个像样的节目来，发挥你的特长，说不定今后有用呢！"他严肃地看着我，认真地点了点头。"你先作个打算，告诉我，再在老师指导下练习。另外，学习、纪律一定要搞上去，不然，你怎么能当‘六小龄童’呢?”“好!”他高兴地拉着我的手，激动得眼泪鼻涕都流了下来，我拍了一下他的肩膀。

从那以后，他不但每天坚持练习，学习、纪律也跃至班上前几名。后来，学校搞节目表演，他演的猴戏还得了奖呢。在升学考试中，他又以较好的成绩升入了中学。

（资料来源　http：//blog. myspace. cn/e/403655249. html）

编者点评：案例中的这位教师很好地利用了学生身上存在的“特长”和“闪光点”来激励学生的学习和成长。在教师与学生开始交谈时，遇到了学生情绪上的抵触，然而教师却通过学生意想不到的方式，将交流气氛引导到关注学生优点上，从而成功打破学生与自己之间的坚冰。在接下来的交流过程中，学生的各项优点与潜质得到了挖掘，学生找回了自信与自尊，最后从一个人人畏惧的差生转变为一个优等生。

在学校里，差生经常会产生一些不符合社会基本道德要求的过错行为，如故意违反纪律、无礼貌、爱打架骂人、撒谎、上课恶作剧等，不少教师对此感到很伤脑筋。心理学家指出：一个人如果认为自己一无是处，就会自暴自弃，失去上进的动力。因此，一个有责任感的教师应该认识到：差生的过错行为，多半是与他们在缺乏社会导向能力的情况下适应不良情绪或屈从于外部诱因及内部冲动产生的结果，它与青少年成长期身心发展的一些特点，如模仿性、适应性、不成熟性、可塑性等有一定的关系。教师应当善于从这些学生身上发现湮没在问题与缺点中的“闪光点”和“兴趣点”，及时地给予肯定、鼓励、赞扬，使学生重新燃起自尊的火种，获得克服缺点的勇气和自信。

（二）交流和交互的一般过程

1. 区分交流对象

不同的人有不同的性格特征，认识和了解对方的这些特征是实现良好交流的前提。要想了解这些特征，必须了解进行交流的对象是谁，扮演什么样的社会角色。每个人都希望自己所要说的与对方头脑中已知的事情有联系。因此，了解不同交流对象的性格特征能使交流有效地实现。

2. 明确交流的目的，有所准备

对于交流的双方而言，明确交流的目的是保证交流效果的前提。明确了交流的目的，在交流过程中，就不会偏离主题，保证交流的双方达到预期的交流效果。

在明确交流的目的的基础上，要在谈心前精心构设交谈话题、谈话内容及进程安排，如说什么、何时结束等。这些都进行了充分准备，才能避免谈起来凌乱分散，影响表达效果。同时还包括预设谈话中可能出现的各种情况的处理方法，从而根据对方的反映调节交谈方式，确保交谈的目的的实现。

3. 掌握信息内容

为了掌握交流信息的内容，需要学会倾听。积极倾听可以鼓励他人畅所欲言。在知识社会中，知识就是力量，鼓励他人畅所欲言就意味着能获取更多的信息和知识，但要注意采用一定的聆听技巧快速地获取交流中产生的知识，必要时还要做一些记录，方便自己将获得的信息和知识以及自己的感想等记录下来。

4. 调节交流基调

语言并不是交流思想唯一的方式，还可利用一些非语言的补充手段，如手势、时机选择、交谈地点及其他因素来交流思想，从中寻找线索来理解交流的内容。这一切构成了一种基调与氛围，建立一种更为直接和可视的交流。

【案 例】

不同对象的不同交流方式

在《论语》的《先进》篇中，子路和冉有向孔子提出同样的问题，孔子却给以不同的回答：

子路问："闻斯行诸?"（听到了就要行动起来吗?）

孔子回答说："有父兄在，如之何其闻斯行之!"（有父亲、哥哥活着，怎么能这样呢?）

冉有问："闻斯行诸?"

孔子回答说："闻斯行之。"（听到了就把事情做起来。）

站在旁边的公西华迷惑不解地问："两个人提的问题完全相同，老师的回答为什么却完全相反呢?"孔子的答复："求（冉有）也退，故进之；由（子路）也兼人，故退之。"意思是说，冉有平日做事退缩，所以我给他壮胆；子路的胆量却有两个人大，勇于作为，所以我要压压他，这就是孔子充分考虑了子路和冉有的气质特点，运用了不同的交流方式，实施了因材施教。

编者点评：孔子针对不同学生的性格特征，采用了不同的交流策略、不同的措辞与语言，引导学生的发展，实施了因材施教。

通常，心理学家把人的气质分为胆汁质、多血质、黏液质和抑郁质四种，这四种不同气质的人有不同的特点。因此，教师在与这些气质各不相同的学生相处、对他们进行教育时，必须根据其不同的性格特征因材施教，而不能采用"一刀切"的交流方式与方法。

【活动建议】

我们每天都在与外界交互或与自己对话，请试着分别分析教师作为"教育者"和作为"学习者"发生的交互活动有哪些异同。

【扩展视野】

六度空间理论

六度空间理论可以简单地表述为：人和任何其他人之间的关系不会超过六度。也就是说，最多通过6个人就能认识任何一个陌生人。该理论产生于20世纪60年代，由美国哈佛大学社会心理学教授米尔格兰姆提出。其数学解释如下：假设每个人至少认识60个人，其六次方就是460亿人。即使消除一些节点重复，也覆盖了整个地球人口的好几倍。

米尔格兰姆做了一个著名的实验：他从内布拉斯加州和堪萨斯州招募到一批志愿者，随机选出其中的300名，请他们邮寄一封信函。信函的最终目标是米尔格兰姆指定的一名住在波士顿的股票经纪人。米尔格兰姆就让志愿者把信函发送给他们认为最有可能与目标建立联系的亲友，并要求每一个转寄信函的人都回发一个信件给米尔格兰姆本人。出人意料的是，有60多封信最终到达了目标股票经纪人手中，并且这些信函经过的中间人的数目平均只有5个。也就是说，陌生人之间建立联系的最远距离是6个人。1967年5月，米尔格兰姆在《今日心理学》杂志上发表了实验结果，并提出了著名的六度空间假说。

如今，有了非常方便的通讯网络，即使学生没有教师的联系方式，不需要通过6个人就能找到想找的教师。

四、非智力因素的管理和控制

非智力因素是指人在智慧活动中，不直接参与认知过程的个性化心理，包括需求、兴趣、动机、情感、意志和性格等方面。非智力因素对教师的活动起动力、导向、维持和强化作用。

教师在学校生活中扮演着多重角色的重任：教师是教学的研究者，研究教材，研究教法，并实施于课堂；教师还是学生学习的指导者，是他们行为的示范者，还充当他们心理辅导员的角色；同时，教师自身也需要不断地学习进步，从这方面来说教师也是一个学习者。可见，作为一名教师，良好的非智力因素不仅有利于自身的发展，也有利于学生形成良好的非智力因素，因而教师必须要在平时的工作、生活中，注重培养自身良好的非智力因素。

（一）培养非智力因素的方法

1．保持乐观积极的心态

保持积极和乐观的心态，要乐观地对待生活，获得愉快的生活体验，培养幽默感。即使在遇到困难和挫折时，也要多从光明和乐观的一面思考问题。当身处逆境时，不要埋怨生不逢时，不要怪罪别人没有照顾自己，应学会正视现实，敢于面对现实的挑战，采取积极、进取的态度去适应环境，并最终改造不利的环境。人的主观能动性是很大的，一般来说，困难总是能克服的。

2. 自我教育法

自我教育是其他教育和环境影响的内化和深化，可以提高教师对自身非智力因素形成和完善的主动性。自我教育应包括如下一些环节：①自我反省。一个人要经常反省自己的思想和言行。孔子曾讲过："见贤思齐；见不贤，而内自省也。"意思是说，看到一些好的行为或好的榜样，就要马上学习，塑造同样好的非智力因素；看到不好的行为或事情，要反省自己是否有同样的缺点和不足。②自我认识与自我评价。一个人要学会客观地、全面地认识自己和评价自己，既不自我膨胀，也不自我贬低。要善于发现自己的长处，还要敢于承认自己的短处。③自我调节。在正确的自我认识和自我评价的基础上，进一步发挥自己的长处，因为这是一个人的优势；并勇于改正缺点和错误，因为这是一个人进步的障碍。

3. 主动寻求社会支持

在心理学上，社会支持是指一种特定的人际关系，有了它，也就意味着知道有可以信赖的人在尊重、照顾和爱护自己。当一个人正承受较重的心理压力时，他能够从这种社会支持关系中获得有效的帮助，如夫妻、父母、朋友等都是社会支持力量。寻求社会支持是应对压力和调节情绪的有效手段。当个体受到压力威胁时，他人的帮助和支持可以使个体恢复信心。研究表明，社会支持水平会直接影响个体的心理健康水平，社会支持水平越高，心理健康水平越高，心理症状越少。因此，要重视家庭生活，重视和亲朋好友的交往，乐于合群。

4. 情绪自我管理

鉴于教师职业群体的特殊性，除了保持积极心态、放松心情、转移注意、调节行为、锻炼意志、寻求社会支持等情绪调控策略外，教师的情绪管理可以有效地运用如下策略：

(1) 认知调节是情绪自我管理的有效策略。

研究表明，认知是情感和行为反应的中介，对于事件的解释是引起人们情绪和行为问题的原因。识别、矫正曲解的认知，改变不合理的思考，用理性的观念置换非理性的观念，人们的情绪困扰会在很大程度上得以改善。例如，改变"非黑即白"的绝对性思考，容忍每个人包括自己都会有限制，不去盲目追求完美；改变"应该倾向"，不去苛求自己实现诸多的"应该"和"必须"，对自己的要求保持合理弹性。

(2) 为自己创造获取成就感的条件是情绪自我管理的预防策略。

一个人在职业生涯中具有胜任的能力，并且有机会去表现它以取得成果，就会获得胜任感、成就感，并且使自己不断处于成功的正强化过程中，进而激发出更大的积极性去投入工作与生活，同时也获得了喜悦、兴奋、自豪等积极的情绪体验。要形成这样的积极循环，需要主动为自己创造获取成就感的机会与条件，避免"自我挫败"带来的消极情绪体验，为自己带来成功的喜悦，提高对自己工作的意义和价值的评价，进而走入良性的循环。

(3) 寻找并改变构成情绪问题内在根源的性格弱点是情绪自我管理的基础策略。

人的情绪问题其实都有内在原因，即人的性格弱点。当这些弱点被消除之后，构成情绪问题的内在根源便不复存在，摆脱情绪困扰就有了更好的基础。例如，压抑、逃避冲突的性格弱点反映了想面面俱到、表现忍让美德的内心深处欲望，而以自我肯定与平常心表现自己是改变的方向；多虑、承担过多的性格弱点反映了想控制一切的内心欲望，培养洒脱和善解的态度是改变的方向。当然，性格完善是一个艰巨的过程，但人是一个高度的自我调节系统，每个人都在塑造自己的性格。作为从事教育工作的教师更应该有这样的视角，更应该通过努力成长去消除性格的弱点，为身心健康奠定基础。

(4) 提升精神境界是情绪自我管理的根本策略。

提升精神境界，确立正确的人生观，形成积极的人生态度和正确的工作态度是情绪自我管理的根本策略。当人进入一个比较高尚的精神境界，形成比较稳定、正确和积极的人生观时，它就能够决定个性发展的趋向和稳定性，就能够影响认识的正确性与深度，就能够制约情绪性质及其变化，就能够调节个体的行为。

总之，教师的非智力因素对自身和学生的影响是深远和巨大的。所以教师不但要在专业知识和教学理论上有所提升，还要在教学中不断努力完善自己，坚持保持良好的非智力因素，以利于自身的发展，同时还能帮助学生形成良好的非智力因素。因而教师必须要在平时的工作、生活中，注重培养自身良好的形象。教师自觉、主动和有目的地培养自己良好的非智力因素，在注重发现和挖掘学生良好的非智力因素时，将能促进自己积极地克服并改正自己的不良非智力因素。

【案 例】

淡淡的微笑

一位教哲学的教师，患有面肌抽搐症。间歇和连续的抽搐使他左眼常睁不开，五官基本不能保持原位，表情滑稽而痛苦。然而，他就是带着这样怪异、令人忍俊不禁的面部表情，把枯燥又纯理性的东西讲得趣味横生，精彩无比。其语言流畅、雄辩、生动；其思维清晰敏捷；其观点独到精辟……滔滔不绝之中令学生肃然起敬。

一次面对学生在课堂上的一个不肖过失，这位教师没有停下课来批评他，也没有任何旁敲侧击，甚至连一个锐利的眼神也没有，反而对他真切地、轻轻地微微一笑，谁会想到仅仅是这个此时无声胜有声的微笑，顿时使那名不肖的学生如五雷轰顶、无地自容。课后他向这位教师检讨，说："对不起，我不该轻视您的课。"教师说："不，你怎么会轻视这么好的课呢?""您的微笑是对我的批评。""哪里，你是个很好、很自觉的学生，不用批评的。"……

教师用无形的语言化解了师生之间存在的"矛盾"，拉近了与学生之间的距离，突显了教师博大的胸怀。这样的批评技巧，达到了"'批评'一次永无再犯"的教育效果。

编者点评：本案例中的这位教师具有何等博大的胸怀和爱心。假如这位教师缺少这份无与伦比的信心，缺少这份慈爱厚道的理解和宽谅，无论如何也达不到如此的批评艺术。而那微笑式的批评会使他的学生铭心刻骨，终身受用。

教师也是普通人，也有语言、情感、行为的失误和失控，但教师职业的特殊性和课堂教学育人环境的特殊性要求教师必须控制自己的情绪与冲动，将课堂的失误与失控减少或降低到最低程度。把握好批评教育的方式与程度，教师才能令学生心悦诚服，终身受益，并由衷地得到他们的尊重。

【案 例】

以真诚打动学生的心灵

一位认真教学、对学生负责的中学女教师有这样一个故事：有一次，我在课堂上提问，竟遇到一个女生说："我不回答你。"我简直不敢相信自己的耳朵，我又说了一遍，那个女生依然拒绝回答。这下子，课堂秩序被搅得一塌糊涂。我被气懵了。一股无名火直冲头顶。这时，我既不能回避和迁就，也不能凶狠地批评，搞得情绪更加对立。怎么办？控制情绪，心平气和。于是我利用课堂这个场合与大多数同学沟通。先通过我问众答，明确了我提的问题并不难答这个基本事实，使紧张的空气缓和下来，接着我便以平等待人、尊重对方的态度争取主动。

"刘燕同学，你声明不回答我的问题，必定有其原因。你能告诉我是什么原因吗？"我等了一下，没有得到对方的回答，又说，"既然你不肯说明，让我来分析一下吧。是不是我有什么地方做得不好，不能为人师表，不能让同学们信服，甚至玷污了人民教师的光荣称号，才使你这样呢？"

"老师，没有，没有的事。"这个名叫刘燕的女生终于开口了。

我又说："既然我还称职，我想你也不会有意出我的丑。那么，让我猜测一下你是怎么想的吧。我认为，不外乎三种情况：第一，可能是我的启发式教学搞得不恰当，问题提得过于浅薄，引不起你的兴趣，你不屑于回答，是这样吗？"

"不，不是。"刘燕语调低沉，两只手扭在一起，不停地扭。

"第二，是你能回答这个问题，但不想回答。如果是这样，你现在回答也不迟。"

"我……我不……"刘燕低下了头。

"第三种情况可能是你不会回答，但又碍于情面，不肯承认自己不会回答的现实，一时糊涂，想以强硬的态度搪塞过去。但我为什么要这样认真呢？我实在不愿意看到你交不上答卷呀！"

"老师，您，您别说了……请您告诉我这个问题该怎么回答……"刘燕哽咽着认错了。

"好的。"于是，我请一个学生站起来回答，让刘燕复述了一遍，我再给予肯定。一场风波就这样平息了，同学们心悦诚服。

平等待人，尊重对方，这是教师与学生沟通的重要前提。做到了这一点，即便是遇到对方的"顶牛"，教师也可以创造与学生沟通的情绪和氛围。

编者点评：本案例中，教师从心平气和、严于律已做起，这就为以理服人创造了条件，然后又实事求是、循循善诱，分析了几种可能，终于以自己的诚挚打动了那位女学生的心。

由此可见，在日常生活、工作的交流中，说理遇到对方有抵触情绪时，一定要“冷处理”，而不能“热处理”。所谓“冷处理”，不仅是指处理问题时要态度冷静，心平气和，而且要切实做到平等待人，尊重对方，尤其是在“我对你错”的情况下，依然要平等待人、尊重对方，这样才能为双方的交流和沟通创造良好的情绪和氛围。

【案 例】

英语课上的突发事件

这是一节英语课上的突发事件。一位刚刚大学毕业的年轻女教师，平时认真负责。在一次英语课上，她要求学生回答问题，突然学生中有人怪叫，引起班上其他学生哄堂大笑。这位女教师反应十分激烈，她大喊一声：“刚才是谁乱叫，给我站起来，不想听是吧，滚到教室外面去。”

这时，课堂十分安静，这位女教师感到十分尴尬，马上拿出手机，通知了该班班主任。后来，该班班主任将捣乱学生带出教室，进行了批评教育。

但是，第二天，同样的事情再次上演，而且在该英语教师要求学生出教室时，该学生坐在座位上无动于衷，并且嘴里一直说：“我偏不走，看你能怎么样?”结果将该英语教师弄哭了，整个课堂教学也无法进行下去。

（资料来源 http：//cszx. hmxedu. com/news/nfo. aspx？PkID = 1227）

编者点评：本案例中，首先，教师对学生的怪叫行为本可以采取更轻松、幽默和机智的处理方法以缓解课堂上的情况。如果教师采用“声音的确不错，如果音调更正一些，将来可能就是演说家”或者“模仿外国人，更应该注意他们的发音，这样将来大有前途”等幽默诙谐的话语，让学生看见的不是教师被激怒的场面，使学生的行为得不到强化。在冲突缓和之后，教师再亲自与该学生沟通，通过个别交往更容易达成相互理解。其次，教师要以这次事件为契机，检讨自己与学生交往中的不妥之处，加强与学生的沟通，充分了解学生的需求，尽可能满足学生合理的需要，以改善师生关系。最后，班主任应该在全面了解情况后做出处理，而不应该只以“权”压人，使师生矛盾进一步激化。此事件中的教师应该认真反省。

尽管这只是一个例子，但是实际上的师生交往中，确实存在许多矛盾和冲突，特别是在课堂这个大环境中，教师更应该注重自己的言行举止，体现教师的优秀品质，对突发事件处理得当，学生能够从中得到更好的教育。

最后要说明的是，青年教师面对突发事件容易激动，从而使处理措施过于简单化，使问题更加复杂，矛盾更加激化。由于课堂教学中的突发事件很多，所以作为教师，要理智地处理和解决问题，并使问题得到最终解决。

（二）培养非智力因素的一般过程

首先，提高思想认识，明确非智力因素在教育教学中的重要性。只有提高了认识，才能自觉地、主动地、有目的地去培养自己良好的非智力因素，积极地克服并改正不良非智力因素。

其次，认真学习，丰富自己各方面的知识，努力提高自身素质。我们虽然把智力因素与非智力因素相对地提出，但智力因素和非智力因素却是紧密联系在一起的，在任何一个具体的心理活动中，它们都是同时存在的。同样，非智力因素与学习也是密不可分的，通过学习，不仅可以增长知识，也可以提高教师其他方面的素质，其中包括非智力因素。

最后，在教育教学中，注重非智力因素对学生的影响，把非智力因素纳入教育教学的范畴。“教学相长”，也适用于非智力因素在教育教学中的作用。在教育教学中，教师不仅要用自身良好的非智力因素去影响学生，也应发现和挖掘学生良好的非智力因素，真正做到相互学习，相互影响，共同提高。

【活动建议】

在平常的生活学习过程中，你有没有注重自己非智力因素的培养呢？有没有注重对学生非智力因素的培养呢？如果有，请你列出你所采用的非智力因素管理和控制的方法。也可以和其他教师就非智力因素的培养进行交流。

【扩展视野】

情绪管理小贴士

每个人都有情绪不稳定的时候，负面情绪会影响我们的工作和生活，因此需要对这些负面情绪加以控制。对待负面情绪总的原则是找到疏导感情的渠道。情绪得到了适当的疏解就不再积压在心里，也就不会影响学习、工作和生活了。

管理自己的情绪可以试用以下方式：

（1）陶冶性情的艺术类兴趣爱好，如琴棋书画。很多艺术类的活动都能给人发泄感情的空间，不在乎做得多好，关键是能抒发情感。

（2）身体与锻炼方面的活动，如健身、打球、舞蹈、深层放松和做按摩等。想象着坏情绪像球一样被打出去，或者随着汗水挥洒出去，会给人一种痛快的感觉。

（3）身边一定要有两三个知心人，心情不好时都能够打电话或当面让他们分担自己的烦恼。正所谓“分享的快乐是加倍的快乐，分担的痛苦是减半的痛苦”。

（4）通过记日记来理清思绪。一个必然的规律是写在纸上的越多，积压在心里的就越少。在写日记的过程中，人可以对过去发生的事进行总结，并更加客观地对待。

（5）给自己创造一个愉快的生活环境，如放音乐、熏香和柔和的灯光等，或者将自己置身于一个令人心旷神怡的自然环境中，从生理上来舒缓紧张的神经。

除此之外，更重要的是要了解自己的情绪变化，知道什么样的生理、心理或外部因素会影响自己的情绪，在预测到自己会因为某事陷入情绪低谷时，就可以用上面说的这些方式给自己“打预防针”。

【小结与回顾】

本节内容介绍了终生学习规划、学习时间表制定、终身学习策略的内容和方法、学习交互交流的策略与技能和非智力因素的管理与控制等内容。

请根据自己的情况制定一份终身学习的规划和学习时间表。

第三章　终身学习促进教师专业知识、教学和研究能力发展

陶行知先生在《教师自主动进修》中指出，教师只有好学，才是终身进步之保险，也就是常青不老之保证。在那个知道教师终身学习理念的人还不多的时代，陶行知先生已经意识到教师终身学习的重要性了。如今，时代的发展要求教师必须终身学习，让自己的专业知识、教学能力、研究能力等各方面得到发展。

学习目标

1. 明确教师专业知识的内容。

2. 学习和掌握好的教学方法，结合教育教学实践的需要，选择合适、正确的教学方法。

3. 了解教师研究能力的具体内容，掌握中小学教师培养自身教育教学研究的方法。

内容框架图

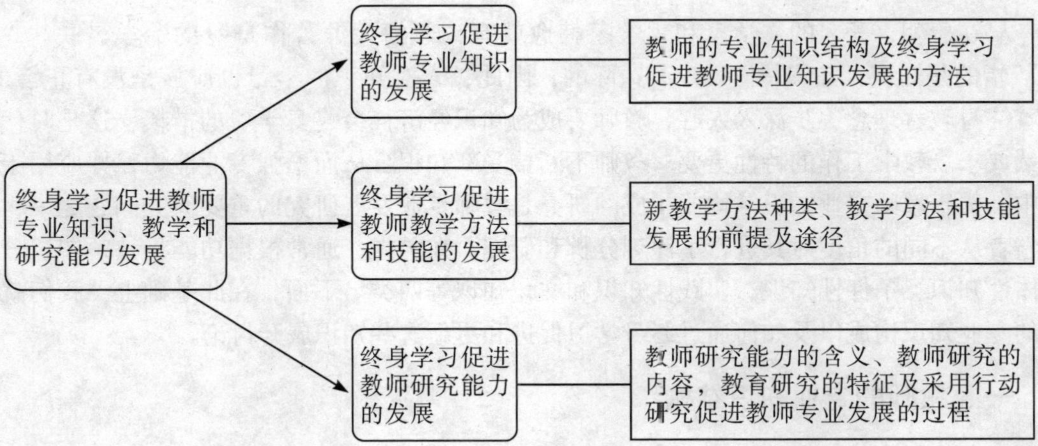

第一节　终身学习促进教师专业知识的发展

【情景导入】

教师A：昨天我去听于漪老师的讲座了。

教师B：嗯，我也听过一次，讲得很精彩！旁征博引，信手拈来，一听就知道是看过很多书、文化底蕴深厚的人。

教师A：的确，太受触动和启发了。要是做老师能做到那种境界，多有成就感啊！

教师B：是啊，咱们也得好好努力，丰富自己的专业知识，坚持不懈地学习，这可是教好书的基本条件呀。

教师A：不错，一起努力吧。

【问题的提出】

专业知识是教师教学的基石，扎实的专业知识有助于教师更好地开展教学工作，需要教师通过终身学习不断地学习和充实。那么教师的专业知识构成是怎样的呢？我们可以如何通过坚持终身学习来丰富自身的专业知识呢？

早在唐朝，著名的文学家和哲学家韩愈就有“学海无涯苦作舟”的治学名联。“学海”指的是知识，知识是浩瀚没有边际的，因此，人对知识的学习也应该是没有止境的。随着终身教育理念逐步深入人心，教师要成为知识经济社会终身学习的楷模，这是时代的必然要求。教学工作的特性更要求教师不断接受新知识，从而增强专业能力，并应用于教学中。关于教师专业知识结构或构成的研究是教师专业发展研究的重要研究问题之一，许多学者从不同的角度对其进行了深刻分析和研究。在国内，通常根据功能将教师知识分为本体性知识、条件性知识、实践性知识和文化知识等四类。下面，在此基础上，我们就教师的专业知识构成以及如何通过终身学习促进和更新这些知识展开讨论。

一、教师的专业知识结构

（一）文化知识

具备较为全面和一般的文化科学基础知识，是对教师做好一切工作的最基本素质要求。在新课程理念下，教师要掌握的一般文化科学基础知识，主要包括哲学基本理论知识，社会科学的基本理论观点，能够代表现代科学技术、最新及一般的基础知识和一般的文学、数理、政治、经济、军事、环境、天文和地理等方面的知识。文化知识是保障教师基本素质的重要环节，所谓“知识渊博”就是指文化知识的丰富。

（二）本体性知识

本体性知识是指教师所具有的、特定任教学科的知识。本体性知识是教师从事教育教学活动的基础。在新课程教学中，一切活动都是以本体性知识的传授为基础的，因此教师的本体性知识必须达到一定的水准。有关研究认为，一定的限度内，教师教学的创造性和有效性与教师所掌握的本体性知识呈递增关系。教师的本体性知识主要包括三个方面：一是学科基础知识；二是学科发展知识；三是相关学科知识。

（三）条件性知识

条件性知识是指教师在教育教学过程中，能够保证工作获得成功的教育科学和心理科学知识。

1. 教育科学知识

教育科学知识既包括教育科学基础知识，也包括国内外教育教学改革动态的信息和知识。

2. 心理科学的知识

心理科学的知识包括普通心理学中关于认知、情感、意志和个性的基础知识；发展心理学中关于学生认知与品德发展的特点和规律以及教育心理学中关于教与学过程中心理现象的分析、特征的总结和规律的提示等。

3. 学科教学法知识

学科教学法知识包括学科性质、目标和教学原则；教材、教法、教学过程、教学评价等问题的理论和基本技能。教师通过学习学科教学法的有关知识，了解本学科教学的基础，掌握学科教学所特有的方法，熟悉学科教材，具有学科教学的基本技能。

4. 教育科学研究知识

教育科学研究知识包括教育科学研究的过程、特点和类型，科研课题的选择，计划的编制，资料的收集整理分析，方法的选择运用和研究成果的表达等方面的知识。

（四）实践性知识

在新课程教学理念下，教师的实践性知识主要是指在教育教学实践活动中所形成的有关具体工作的知识。这种知识的获得，不能单从书本上、材料中习得，更主要的是通过教师亲自参加教育、教学和管理实践而获得。例如，教学过程中多种策略的选择运用；学生的知识结构、认知特点、学习方法，课堂教学的组织、方法的运用、气氛的控制与调节，学生学习主体性的培养、学习积极性的调动与激发等都属于教师的实践性知识。

上述四个方面的知识，既在教师的知识结构中相互联系，又在教育教学实践中各具功能。教师的一般科学文化知识是教师从事教育教学工作的基础。本体性知识是教育教学活动的实体部分，是最为基本的知识。在新课程教学活动中，教师的主要工作之一就是创造性地、有效地引导学生学习一定的本体性知识。教师的条件性知识对本体性知识的教学起到理论支撑作用，是教师做好教学工作所必备的前提性知识，它可以帮助教师获得教学过程中处理问题的原则和具体方法。教师的实践性知识对本体性知识的教学起到实践指导的作用，能够使学科教学的知识进一步丰富和更加完善，同时又能促进教师进一步理解、深化条件性知识，它可以帮助教师在新课程教学情境中，形成创造性地处理问题的方式方法，丰富自由的实践性知识。

【案 例】

课堂生成更需要教师的专业知识

欣赏一些名师的课堂教学，总能发现，在精巧的课堂预设下，在教师的积极引导下，学生总能在课堂上产生预设之外的精彩，而我们普通教师在教学过程中却很难在课堂上生成精彩，这是为什么呢？其实我们的课堂中也有很多可以出彩之处，但往往很多精彩都会被教师无情地扼杀在摇篮。课堂生成需要什么？很多教师都认为是自己的教育机智和调控课堂的技巧，其实生成的课堂更需要教师坚实的专业知识。最近听了一节课，思绪颇多。

课例描述如下：

某教师讲授苏教版第十册“最大公约数与最小公倍数的对比”这节课，主要介绍了用书中介绍的方法“短除法”解答。上课时一位学生还发明了一种自创的“好”方法：“求两个数的最大公约数，只要将较大的数减去较小的数，得到的差就是这两个数的最大公约数。”并举例求56和42的最大公约数，只要将$56-42=14$，14就是它们的最大公约数。面对这种片面的、不科学的解法，这位教师并没有全盘否定，而是循循善诱，通过举反例，引导学生自己探索发现此种方法的不科学性，最后总结出“在平时的学习中这种方法是不能用的”。

可以看出随着课程改革的不断深入，广大教师的教学观和学生观也有了及时更新。课例中这位教师的教育机智还是很高的，面对“课堂预设”之外的“教学意外”的处理方法也是值得我们学习的。他注意保护学生的求知欲，没有抹杀学生的创新火花。同时我也在反思，我们还能不能更深层次地挖掘这样的“教学意外”在课堂上“自然生成”什么呢？

求一个数的最大公约数和最小公倍数的方法有很多种，我们的教科书中介绍的都是“短除法”，学过数论的老师应该清楚，其实求一个数的最大公约数还可以用“辗转相除法”或“辗转相减法”。

早在西汉时代，我国古代数学著作《九章算术》就介绍了类似“辗转相减法”的“更相减损术”。《九章算术》中是这样描述的：“可半者半之，不可半者，副置分母子之数，以少减多，更相减损，求其等也，以等数约之。”这里所说的“等数”就是我们现在的最大公约数，“可半者”是指分子、分母都是偶数，可以折半的先把它们折半，即可先约去2；不都是偶数了，则另外计算，从大数中减去小数，辗转相减，减到差数和减数相等（最终结果是0），即得最大公约数。例如，课例中所举反例，求54和24的最大公约数，我们可以这样做：

54－24＝30（用较大数减较小数），

30－24＝6，

24－6＝18（一直辗转相减），

18－6＝12，

12－6＝6，

6－6＝0（直到差是0为止）。

所以6就是54和24的最大公约数。

课例中学生提到的方法，已经非常接近“辗转相减法”了，如果上课教师熟悉这种方法，在课堂上介绍我国古代的研究成果，然后引导学生自己去试验和实践，我想学生的好奇心、求知欲会更强，对数学的学习兴趣会更浓，收获也会更多，课堂将会更精彩。

记得读师范的时候，老师经常教导我们：“要给学生一滴水，自身要有一桶水。”在这个知识爆炸的时代，作为一名教师，应该不断学习，要为自己修一条“通向大海、永不干枯的河流”，只有“站得高才能看得远”，才能更好地服务于课堂。

我想：我还需不断学习。

（资料来源　http：//elzxx. dyedu. cn/wangzhan/keyan/ShowArticle. asp? ArticleID＝861.）

编者点评：精彩的课堂建立在教师扎实的专业知识上，而一成不变的知识常难以应对知识的更新、学生的疑问和课堂的突发情况。同样的故事，第一次讲，大家兴趣盎然；再讲，勉强附和，兴致缺缺；再而三讲，大家就不屑一顾了。教师丰富的、与时俱进的专业知识才能给课堂带来生机和活力，产生更有效的教学效果。

二、坚持终身学习，促进专业知识的更新和发展

在教育活动中，教师要为知识的需求者提供知识指导，以自己的知识才智做基础进行创造性地知识传授工作。而要使自身的知识不断丰富和更新，教师单靠职前教育阶段所学的知识是根本无法达到的。解决这一问题的最好方法就是通过不断地学习，更新和充实自己的专业知识。了解各种专业知识的构成，使教师们在专业发展道路上能建立起一个专业知识再学习的目标和方向，从而促进自己的专业知识得到均衡发展。对不同类型的知识，教师们应采用有针对性的方法展开有目的的学习。

（一）坚持终身学习，增广文化知识

一名教师要面对的是众多学生，多涉猎各种文化知识，拓广自己的见闻，有助于跟各种类型学生更好地沟通，而沟通是与学生建立良好关系的开始。教师对文化知识的获取，可以以自身的兴趣爱好为基础辐射开来，有选择地获得其他科学文化知识。例如，许多男老师爱好体育活动，那么就可以从了解各种体育活动开始，进而了解各种体育活动的发源地及与其有关的故事、运动规则、有成就的运动员和最新纪录等知识，进而与有兴趣的同学一起分享，促进师生间的交流。

（二）坚持终身学习，钻研本体性知识（学科知识）

在教师的专业知识结构中，本体性知识（学科知识）无疑是教师教学的基础，教师对教材中知识内容的掌握必然要比学生多、深和广，并且更为熟练和精通。任何学科都在不断发展，而教材上的内容自编写完成后就固定不变了，教师只能通过教学过程给学生更多地发展新知识和新信息以及超越书本内容的扩展知识或补充知识，因此教师除了对教材要了如指掌外，还必须不断关注学科发展的新动向，掌握学科中出现的新内容。

在教师终身学习的过程中，可以以自己所教科目的课标要求和教材为中心来发展本体性知识。教师对教材的处理，力求做到吃透教材、补充教材，以至拥有自己更新组织教学内容的能力。由于各学科的知识在内容上、形式上和发展上等都有不同的特点，对应的学习方法也不尽相同，因而应根据学生的情况及自己的需求选择方法和方式。如果一名教师在其职业生涯都能做到以原有教材为基础，重新组织更新教学内容，那么他一定是一个不断补充和更新自己学科知识的教师。

【活动建议】

教师朋友们，在学习完以上内容后，你是否对教师专业知识的构成有了清晰地了解？根据对自己不同类型知识的需求，可寻找到相关书籍进行学习，请将自己找到的书与学习方法推荐给身边的同事们。

【案 例】

读报有感——做个不让一日闲过的教师

前几天，我读到一篇介绍武汉外国语学校物理特级教师何文浩的文章。文章报道何老师的 46 名学生中被保送的有 23 名——浙大 7 个、复旦 1 个、上海交大 1 个、大连理工 1 个……另外参加高考的 23 名学生，物理平均分为 125，最低的一个也能过重点本科分数线。记者当时看到一本厚厚的合订本试卷，里面有如《综合模拟试题》《高考评估题》等密密麻麻 50 多万字。这些题何老师都一一做过并烂熟于心。

看完报道，我热血沸腾。何老师的非凡业绩，来源于他教书育人 20 年的日积月累。据说，寒暑假里要找他，也得去学校，真可谓“三百六十日，夜夜当秉烛”。作为新形势下的教师，决不能让一日闲过。

只有“一碗水”的教师没有资格做真正意义上的人民教师，只有“一桶水”的教师迟早也会枯竭。因此，教师应该拥有一眼取之不尽的“知识泉”和一眼用之不竭的“智慧泉”。这两眼泉如何去发现和发掘呢？那就是与时俱进和终身学习。这才能让自己在教学工作上有突出业绩、在教学研究上有出色成果、在班级管理上有优良班风等。在与教育教学有关的很多领域，要能做到人无我有，人有我精，总能“日事日毕，日清日高”，每天都有所收获。

（资料来源　http：//www. ah28. com/jspd/ShowArticle. asp？ArticleIP = 251）

编者点评：本案例中提到了何老师在工作中不断学习的情况："记者当时看到一本厚厚的合订本试卷，里面有如《综合模拟试题》《高考评估题》等密密麻麻50多万字。这些题何老师都一一做过并烂熟于心。"这是何老师学习专业知识的一种方式，通过做题来达到对学科知识的再学习，可见不同学科的教师可采用适于自己的方法来进行专业知识的学习。

（三）坚持终身学习，保障条件性知识

我国教师教育的传统课程中都包含有本体性知识和条件性知识，但在结构上一直重本体性课程而轻条件性课程。随着素质教育和新课程改革对条件性知识的掌握要求越来越高，随着学生及家长对要求的提高，教育部门对教师参与教学研究的号召以及社会发展对教育的要求，对教师条件性知识的内容和掌握情况都会不断地提出新要求。例如，学生面临的种种心理问题和压力，解决这些问题要求教师有过硬的条件性知识储备。条件性知识的获得有很多途径，教师既可以通过在职培训系统性地学习，也可以利用网络获取丰富资源，还可以就某种新的教学方法与同行进行交流讨论等。

（四）坚持终身学习，丰富实践性知识

教师丰富的实践性知识主要通过三种方式进行学习：一是直接从教育教学实际工作中获取；二是在工作中处处留心，把工作实践与教育科学的理论结合起来，用理论指导实践，把实践中体验和总结的经验上升到理论高度；三是不断总结，把从各种情况的教育教学实践中获得的知识，通过反思总结形成自己实践性知识中的组成部分。其实整个过程是一个循环，运用一定的理论来指导教学实践，在实践中获得一定的反思，修改自己原有的理论再实践。在这一个循环往复的过程中，教师自己的实践性知识也将越来越丰富。这里，建议教师不妨建立一个自己的教学实践博客，既可以总结教学经验，积累丰富的教学实践知识，也便于教师之间的学习与交流。

【案 例】

把握瞬间的火花，让课堂起死回生

从教10多年来，很多次经历课堂上的微妙瞬间，让我不由自主地灵光一闪，把原定计划停一停，把瞬间的微妙火花变成活跃课堂的催化剂。有一节下午的英语课，我上的是人物描写的写作指导，可是闷热的天气让本来就比较难活跃的写作课更加活跃不起来，我在把描述人物的词汇写在黑板上后，要求学生用黑板上的词汇造句，没几个学生愿意动笔，我就叫了一个学生上黑板写。被叫的学生无奈地上去用黑板上的elegant（优雅）写了

个简单句:“Mabel(我的英文名)was elegant.”全班同学都笑起来了,说这个同学偷懒之余还不忘拍老师马屁。这时,我突然意识到这个句子可以带来课堂教学的转机,于是我就装作很不高兴的样子问这个同学“为什么你要用过去时?”这时全班更加哄堂大笑了,没有人再昏昏欲睡了,我就把话题转到中国学生最常犯的时态问题去了。接着我让他们小组合作把 Mabel is... 这个开头扩写成一个描述我的段落,规定要选黑板上单词的其中五个和一些特殊的语法结构,并比一比谁最了解我这个人。像上述这种灵光一现的瞬间如果把握得好,常常会取得意想不到的课堂效果。

编者点评:这是教师发表在网络上的一篇日志,写的是自己经历的课堂。这名教师在总结这堂课的经验之后得到了这样的实践性知识——“把握瞬间的火花,让课堂起死回生”。很多教师都会经历课堂沉闷的尴尬,而这位教师则找到了活跃课堂的一种方法,这是教师通过自身实践创造性地进行教学实践,从而产生新的体验,并通过反思和总结形成新的实践性知识。这样的例子在教师的工作中还有很多很多。试想如果我们在整个教学生涯中,都将这些知识和经验积累下来,是多么宝贵的一笔财富啊。

【小结与回顾】

专业知识是教师教学的基石,扎实的专业知识有助于教师更好地开展教学工作,是教师终身需要不断学习和充实的内容。请结合所学的内容解答以下问题:

1. 教师的专业知识构成是怎样的?
2. 我们如何通过坚持终身学习来丰富自身的专业知识?
3. 结合自己所教授的学科,试着思考如何充实自己的专业知识?

第二节　终身学习促进教师教学方法和技能的发展

【情景导入】

教师A：你课上到哪里了？

教师B：哦，明天上《质数与合数》，你呢？

教师A：我比你快一些，昨天上过了。我备课时还找了特级教师潘小明关于这堂课的课堂实录来看。

教师B：我也看了，潘老师讲得很生动，很有趣。

教师A：的确，你看他用到的教学方法多有效，没有一定的教学积累是不可能那么有效地在课堂中使用各种教学方法和技能的。

【问题的提出】

在教学中，每位教师都会有自己常用的方法和熟悉的技巧。但是，事物总是发展变化的，一成不变的教学方法不会总是适用，教师需要不断地学习和发展自己的教学方法和技能。在坚持终身学习的过程中，教师该如何学习和掌握先进的教学方法和技能呢？

扎实的专业知识是成为一名好教师的基础，但是要上好一堂课，往往也离不开好的教学方法与技能。教学方法与技能是教学整体结构中的一个重要组成部分，是构成教学活动的重要因素之一，直接关系到教学工作的成败、教学效果的好坏和教学效率的高低，在教学过程中具有不可忽视的地位。随着新的教学理念和技术的出现，也会有新的教学方法的出现。因此，教师们在整个职业生涯中，要坚持终身学习先进的教学理论和观点，学习先进的教学方法，掌握现代教育技术，促进自己教学理论和实践的全方位发展。

一、新的教学方法

教学方法通常在一定教育理念的指导下产生，教学方法的产生及方法与教育理念的转变息息相关。自20世纪下半叶人们提出“学会学习”的理念以来，教育已开始出现以“以教为主”向“以学为主”的转变。随着我国新课程改革的深入，教师们也开始认识到教师“一言堂”教学的不足，从而在教学中更加开始关注学生的个体特性。

下面介绍几种为推进素质教育，教育届倡导的教学方法。

（一）愉快教学法

愉快教学法是上海特级教师倪谷音首先倡导的。愉快教学法的教育理念是一切为了儿童，为了一切儿童，为了儿童的一切。“一切为了儿童”是说教育要着眼于学生的未来，“教学生5年，为他们想50年，为民族想500年”，使儿童人人有快乐的追求，事事有奋斗的目标，天天有攀登的行动，时时有成功的喜悦。“为了一切儿童”是说要尊重每一个学生的人格，注重开发每一个学生的个性潜能，使每一个学生都能在他原有的基础上得到长足的发展。“为了儿童的一切”是说要让学生们学得生动活泼、充满愉快、形成良好的个性品质和特长，素质得到全面发展。

在广大教师和研究工作者的努力下，针对学生的特性，愉快教学法创造了不少快乐式的教学方法。例如，愉快游戏法、想象引导法、动态图片法、情境表演法和故事感染法，等等。

（二）情境教学法

情境教学法是江苏省特级教师李吉林力推的。这种方法是指教师根据教材特点，创设一个有关的情境，以激发学生的学习兴趣和积极性，使学生能够生动活泼地学习和掌握知识，发展创造力。情境教学法的核心在于激发学生的情感。

运用情境教学法的关键是根据教学任务、班组特点及教师本人素质，选择创设情境。一般来讲，为教学创设的情境的主要方式有生活展现情境、自主体验情境、实物演示情境、图画再现情境、音乐渲染情境、表演体会情境和语言描述情境等。

【案 例】

情境教学法在数学课堂中的应用

——住房贷款分期付款问题研究教学设计

教学目的：通过对贷款问题的研究，培养学生提出问题、解决问题的意识和能力，让学生在实际研究过程中感受数列知识在现实生活中的应用。

教学对象：SZ中学高一（11）班

授课教师：SZ大学师范专业本科四年级实习教师王老师

教学步骤：

（一）课前准备

1. 设置问题情境

王老师准备在苏州购买一套住房用于自住。他跟朋友打听了一些信息，并利用周末的时间看了一些房子，目前比较中意的一套需要50多万元。但是王老师目前只能拿出15～20万元作为首付款，剩余部分用公积金方式向银行贷款。已经买房的李老师说，贷款是个大问题，必须好好琢磨。现在，请同学们帮助王老师解决这个麻烦，看看贷款中都有哪些问题需要注意。

2. 学生准备

学生利用课余时间，通过网络或向其他人咨询，了解有关分期付款、还贷的相关问题。

学生根据教师给出的问题情境，提出自己的问题，并思考解决方案，填写工作单。全班同学以小组为单位，汇总整合提出的问题和初步的解决方案。

3. 教师初步了解学生提出的问题和解决的情况

（二）教学过程

（1）通过故事和课前给出的问题情境，教师和学生共同提出要研究的问题：每月还款额是如何规定的。

（2）明确分期付款中的相关规定，将问题集中为还款额的确定。

（3）学生结合课前的工作，合作研究关于问题的解决方案（注意让学生提出不同的思考方式）。

（4）给出问题让学生解决，注意引导学生对不同情况进行比较。

问题一：顾客购买一件售价为5 000元的商品时，采用分期付款（每次付款额相同）在一年内将款全部付清。购买后1个月第1次付款，再过1个月后第2次付款。购买12个月后第12次付款，规定月利率为0.8%，每月利息按复利计算。顾客每次付款多少？总共付款多少？若分6次付款，即每两个月付一次款，情况怎样。每3个月付一次呢？

（5）给出问题二，比较与问题一的不同，介绍不同的还款方式。

问题二：用分期付款的方式购买一批总价为2 300万元的住房，购买当天首付300万元，以后每月的这一天都交100万元，并加付此前欠款的利息，设月利率为1%。若首付300万元之后的第一个月开始算分期付款的第一个月，分期付款的第10个月应付多少万元？全部款项付清后，买这批房实际支付了多少万元？

（三）尝试教学法

尝试教学法由江苏常州特级教师邱学华首创。尝试教学法是给学生创造一定的条件，让学生主动探索，独立思考，发现问题，分析问题和解决问题，以培养学生的探索精神和自学能力为主要目标的教学方法。尝试教学法一般分为五个步骤：

1. 出示尝试题
2. 自学课本
3. 尝试练习
4. 学习讨论
5. 教师讲解

邱学华教师从教学实践中总结出一个基本模式，并把它叫做“多层次不断尝试的练习”，让学生在不断尝试中一步比一步有所提高。

基本训练题	（铺路）	为新课作准备。
准备题	（架桥）	为出现尝试题作准备，在新旧知识间架起桥梁。
尝试题	（探索）	与例题基本相似，引导学生探索新知识。
第二次尝试题	（巩固）	与例题稍有变化，再试探一下掌握新知识的情况，并起巩固新知、反馈信息的作用。
课堂作业题	（主体）	这是基本掌握新知识后的练习，可适当结合旧知进行，促进学生思维的发展。

思考题　　　　（发展）　　　这是机动题，留给完成课堂作业的学生做。

这六个层次的练习组成一个完整系统。在练习过程中，学生对新知识理解程度的信息不断地反馈出来，教师可以及时地进行调控。可见，这六个层次不断尝试的练习设计是以控制论、系统论、信息论作为理论基础的，教师在备课时把很大一部分精力花在了练习设计上。

【案 例】

尝试教学物理教案（动能和势能）

课时：一课时　时间：45 分钟　授课教师：吴熙堂　单位：天柱县邦洞镇中学

【授课内容】动能和势能（选自初级中学教科书《物理》第二册第一章第一节）

【教学方法】尝试教学法

【教学目标】

（1）知道什么是动能、重力势能、弹性势能、机械能等并能举例说明。

（2）知道动能、重力势能，弹性势能的大小各与什么因素有关并能解释简单的现象。

【授课步骤】

一、出示尝试题（2 分钟）

教师先用小黑板出示下列尝试题。（课前准备）

（1）做功的两个必要因素是什么？

（2）日常生活中学生们在报刊上看到“开发能源”“能源危机”“节能先进”“耗能大户”以及“原子能”“电能”等这些话表示什么含义？

二、自学课本（8 分钟）

根据学生解答第一次尝试练习实际情况，教师有必要对做功的两个必要因素进行复习以及对“开发能源”“节能先进”这些术语进行解释和知识点拨。通过开发利用能源，节约使用能源联系到能量的概念，提出什么是动能、重力势能、弹性势能、机械能以及影响动能、重力势能、弹性势能的大小各有什么因素？引入新课。指导学生认真自学课文第 2 页第二段至第四段与第 3 页第一段至第三段的内容。

三、尝试练习（8 分钟）

学生自学课文结束后，教师可用小黑板出示下列尝试题：（课前准备）

（1）一个物体能够__________，我们就说它具有能，物体由于运动而具有的能叫做____________；物体____________越大，____________越大，____________就越大。

（2）被举高的物体具有的能叫______________；物体的______________越大，举得越____________，它具有的____________就越大。

（3）物体发生弹性形变而具有的能叫__________；物体的弹性形变越大，它具有的__________就越大。

（4）__________和__________统称为机械能，机械的大小可以用做__________的多少来衡量，机械能的单位是__________。

四、学生讨论（2分钟）

通过学生第二次尝试练习发现的问题，知识的疑点、难点，可以让学生分小组进行充分的讨论后，总结出什么是动能、重力势能、弹性势能、机械能以及影响动能、重力势能、弹性势能大小的因素。

五、教师讲解（20分钟）

根据教学大纲提出的教学要求，结合课文中的实验做好演示实验，教师可把本节的教学内容设计成如下知识框架结构。

教师通过以上知识框架进行讲解，归纳出本节知识的重难点：

（1）什么是动能、重力势能？

（2）影响动能和重力势能大小的因素有哪些？

并提醒学生注意：①动能和势能统称机械能，一个物体既可以有动能，又可以有势能。②一个物体能够做的功越多，表示这个物体的能量越大，能量的大小可以用做功的多少来衡量，功和能的国际单位都是焦耳。

六、课后练习（5分钟）

1. 课文第3页，练习第一题，第4页练习第二题。

（资料来源　原载于“邱学华尝试在线”http：//www.try-qxh.cn/article/Index.asp）

（四）成功教学法

成功教学法是以上海闸北八中校长刘京海为首的一批教改研究者首先提出来的。所谓成功教学法，就是教师在教育教学过程中，通过激发学生的成功动机，指导学生的成功行为，使学生感到成功的愉悦，进而升华成功目标，人人都主动争取成功并不断取得学习上的成功。

成功教学法的基本阶段：

1. 教师帮助学生成功

这一阶段的特点是以教师帮助、触发学生为主，目标是诱导学生积极参与学习活动。

2. 学生尝试成功

这一阶段的特点是教师帮助学生的成分减少，学生尝试成功的力度加大，目标是推动学生主动参与活动。

3. 学生自己争取成功

这一阶段的特点是以学生自我开发为主，但仍需要教师继续给予帮助指导，目标是学生自我学习、自我教育。

【活动建议】

教师常常会以“听课”的形式互相学习，可以试着选择听过的一些课例，总结一下教师的教学方法，供自己学习和参考！

二、坚持终身学习，促进教学方法和技能的发展

（一）教学方法和技能发展的前提条件

好的课堂各有各的特点，但好的课堂往往都是妙趣横生、教师乐教、学生乐学的。在观摩好的课例或者听优秀教师的报告时，我们肯定也会遇到为某位教师的教学艺术所折服的情况。实际上，大家都知道“台上一分钟，台下十年功”，没有人是教学天才，好的教学方法和技能都不是一天可以练就的，而是长期坚持学习，不断实践才能达到的。坚持将教育理论与教育实践相结合，在实践中坚持学习和应用教育理论才能不断完善和进步。

1. 现代教学理论的学习

理论的指导是教学由经验上升到理性和科学层次的一个基本前提。通过教学实践不难发现，有些教师，特别是从事教学工作时间不久的教师，由于不懂得如何将教学理论指导应用于教学实践中，因而在课堂教学中往往随意发挥，影响了课堂教学的质量和效率。教育理论的学习应该贯穿于教师的整个教学生涯中，通过多种渠道来学习。教师可以参加系统的理论课程学习，了解和掌握教育理论；也可以通过听讲座和听课等方式学习新的理论和方法；还可以通过座谈和网络日志等形式随时随地地向他人请教理论问题。无论用什么方式进行学习，最终目的都是要将理论用于教学实践，使理论成为真正被自己所理解并发展出自己的认识及思考。教学理论有助于促进教师由“普通人”向“入门型”教师，再到“成熟型”教师，最后向“专家型”“研究性”教师的转化。

2. 系统科学的原理与方法的学习

教学系统是一个由多种教学要素构成的复杂系统，各教学要素间存在着密切的联系和多种作用方式。运用系统方法分析课堂教学系统中各因素的地位和作用，使各因素得到最紧密、最佳的组合，从而能达到优化课堂教学效果，因此教师应该注意系统科学原理和方法的学习，并应用于实践中。

3. 掌握教学的实际需要

在具体的教学过程中，教学活动的实际需要集中体现在教学的任务和目标中。在教学活动进行之前，应首先明确教学任务和教学目标，并对它们进行认真地分析、分解，使之成为可操作的具体要求，然后再根据这些要求，观摩他人的教学方法和技能，寻找和学习自己适用的理论并设计出教学方案，实施教学方案。在这种行动的过程中，学习的针对性和实用性更强。

4. 了解学生，考虑学生实际需求

教师作为教学活动的主导者，在决定教什么和如何教时，应当全面考虑学生学习的需求、认识学习规律和学习兴趣，着眼于辅助、激发、促进学生的学习。教师从学生的角度出发，了解学生的现况和需求，学习和掌握有关于学生学习及教学双方有效交流的方法和技能，这对有效运用教育方法有重要意义。

5. 反思教学，积累经验

教师的教学经验、智慧和风格是形成教学个性及教学艺术性的重要基础，是促进课堂

教学丰富多彩、生动活泼的基本条件。教师可及时分析教学情况，总结经验，提炼规律和方法，并在这一过程中不断地借鉴有关理论。在理论的指导下，教师一定能结合自己的经验，提升教学方法和技能。

【案 例】

父亲的脚后跟

小时候我曾住在丰原东边的山里，父亲常带着我入城。这条路很长，走起来总要两三个钟头。每次父亲走在前边，我跟在后头，他的步伐大而且快，我必须两脚不停地划，眼睛不停地盯住他那双破旧的布鞋，一路不停地赶。

有一次，天色向晚，路过一道铁桥，一根根枕木的间隔比我的步子还宽。平常父亲总会歇下来等着我爬过去或索性抱着我过去，但那天他心里不知牵挂些什么，等到我爬过桥，抬头一看，他已经“失踪”了。

突然，我涌起一阵恐惧：“这条路来回已跟着父亲走过二三十趟了，怎么一下子变得如此陌生?”

我在桥端的田埂上哭着等了几个钟头，在黑夜里又饿又怕，我甚至分不清家的方向。我苦苦思忆，但呈现的总是父亲那双不停晃动的布鞋。午夜时分，总算由远而近传来了母亲斥责父亲的声音。后来我才知道父亲回到家竟还不知我早在半途就已丢失。

今天，很多教师在上课，没告诉学生“我们去哪里”，从不指出大体的方向。一开始就下定义，一味要学生一步步陷在“推理”的泥坑，以为这便是思考训练，这便是“数学”，其实这只是数学的“形式”。

演示解题时也是一样，一步步非常严谨，非常工整．每写一行问学生一句：“对不对?”学生的回答也是非常合作：“对。”这样热烈的上课情绪，该说是天衣无缝了。若效果不好，只好怪学生素质不佳或教材不当了。

事实是学生看到的不是“路该怎么走”，他们只看到了“布鞋不停地晃动”，简单的“左—右—左—右……”的换脚规则是知道的，但一旦没有“布鞋”在前面带路，便只觉一片陌生。家在何方？路怎么走？

我深深相信，当时父亲如果像赶牛一样让我走在前头，出城的时候便用手指明家的方向，然后问我：“吴厝的大榕树，旧厝的土地庙，阿公溪上的铁桥，南坑阿婆家后的小径……你认不认得?”而在我点头之后，叫我逐一带路走过。我必定在走过一趟，回到家之后便十分熟悉整条路径。

如果父亲是最最上乘的教育家，也许他在指明家的方向后，便要我带路，他在后头宁可随我多走一点冤枉路。其后并画图比较近路与远路，如此我不只会熟悉家城之间的路径，城东郊的地理位置我必也在走过一遭后便了如指掌，再也不愁迷路，甚至可以常常代我父亲跑腿办事。

可是我不敢苛求，我仍该感谢父亲，毕竟他不会抱着或背着我走，使得我尚有一丝镇定，能在漫长的四五个钟头里守在同一个地方等着他与母亲的出现。

在今天的教室里，我看到学生不敢或不知问出一句：

“老师，我们去哪里？”

总觉得教师走在前头，一味要学生“尾随”。甚至有的教师是将学生“背着走”的。要改良教学，或许我们今天该提出要学生“带路走”的赶牛教法，这个教法应强调三件事：

1. 明指归向
2. 分析方法
3. 隐藏推理

（资料来源　摘自刘良华《教师成长报告》）

编者点评：这是一个从真实的生活故事中引发的教学思考，作者从父亲为他带路的方法联想到了如今很多教师采用的教学方法。父亲盲目的引路，小孩跟不上，一不小心就会走失。教师教学也是如此。教学如果是盲目的，学生也难保会“走失”。作者在教学的过程中，根据存在的问题，联想到很久前发生的故事，说明作者的教学不是盲目的，他一直坚持思考和学习。

（二）教学方法和技能发展的基本途径

1. 在实践中反思

通过反思，教师可以对自己从事教育教学的思想、言行、方式和方法等进行有意识地自我调整。美国心理学家波斯纳曾指出：经验＋反思＝教师成长。反思被认为是“教师专业发展和自我成长的核心因素”。

那么在终身学习的过程中，我们应该如何进行反思呢？教师们可采用如下的方法：

（1）反思日记。

反思日记是一种能有效改善教师个人教学水平的好方法。一个教师若能进行习惯性的教学反思，坚持撰写反思日记，他必然在不断地记录得失与感悟中，在不断地审视自己的教育教学理念和行为中，完善和提高自身的教育教学水平，并在深层次上更新、丰富自己的教学观念。反思日记并不必要每天都做，但建议教师一有所感所想就记录下来，无需太长和过分注意文字风采，只求清晰明了。保持日记的连续性和连贯性，这样才不会出现虎头蛇尾的情况。

（2）教育叙事。

叙事的本质在于讲述人类经验，即讲故事。教师正是在讲故事与倾听故事中编织教育意义之网，建构个人知识，并不断完善自身的知识结构和方法储备的。教育叙事的方式如今越来越受到中小学教师的喜爱，他们都擅长讲故事，乐于探究自己的和别人的故事的意义。关于教育叙事，国内也有很多研究，华南师范大学刘良华教授取得了不少成果，并且将自己的博客取名为“教育现象学 & 教育叙事研究”（http：//blog. sina. com. cn/phenomenonogy9999）。有兴趣的教师可以去看看，相信大家会受益匪浅。

2. 与他人交流与分享

有几句话是我们大家都非常熟悉的：“倘若你有一个苹果，我也有一个苹果，而我们彼此交换苹果，那么你和我仍然是各有一个苹果。但是，倘若你有一种思想，我也有一种思想，而我们彼此交换这些思想，那么，我们每人将有两种思想。”教师与同事、专业人士等展开合作、交流和分享，是促进他们教学方法和技能发展的重要策略和有效途径。建议教师们可以通过以下四种形式进行交流和分享：

（1）说课。

一次好的说课，可以从说教材听出说课教师对教材的理解；从说教法听出说课教师对目标和手段的把握；从说学法听出说课教师的学生观；从流程听出说课教师对整个课题的把控思想和能力。因此，说课给他人听和听他人说课都能达到无表情地向他人交流和学习的目的。

（2）集体备课。

在集体备课过程中，大家你一言我一语，各自从不同的角度讲述对教学各个方面（如知识、学生、教法等）的认识，不同观点、不同思想在相互碰撞、相互质疑中得到梳理和升华，也是一种有效的交流和分享。但是注意，集体备课产生的教案是一个基本教案，教师在上课前还必须根据自己的情况、学生的情况进行再加工。

（3）观摩交流。

通过随堂听课、参观或观看录像等形式，教师之间就了解到的情况展开研讨、分析和相互切磋，以改进教学行为，提高教学水平。实践表明，新教师通过跟随、观摩专家教师的实际教学，能够较快地获得课堂教学的“临床”知识，初步拾得一些好的教学方法。同样，教师在职业生涯和成长过程中，必须通过不断地观摩和学习，使自己的教学方法和技能得到提高。

（4）建立教师博客。

博客是近年来新兴的一种网络沟通工具，教师也越来越多地利用博客将自己的生活感悟、教学心得、教案设计、课堂实录、课件等予以归类整理，发布在互联网上（如图3－1所示）。

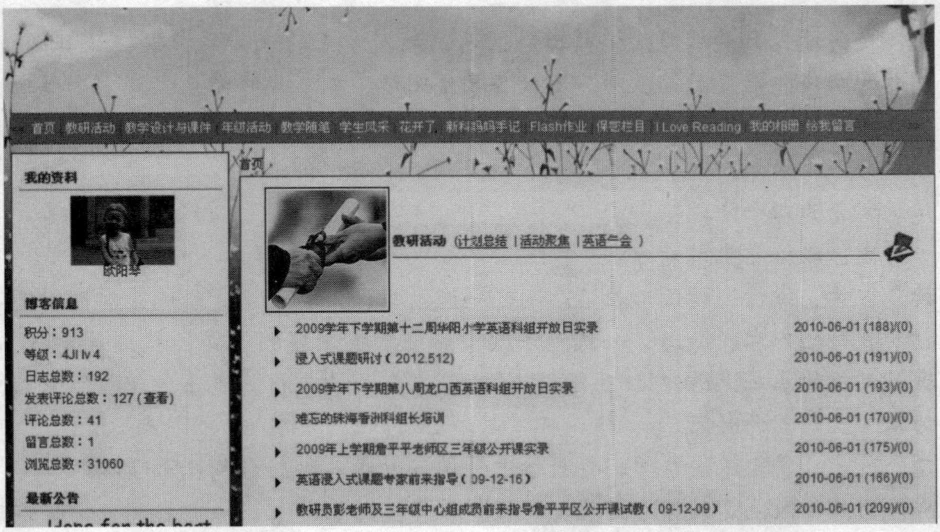

图3－1　天河部落中一位教师的博客页面

博客具有以下功能：一是个人知识管理，它能将个人搜集到的资料、信息等进行选择、过滤、归类整理、形成分类电子文件夹；二是用于叙事反思，将自己的教学体会、感想等以日志的形式记录下来，并发布出来，实现与他人分享；三是用于信息交流，教师使用博客时可充分发挥网络双向互动、动态更新和覆盖范围广的特点，与其他人进行深度交流与沟通。

【扩展视野】

中国科学院心理研究所卢仲衡的初中数学自学辅导教学法

自学辅导教学就是在教师的指导和辅导下，以学生自学为主的教学过程。它的优点在于能更多地调动学生学习的主动性，并且能较好地发挥教师的主导作用，从而提高学生的学习成绩和培养学生独立思考、独立学习的能力。

这种教学法是对传统课堂教学法的重大改革。它以初中学生为对象。从初一开始，就把传统课堂教学以教师讲授为主变为在教师指导、辅导下以学生自学为主。每节课，教师要保证学生有连续30~35分钟的自学时间。在此期间，教师不打断学生的思考。所用教材有3个本子：课本，供学生阅读；练习本，印有习题，并留有做题的空白；答案本，供学生核对答案。学生利用这3个本子进行自学，自练和自改作业。

自学辅导的课堂教学模式是“启、读、练、知、结”。“启”是启发，“读”是阅读，“练”是练习，“知”是及时知道结果，“结”是小结。“启”和“结”是由教师在开始上课和将要下课时向班集体进行的，共占10~15分钟。中间30~35分钟，让学生自己进行“读”“练”“知”的学习活动。学生阅读课本，读到指令做练习处时就做练习，并核对答案。在这期间，教师巡视课堂，不打断学生的思维，只对有问题的学生进行个别辅导并发现共性的问题。

启发不是讲课，只是从旧知识引出新问题，激发学生的求知欲，促使认真阅读课文，以求得问题的解决。启发时，教师一不代替学生阅读，二不代替学生思考。小结时，必须有的放矢，纠正错误，解决疑难问题，使学生做题规范化，概括学过的内容，使知识系统化。

教学过程分为四个阶段：

第一阶段：教给学生阅读方法

阅读分粗读、细读、精读。粗读是浏览一遍教材，知其大意；细读是对教材逐字逐句地读，钻研教材的内容、概念、公式和法则，正确掌握例题的格式；精读是要概括内容，在深入理解教材的基础上进行记忆。要求学生基本会阅读教材，能正确理解题意，概括段意。大约需一至两周的时间。

第二阶段：让学生适应自学辅导教学这种学习方式，逐渐形成自学习惯

本阶段的具体做法是教师在深入理解教材和学生的基础上，拟定启发自学提纲和小结检查提纲，让学生自学35分钟，然后按小结检查提纲提问，训练口语表达，小结巩固收获。在学生自学时，教师重点帮助一些差生，使他能适应自学，同时了解学生的一般学习

情况，检查练习题。启发自学提纲和小结检查提纲，要详细而浅显，能直接从教材中找到解答，使凡是认真读书的学生都能完整答出，以鼓励学生自学，强化自学兴趣。教师定的学习步调要与学生根据自己的学习能力定的步调结合。每节课一开始，教师可用几分钟时间规定学习进度，出示阅读提纲或由学生自己概括段意．对疑难处略作启发性引导。以后，就由学生自学阅读课本，做练习题，对答案。教师巡视课堂，了解学习情况。下课前10分钟，教师按提纲提问、集体纠错、做小结。这一阶段大约需两个月左右。

第三阶段：在初步形成自学习惯的基础上，加强学生自学过程中的独立性

要求学生写章节或单元总结，归纳各部分知识之间的逻辑关系，鼓励学生发现问题和提出问题。具体做法是教师不再给启发自学提纲，只指出应该注意之点，鼓励学生边自学边概括，注眉批或做笔记，全面因材施教，继续帮助差生转化到一般水平或先进水平，注意一般学生学习的提高，充分发挥优秀生的潜力。这一阶段大约需半年至一年时间。

第四阶段：形成良好的自学习惯，充分发挥学生的独立性

这一阶段延续到初中毕业。

教学实践证明，自学辅导法是一种具有明显优点的方法，大多数实验班已经获得显著的效果，在学业成绩、能力的迁移、各学科全面发展等指标上都优于普通班。

（资料来源　卢仲衡数学自学辅导实验工作室 http：//www. gzrepai. com/jiaoxue/default2. asp）

【小结与回顾】

我们常常将教师称为“教学工作者”，是因为教师给人最深刻的印象就是站在三尺讲台上给学生授课的形象。但是，大家都知道，上好一堂课并不容易，不但要有丰富的知识储备，也要掌握必要的教学方法。

请试着回答下列问题：

1. 本节介绍了哪些教学方法？这些教学方法哪些可以用于自己今后的教学？
2. 在自己的终身学习规划中，如何促进自己教学方法和技能的提高？

参考文献

1. 邱学华.《谈尝试教学的操作模式》［OD/BL］. http：//www. try-qxh. cn/Article/ShowArtiele. asp？ArticleID = 2111

第三节 终身学习促进教师研究能力的发展

【情景导入】

教师A：我昨天在刚出的《教育学报》上看到咱们学校刘老师发表的一篇文章了。

教师B：呵呵，这可不是刘老师第一次发文章了，他常常针对教学中发现的问题，做一些教学研究后，写出文章来发表。

教师A：好厉害啊，我以前一直觉得老师只要教好书就可以了，原来咱们也可以开展教学研究，发表论文啊。

教师B：是啊，咱们可以把自己发现的问题，提炼成小课题来研究嘛，这样既可以提高自己的教学和研究能力，也有助于同行分享交流。

【问题的提出】

教学改革越来越提倡教师成为研究者，那么什么是教师的研究能力呢？中小学教师可以从哪些方面开展教育研究以及如何开展教育研究呢？

随着新课程改革的全面开展和不断深入，在课堂内外、学校内外，教育教学正发生着一些可喜和令人鼓舞的变化。教师不再单单是教学的实施者和学生学习的促进者，而是开始以一名研究者的形象出现在教学中，把每一间教室变成教学改革的实验室。教师的研究角色既有利于教育教学理论的发展，也有利于教学实践质量的提高，深入认识自身的专业行为。当然，教师要承担和扮演好研究者的角色，更要积极开展终身学习，不断研究自己和他人的教育教学实践，从而获得研究知识和技能的增长，最终促进教学能力的提高。

一、教师的研究能力

华东师范大学教授、博士生导师叶澜说过："教师的研究能力，首先表现为对自己的教育实践和周围发生的教育现象的反思能力，善于从中发现问题，发现新现象的意义，对日常工作保持敏感和探索的习惯，不断地改进自己的工作并形成理性的认识。从这个意义上讲，教育研究成了教师作为职业人员的一种专业生活方式，他自己创造着自己的专业生活质量，这是教师在专业工作中自主性和自主能力的最高表现形式。"

从叶澜教授的话中，我们至少可以得出两点启示：

（1）教育研究应该是教师职业生涯中的一种常态，教师的整个职业生涯都应该是在不断地学习与实践。

（2）教师的研究能力最基本的就是对教育实践和周围发生的教育现象的感知和探究能力，教师研究的应是教师在自身教育实践中遇到的问题。

【扩展资源】

浅谈对教师研究能力的理解

前几日读了一本叫《班主任工作之友》的杂志，其中刘铁芳教授关于教师成长的文章中引用叶澜教授的话论述了教师的研究能力。

仔细品读叶教授的这些话，联系到自己工作的细碎，觉得自己做得还很不够。工作中常常有灵光闪现的一霎间正是繁忙之时，而一旦有时间坐下来想将此记录下来的时候，这种灵光就消失得无影无踪。以至于每天在回顾自己一天工作的时候，便涌上一种空虚的感觉，觉得自己又白活了一日。我认为，没有记录的生活是没有痕迹的，教育生活也是如此。这日复一日的虚度使得我白白浪费了许许多多总结教育实践的机会，自己的专业仿佛没多大长进。一句话：自己的专业自主能力没有提升，自然地，自己的专业生活质量没有提高。

再接着读叶教授的精辟论述："教师研究能力的进一步发展，则是新的教育问题、思维方法等多方面的经验和知识，综合地、创造性地形成解决新问题方案的能力，这使教师的工作富有创造性的内在魅力。同时，教师的创造意识和能力的形成，在教育实践中的成功，会使他十分看重对学生创造意识和能力的培养，无疑这是未来教育十分期望实践的价值。"更觉汗颜，因为这些话语像重锤敲在了我的头上，特别是"创新"二字。我理解的创新一方面是教师在教育工作中处理问题时区别以往的方式、方法，解决问题能力等的创新意识和途径；另一方面则是培养学生们的创新意识和能力。对于学生创新的培养，无非是将自己的工作思路等加以创新，令学生感觉到同以往不同的问题处理方法或者区别于其他教师处理问题的方式、方法等，令他们耳目一新。此过程中，学生无形中就会意识到教师创新地处理问题，自己也会受到影响，甚至教师在自己的课堂之上和生活之中培养学生创造意识，引导学生创新地解决问题。久而久之，学生的创新意识将逐渐培养起来，教师在培养学生创造性地解决问题的过程中也增长了知识和能力，对老师和学生来说此举两全其美，何乐而不为呢。

（资料来源　http：//henanteachers. blog. sohu. com/142363910. html）

二、教师研究的内容

从研究的内容来看，教师研究主要包括"校本课程开发""教学研究""管理研究"三大类。

1. 校本课程开发

校本课程是学校自主决定的课程，它的开发者自然就是本校教师。教师参与校本课程的开发既使学校课程更加适合学生需要，同时也确立了教师即研究者的信念，教师参与校本课程开发的实践也能促进自身研究、教学和学科知识等的全面发展。

2．教学研究

教师的职业生活大多数与课堂教学相关，具体课堂教学的研究是教师研究中最可行和最切实际的内容。教师可以根据自己的教学需要，分析教学实践中的现象，形成研究课题，边教学边研究。这是作为实践者开展研究最有效的方面。教师的研究和教学能力在这个过程中可共同发展，可谓是相得益彰。

3．管理研究

教师除了研究课程问题和教学问题之外，也可以研究教育教学中的管理问题，如课堂管理技巧和方法、学生管理方法、校园信息化管理的新技术等。教师有时会抱怨工作中杂事太多，但其实有不少杂事与管理工作有关，理一理这些“杂事”，研究如何让杂事不杂，杂事不烦，有助于提高自己和同事们的工作效率和效果。

【案 例】

“和学生一起写日记”校本课程的开发

这门课程的主要内容包括三个部分：

一是给学生介绍“优秀学生写日记的故事”和“名人谈日记”。

通过这些介绍让学生理解写日记的价值。例如，介绍云南高考状元孟涓涓的故事：孟涓涓利用课余时间写下了《我要让我上北大》的手记，记录了一个中学生心灵自理和自我成长的历程。

二是给学生讲解“写日记的方法”。

首先，回忆自己的经历，不让自己无话可说。动笔写日记之前，要像放电影一样很快地在头脑中回忆一天的经历，把看到的、听到的、读到的、想到的和做过的事情回忆一遍。

其次，把最有意义或最有趣的事情作为某一天日记的主题。在回忆的过程中找到一天中最有意义或最有趣的事情，把它记录下来，就是一则很好的日记。做到这一点，写作文就不会无话可说了。

三是教师和学生一起比赛写日记，并相互监督。

为了让学生养成写日记的习惯，老师与学生比赛，看谁能天天坚持写日记，看谁的日记写得比较丰富、有趣。同时要求学生在日记本的第一页写上自己的座右铭，以鞭策自己、鼓励自己。

定期检查学生的日记，相互交流日记。每个星期一选择几篇学生日记和自己写的日记读给学生听，让学生之间相互交流，相互监督，也让他们监督老师，看老师是否也天天记日记。

一学期下来，有几个学生的作文明显有进步。他们中有人在日记里说“要跟老师比赛”，“要超过老师”。也有学生开始几周坚持写日记，后来就荒废了，可是看到同学和老师都在坚持写日记，又重新开始写日记。学生群体中明显有一种相互鼓励、不服输、不罢休的精神在悄悄地生长。我本人也经历了考验。因为丈夫病故，受打击很大，几乎要倒下去。可是因为有一种承诺，要和学生一起道德长跑，逐渐恢复精神，一直坚持到今天。学生也很懂事，他们在日记中表达了对老师的关心。有一位学生在日记里说："邓老师，你要坚强一些，要开朗一些，一定要开心度日，因为我也知道失去亲人的滋味。"（她的父亲前年离开人世）也许正因为这种相互鼓励和坚持，我上学期请假将近两个月，可学生的语文成绩没有退步。

（资料来源　刘良华．教师专业成长．上海：华东师范大学出版社，2008）

三、教师的教育研究特征

教师的教育教学研究有别于专业研究者的研究，它具有以下四个方面的基本特征：

（一）研究目的的应用性

教师教育教学研究的主要目的是为了解决教育教学中的实际问题，寻求解决问题的方法与改进性的措施。因此，"应用性"是其研究目的的特征。

（二）研究主体的群众性和合作性

教师的教育教学研究是一种群众性的研究活动，其研究的主体呈现广泛性、群众性的特征。一方面，中小学教师人数众多，是一支潜在的研究力量；另一方面，受工作性质、时间、精力及实验设备等条件的限制，教师的教育教学研究往往采用合作的方式，如教师与教师合作、教师与专业研究者合作、中小学教师与大学教师合作等。

（三）研究内容的实践性

中小学教师的工作性质和任务决定其研究内容多为教育教学实践中的实际问题，注重教育教学实践，因此，实践性是其研究内容的主要特征。

（四）研究方法的行动性

教师的教育教学研究相对专业研究者的研究更多地表现出"行动研究"的特点。行动研究是由社会情境的参与者所实施的，它是为提高对所从事的社会或教育实践的理性认识，同时也为加深对实践活动及其依赖背景的理解所进行的一种反思性研究。

总体来看，教师的教育研究可以被叫做基于教学的研究，其根本目的不在于产生出多少学术成果，而在于直接推动教育教学实际工作的不断改进。

【扩展视野】

什么是行动研究

从这些有影响的文献以及行动研究的古典精神来看，行动研究的关键特征可以概括为四点："参与""改进""系统""公开"。

1. 参与

教师参与行动研究，也可以理解为“教师成为研究者”。行动研究一定得由行动者如中小学教师自己做主。如果一项研究由大学或研究机构的“专家”把持，而不是由教师自己做主，那么这项研究就不能称为行动研究。

2. 改进

也就是所做的研究必须对自己的教学实践有帮助，这种研究必须能够改善教师本人的教学实践，而不是为了验证某种理论假设。如果教师的研究不能改进自己的教学实践，这种研究就不能称为行动研究。

3. 系统

什么才算教育研究？斯腾豪斯的回答是：“研究是一种系统的、持续的、有计划的和自我批判的探究，这种探究应该进入公众的批判领域。”有时他简单地将其表述为“研究就是公开而系统的探究”。也就是说，如果一种研究根本没有系统的考虑，它就失去了“研究”的资格，即使行动研究也不例外。如果教师的研究显示为“随意性问题解决”，那么它就不能称为行动研究。

4. 公开

公开至少意味着两种品质：一是“发表”自己的研究过程和研究成果，使自己的研究成为公开的探究而不是私下琢磨。二是与其他教师或研究者合作，而不是私下的个人操作。斯腾豪斯坚持真正的研究应包括获得公开发表的资格。他认为“私下的研究在我们看来简直称不上研究。部分原因在于未公开发表的研究得不到公众批评的滋养，部分原因在于我们将研究视为一种共同体活动，而未发表的研究对他人几乎没有用处”。

因此，一种称得上研究的活动就应该争取公开发表以便进入公众对话的一个部分。公开发表的价值还在于一方面它为批评打开了一扇门户，使经由批评而得到改进成为可能；另一方面，它将传播研究的成果，可能带来课程知识的增长，并因此而便于他人利用已有的研究成果。埃布特也认为，如果行动研究有望成为一种合法的研究形式，那么研究的参与者就必须提出他们活动的书面报告。而且这些书面报告应该以适当的形式公开发表以便接受公众的批评。也就是说，参与行动研究的教师必须将写作视为自己的责任和权力，在写作中提升自己的反思水平。

写作实际上就是对经验资料的收集与解释。以前人们可能抱怨学术界过分地用学术语言的标准来评判教师的行动研究，指责学术界不恰当地使用话语霸权来压制中小学教师的思考方式，这种抱怨和指责不能说没有根据，但它仅仅在“标准多元”的意义上有其合理性。写作是教师进入研究的一种珍贵的权力，站在教师的立场上反对话语霸权绝不意味着行动研究中的教师可以因此而放弃写作的权力，反对话语霸权的真正出路恰恰在于为教师争取写作的合法地盘，尤其是为教师争取以教师自己的方式公开地发表意见的地盘。

总之，称得上行动研究的某种教育研究必须具备参与、改进、系统、公开等四个特性。在行动研究的四个特性中，“参与”和“改进”使行动研究与一般的定性研究或书斋式的“传统研究”、或主要在实验室中进行“正规研究”区分开来。“系统”与“公开”使行动研究又不同于一般的“经验总结”或简单的、零散的和短期的“反思性教学”。

（资料来源　http：//www. zhixing 123. cn/lilun/14604 - 5. html）

四、以行动研究促进教师专业发展

传统的教育研究方法对那些希望提高教学水平的教师来说，其实用性受到了限制。而行动研究把实际行动和研究程序相结合，让教师可以在自己的课堂中开展研究，便于一线教师理论与实践的结合，通过实践中的研究发展自己的研究能力。教师通过行动研究发展自己的研究，通常可采用以下的方法：

（一）发现问题

教师的问题意识是进行研究的前提。在教育教学中，教师会遇到的问题很多，如学生上课不专心、知识内容如何呈现才有利于教学、如何设计课堂教学结构等。在教学中遇到问题和困难时，一定要多想想是什么原因造成的，并从中确定自己要研究的问题。

（二）寻找解决问题的方法

解决问题的关键在于教师提出的问题解决方法是拍脑袋想出来的，还是在充分借鉴别人经验的基础上提出来的，抑或是通过理念分析和实践形成的。当教师凭借个人经验无法解决问题时，教师可以通过“拜师”（向有经验的教师请教）、阅读和研修等方式获得他人经验和智慧的支持。

（三）把理论付诸于实践，用找到的办法去解决自己遇到的教育教学问题

由于教育的特殊性，每个学生都是一个特殊的个体，因此，寻找到的方法可能效果并不好，需要再返回到第二步重新寻找可行的方法。教师一定要有这方面的心理准备，既不要幻想一定能马到成功，也不要因为再一次失败而沮丧万分。

（四）把自己解决这一问题的过程总结出来

总结形式是多种多样的，可以是小论文，也可以是教育叙事，写出自己研究中的心路历程和体会；还可以写成教育案例，形成典型经验。教师发表研究成果是将实践上升到理论的重要过程。经过总结和反思，教师的研究行动才能得到升华。网络社会为教师发表研究成果提供了开阔的平台，许多教师都开始建立个人博客叙述自己的教育故事。

（五）把总结出来的方法运用到教育教学中

这是第二次从理论到实践的活动。在这一过程中，教师自己的教育教学技能有了提高，教育教学效果会显著改进。整个过程可以用图3－2表示。

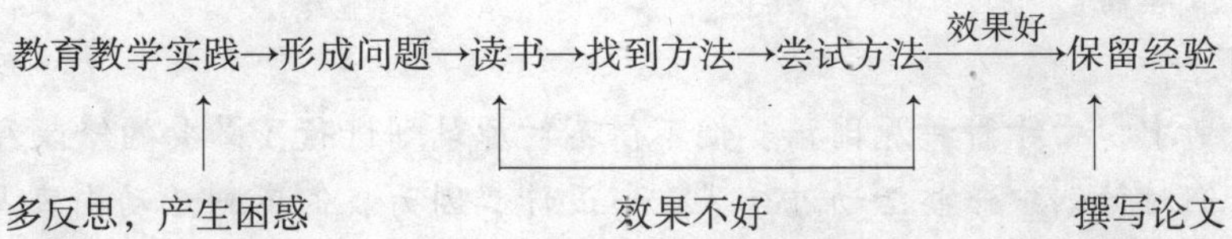

图3－2　教师行动研究过程图

【案 例】

中学英语老师关于学生的行动研究

研究背景：长沙市一所普通初级中学初中二年级一个教学班，共48名学生，使用人教社初中英语教材第二册。

发现问题：学生课堂表现比较被动，大部分学生参加课堂活动积极性不高，与我们所期待的相差太远。

提出假设：

1. 学生英语听力能力差，用英语授课，学生听不懂。

2. 学生不会用英语回答问题。

3. 学生担心答错了丢面子。

4. 长期养成的学习习惯使他们不积极参与。

初步调查：采用问卷的方式调查学生不积极参与课堂活动的原因。

调查结果：

1. 大多数学生表示英语授课感觉不难（93%）。

2. 在自我评价中，仅有5位同学认为自己能比较主动地参与课堂活动，与我们所观察和感觉到的比较一致，占全班人数的10.4%。

3. 根据调查，只有5位同学表示他们不主动回答问题是因为怕说错。

4. 半数以上的学生表示他们不主动回答问题是因为其他同学都没举手，担心自己与众不同，出风头，被别人冷落。

重新确认问题：大部分同学不积极参与课堂活动是因为来自同伴的压力。

行动方案设计：

1. 设计专门的课堂活动使学生通过活动更好地互相了解；

2. 活动中积极鼓励和表扬，帮助他们建立自信心；

3. 设计小组活动，开展竞赛，增进他们的团队精神和集体荣誉感。

行动计划：

1. 设计更多活动如角色表演，以便让学生听懂彼此的对话，并且能用英语相互交际，而且能根据特定的场景来做出快速反应。

2. 在学生参与活动前给他们足够多的时间组织语言，以确保交流正常进行。

3. 重新安排学生的座位，以便让交流双方彼此交流起来更方便。

4. 将与话题讨论相关的短语和单词列在黑板上让学生学习和练习，以此帮助学生克服交流中的词汇障碍。

实施计划：

在实施计划中，由于种种原因，我们不得不对原计划进行了必要的修改和调整。

第一，我们对计划中一些活动进行了重新设计，因为我们感到活动内容与学生的生活和教材的内容有较大差距。因此在活动设计上我们采用了更加贴近学生生活题材和有助于学生掌握课本中语法和词汇知识的学习内容。

第二，由于期中复习和考试的原因，再加上“五一”放假，我们的研究计划不得不减少两周的时间，因此有些活动只能取消，我们采用“推测相似处”的活动方式，结合教材内容，组织了如下的活动：由学生提名选定三对班级内的好朋友，每对好友先确定好自己的相似之处，其他同学两人一组，分别描述和推测这三队好友的相似之处，运用所学的语言点“They both ...”和“They may both ...”在活动中，学生运用所学的语言表达自己。推测和发现的结果，个个表现都非常活跃，教室里不断传来善意和会心的笑声。

此外，我们还组织了小组复述故事竞赛，将课本的故事改用第一人称的方式进行复述，每个小组成员都要参与，可以有一定的创造，但要基本符合原意。只要复述得基本连贯，每人都可以为自己的小组挣到一分。活动进行中，学生表现得争先恐后，积极异常，气氛热烈。此外还有续写故事等活动都引起了很好的反响。

评价效果：

1. 课堂教学观摩：从观摩记录可以看出，课堂从过去每节课仅有5～6名学生发言，到后来有十几个和二十几个发言。把全班的气氛都带动起来了。语言水平稍差的学生也开始主动要求朗读课文，而语言水平较好的学生则在竞赛中大显身手。

2. 问卷调查：调查表明76%的学生认为课堂学习气氛比以前更加轻松和活跃；8.0%的学生认为课堂活动起到了加深同学间相互了解的作用；8.5%的学生认为这些活动缓解了他们在同学面前回答问题的紧张情绪。

3. 教师日志：在我们的日志中，记录了很多同学参与课堂活动的事例，特别是我们注意到班级里几个特别腼腆的同学后来也开始争取发言机会了。

教师反思：

通过收集的数据，可以看出我们的行动研究方案取得了比较令人满意的效果。参与课堂活动的学生人数大大增加了，课堂气氛更加轻松和谐，师生关系也更加融洽。当然，我们的计划也存在一些不足。我们发现由于大多数活动采用的是口头汇报的形式，无法给学生留下很深刻印象。如果我们能够在活动结束后，让学生把自己的“创作”做成墙报或小册子等，效果一定会更好。我们的体会和大多数教师是一样的。在教学中遇到问题时，通过查找各种资料也找不到实际可行的和有效的解决办法，总觉得人家的研究成果与自己的不怎么相关。这时与其抱怨，还不如自己积极着手解决自己教学中的问题。对教师来说行动研究是最切合实际、也是最实用的一种研究方法，它不仅能改进教学，还能促进教师自身职业素养的提高。

（资料来源 http：//www.zhixing123.cn/ziyuan/4072_4.html.）

编者点评：案例中的教师发现存在于自己课堂中的问题，进而提出问题的可能起因，设计问题解决的可行方案，再运用到课堂中进行检验，从而获得解决该问题的可行方案，最后将这个过程发表在网络上，供大家思考及交流。该教师的做法非常值得鼓励。在教学一线，教师的课堂常常会出现大大小小的各种问题，而这些问题都必须由教师自己解决。在不断地发现和解决问题的过程中，既促进了教师研究能力的发展，又提高了教师的教学能力。而问题的发现与解决过程中所需要的知识和方法则有赖于教师不断地学习与积累。

【小结与回顾】

本节介绍了教师通过教育教学实践中的研究发展自身科研能力的过程和方法。请教师朋友们试着回顾一下自己在教学实践中存在哪些可以研究的问题？如何根据实践中的问题拟定研究课题？如何进行教育研究？

参考文献

1. 陈赟. 教科研在这里起航——对中小学教师小课题研究的思考［J］. 北京教育（普教版），2007（2）

2. 冯善斌. 新课程理念下教师专业发展的知识结构［J］. 河北教育（教学版），2006（Z1）

3. 河南省教师资格管理办公室组织. 教学方法概论［M］. 开封：河南大学出版社，2003

4. 刘良华. 教育研究方法专题与案例［M］. 上海：华东师范大学出版社，2007

5. 刘良华. 教师专业成长［M］. 上海：华东师范大学出版社，2008

第四章　终身学习促进教师专业精神和人格魅力的提升

专业精神和人格魅力是每位教师必备的专业素质。同时，每位教师的专业精神和人格魅力内涵、积累和表现因人而异，形成的渠道也各不相同。教师的专业精神和人格魅力并不是一蹴而成的，有的教师会随着经验的积累而拥有不断提升的人格魅力和专业精神，有的教师通过对职业越来越深刻的理解而具备了专业精神和人格魅力。但不管如何，教师都需要自觉和不断地学习和总结实践来提升专业精神和人格魅力。

学习目标

1. 理解教师专业精神的含义。
2. 理解教师人格魅力的含义。
3. 掌握通过终身学习促进教师专业精神和人格魅力提升的方法。

内容框架图

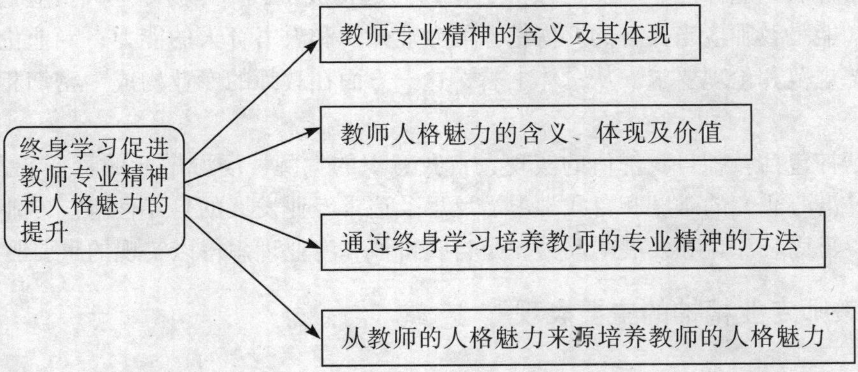

第一节 终身学习促进教师专业精神的提升

【情景导入】

教师 A：你觉得对教师来说，教师的专业精神重要吗？

教师 B：我认为很重要。

教师 A：为什么呢？

教师 B：因为教师有了专业精神，才会从心里喜欢教师这个职业，才会有不断前进的动力。

【问题的提出】

教师的专业精神包含哪些内容？教师应该如何通过学习不断地提升自己的专业精神？

一、教师专业精神的含义

专业精神是指教师在信仰、理想追求上表现出来的活力与风范，是教师在工作时展现出来的职业特性、职业作风和职业态度。

专业精神和专业知能、专业伦理（道德）一起构成了教师作为专业人员应该具备的素质。专业知能是教师应当具备的广博精深的专业知识和教书育人的能力；专业伦理是教师言行的道德规范和伦理要求。从总体上看，这三方面在教师的专业构成中密切相关、不可分割。

专业精神包括教师自我价值的实现、自我意识的觉醒、虔诚敬业的责任心及使命感、专一务实并潜心研究的态度和自我学习、反思及追求专业发展的自律性等。专业精神是教师专业得以巩固、深化和发展的动力，是自我价值和专业理想得以实现的重要驱动。

二、教师专业精神的主要表现

（一）敬业乐业精神

“敬业”就是教师对自己所从事的专业工作发自内心的热爱和崇敬。教师只有对教师专业有清晰地了解和认识后，怀有强烈的尊严感，才能建立起坚定的专业信念，才能对社会的各种评价做出正确和理性的判断。“乐业”就是教师对自己的专业工作兴趣盎然和心甘情愿。一个人一旦投入教师这个专业，就需不为物欲左右，不为名利所动，做到淡泊明志，宁静有为。

【案 例】

敬业爱岗的好标兵
——园南中学陈晓红老师事迹

陈晓红老师将教师作为自己一生追求与奋斗的目标，在教育教学中取得了优良的成绩。

一、精益求精的业务水平

在这几年的教学工作中，陈老师不断向自己的业务挑战，参加了在职专升本的学习。为了适应教改的需要，她还积极参加教育局组织的各类业务培训，参加了牛津英语新教材的培训活动，坚持每周一下午到区教育学院进行听课、说课和评课等活动。

她不断挑战自己，相继通过了普通话考试和5门计算机考试，2003年11月参加了Intel未来电脑培训，今年2月至5月参加了中加合作的英语口语班培训。“不进则退”，不断提高自己的业务水平，是陈老师永远的追求。

二、认真负责是陈老师始终如一的作风

一是对自己负责。陈老师要求尽一切力量做好自己的本职工作，每次上课前认真备教材、备学生，做到有的放矢，有备无患。二是对学生负责。在上课时，陈老师做到不厌其烦，尽量对课程的要点、难点讲清讲透。对接受能力较差的学生，用空闲时间对他们进行辅导，努力做到不让一个学生掉队。三是对学校负责。自担任英语教研组组长以来，为了开展好教研组的校本培训，她定期组织教研活动，提高每一位英语教师的教学基本功，扎扎实实搞好教研组的建设。

在2003年的青年英语教师技能大赛中，她组织教师写好演讲稿，精心选好朗读材料，布置演讲会场，组织评委等，努力使自己在青年教师中起到表率作用，使每一位参赛的英语教师在培训中得到提高；本学期又开展了“如何出好一份好试卷”“教学反思交流”等专题讲座。全组教师根据自己的教学、教育实践，分别写了英文短文、教学反思、叙事小故事，汇编成教研组校本自培系列册子，以供大家相互学习和相互提高。

三、行之有效的工作方法

行之有效的工作方法，是实现目标的最后和最重要环节，陈老师努力在教学中探索科学的工作方法。针对今年牛津英语新教材的教学特点，陈老师要求学生在家读课文和单词，并用录音机录下来，交给老师，以此来督促和提高学生的听说能力，取得了较好的效果。

在班级建设方面，陈老师针对学生中出现的不良习惯，及时进行教育，取得家长的配合。对学生多鼓励，多给予他们发挥潜能的机会。多从学生角度出发，不说命令式的话语，融洽师生感情。针对毕业班的特点，制定了“苦苦苦有限，不苦苦无穷，苦尽甘来时，方知苦有功”的班训，提醒和督促学生以更高标准要求自己。采取以上行之有效的工作方法，她带的初三（1）班获得了区先进班级的荣誉称号，并在中考中取得了不错的成绩。

（资料来源　http：//ynzx. xhedu. sh. cn/cms/data/html/doc/2006－12－06/26197/）

编者点评：这个案例中讲叙的事迹体现了陈晓红老师的敬业乐业精神。首先，她把教师作为自己的终身职业，并把其作为一生奋斗的目标。其次，陈老师为了提高自己的能力，不断地虚心学习，以适应工作的需要。同时，她对工作有着高度负责的态度，并且实施行之有效的教学方法，一切为了教育，一切为了学生。这样的敬业精神值得大家学习。

（二）勤学进取精神

教师是教育者，同时也是学习者。只有不断学习，积极进取，教师才能真正成为知识和文化的化身，也才能担当起培育英才的重任。现代社会飞速发展，新观念、新知识和新理论不断涌现，教师几乎每天都面临着一个新的世界。只有不断勤奋上进，把学习当作自己工作乃至生命中不可缺少的部分，教师才能适应时代要求成为一名好教师。

【案 例】

2000 年我到英国参加为期三个月的诺里奇语言学院的培训。第一天的学习内容就是拿着老师给的路线图到指定的地方（其中有餐馆、教堂、车站、公园、社区、商店等各种类型的公共场所），每到一处必须和那里的人交流、咨询有关的问题并记录下来。第二天进行活动结果的汇报。记得那天走遍整个诺里奇市区，虽有筋疲力尽的感觉，但很有成就感。

坐了 13 小时的飞机，时差还没倒过来，就必须到人生地不熟的地方挨个找地址并进行采访。这就是对我们语言能力、生存能力的考验。这个过程是以三人为小组进行的，团队合作的精神必不可少。我深深感悟到了学院老师的用心良苦：初来乍到，第一天的活动锻炼了我们的语言能力、生存能力、沟通能力和合作能力。在这个过程中，我们第一天就走遍诺里奇，对以后三个月时间要呆的城市已经有了初步的熟悉。

（广州市荔湾区教育发展研究中心　王琳珊）

为了提高个人的理论水平，在三年中计划进行下列内容的理论学习：1. 现代教育思想和新课程改革的理念；2. 生本教育理论；3. 素质教育理论；4. 有效教学理论；5. 教学研究方法；6. 教育心理学；7. 现代教育技术。

积极参加教育教学改革实践，贯彻新课程的理念。在三年中计划进行“课程标准下高中地理课堂有效教学的探索”专项课题研究和“高考新方案下高中地理备考策略”的研究，预计成果如下：1.“课程标准下高中地理课堂有效教学的探索”课题研究报告；2. 关于“课标大纲化”“教材学案化”“教学生活化”的研究论文；3. 高中地理课程标准（必修）的细化教学大纲；4. 高中地理必修教材（人教版）的全套教案；5. 一些高中地理课堂有效教学的案例。

（广州市第四中学　廖剑辉）

编者点评：第一个案例中王老师描述了自己在国外学习的经历。师者，传道授业解惑也。教师要完成自身的使命，就必须不断地学习。教师的学习有很多不同的途径，这个案例中的王老师有机会去国外学习，这是很好的交流和学习机会，能够切身感受国外的文化、教育方式与中国的差异，这样的切身体会最令人难忘，也是勤奋进取精神的具体表现。第二个案例中，廖老师三年的个人学习规划目标清楚，并列出了具体的学习内容，体现了她勤奋好学的精神。

（三）开拓创新精神

“教育即创造”是人们公认的原理。在现实的教育活动中，教育对象千变万化，学生个性千差万别，时代发展对人的要求也日新月异。教师要把一个个活生生的独特个体从蒙昧状态培养成社会所期望和需要的人才，绝不是按照某种程序式的机械劳动可以完成的，而要靠高度创造性的劳动来实现。因此，教师的专业工作不允许教师墨守成规，也不允许教师一味地固执于个人经验，而要求教师敢于借鉴，勇于开拓，主动依据变化的情况，创新并不断寻求适合教育对象的教育方案、方法和手段，使自己的教育教学活动更科学、更完善，形成自己独特的教育风格。

【案　例】

在惠州学习时，那位全国优秀班主任让我真正见识到了名班主任的风采。她是一名音乐老师，在常人的眼中，音乐老师很难在教育教学上有什么突破，特别是班主任工作中。但这位老师真正善用了音乐老师的优点，用情、用音乐、用声音去打动身边的每一位学生，她现场上了一堂班会课，从学生身边一些细小的事情寻找突破点，给学生上了一堂既是“润物细无声”的情感教育课，也是美的享受课。当时在场的所有老师和学生都完全被她吸引了，相信这样的班会课才真正达到了教育的目的。

（广州市金道中学　罗伟）

编者点评：教学有了开拓创新，才会有提升。要摆脱传统教育观念的束缚，就必须开拓创新。在这个案例中，作为音乐老师的班主任能够充分发挥自己的专长，把自己的班级管理得很好，同时给饱受学习重压的学生带来轻松和美的享受，这就是创新。只有突破樊篱，才会有更大的发展。

（四）无私奉献精神

教育工作是非常细致、艰巨和复杂的，教师所付出的劳动是任何量化的手段所无法准确计算的，这必然要求教师对教育工作保持一种无私奉献精神。这种精神的表现就是教师尽可能淡化功利思想，不斤斤计较物质享受，不迷恋世俗浮华，不对个人利益患得患失，一切以“育人”为上，全心全意把知识、智慧、爱心、时间乃至生命奉献给教育事业，奉献给每一个学生。

【案 例】

一个平凡的教师，隐藏着许多不平凡的故事。莫翠柳就是其中的一个。学生黄瑜生活在一个离异家庭，失去母爱的童年使他变得较为自私，同学们都不愿意和他做朋友。一次，莫翠柳跟他开玩笑："你为什么老想着自己呢?"他坦然地说："别人都有妈妈的关心，我没有，我当然是自己关心自己了。"莫翠柳没有责怪孩子，而是摸了摸孩子的头。"六一"儿童节那天，班上的同学都争着去买东西吃，只有黄瑜没有去，莫翠柳知道原因，就到商店买一些饮料和开心果送给黄瑜，希望能看到他开心的样子。黄瑜的眼眶湿润了，此时莫翠柳教他怎样合群，告诉他自己也是个幸福的孩子。黄瑜虽然没有说话，但他懂得了老师的关爱是真心的，他懂得了自己该怎么做。

莫翠柳是个时间观念较强的人。不管是严寒还是酷暑，她始终站好自己的岗，坚持上下班，终于积劳成疾。她在手术之前，从未请过一天病假，从未向别人透露过一点病情。手术后，学校领导劝她休息，她说："没事，我能行。"就这样她每天让她爱人用摩托车送她上下班，医生说："站着上一堂课，伤口有可能发生水肿。"可她还是坚持上下班，坚持完成教育教学任务。

一个热爱学生的教师会时刻把学生放在心上。不管在什么情况下，都会挂念着她的学生。一个中秋前夕，莫翠柳的父亲突然病逝。这个意外的消息对她的打击实在太大了，但她想到班上的几十个学生在等着她，一股强烈的责任感和爱生之心，促使她办完后事就强忍着悲痛又来到学校。从她身上集中体现了农村小学教师无私奉献的精神面貌，体现了她高度自觉的职业道德意识、事业心和责任心。

（资料来源 http://www.jy108.cn/a/changguiguanli/jiaoshiguanli/2009-08-22/5431.html）

编者点评：有付出才会有回报。教师要获得学生的信任和友爱就必须先付出，先奉献。这个案例中的莫老师通过自己的无私奉献获得了同学的认可和尊敬，从而也让自己更有归属感，更爱学生，更爱教育事业。教师一直以来都是无私奉献的典型榜样，如"春蚕到死丝方尽，蜡炬成灰泪始干""鹤发银丝映日月，丹心热血沃新花"都常用于歌颂教师的奉献精神。正因为具有这样伟大的精神，人们对教师才会怀有最美好的期望和敬佩之心。

（五）负责参与精神

负责精神所指有二：一是教师要有高度的教育责任感，对每个工作环节一丝不苟，对每个学生的健康成长认真负责，尤其是对差生，更要倍加爱护，不可随意淘汰放弃。二是教师要有高度的社会责任感，关心国家发展，捍卫民族文化，伸张社会正义，力辟歪论邪说。这种负责精神又要求教师必须具有积极的参与精神——参与学生生活，参与学校生活和参与社会生活。

【案 例】

保存自己教育信念的教育经历

在我教的第一批学生中有这样一个小男孩，在许多教过他的教师心目中，他是一个顽劣可恶的学生。他不仅学习成绩差，而且处处与老师作对。刚接班时，由于我是一位刚毕业的年轻教师，他一点都不怕我。上数学课时他就拿语文书，上语文课就拿数学书。你叫他去东，他就偏去西。你批评他，他习以为常。

在一次体育课（兼课）中，我教学生学青蛙跳时，他不仅不学，而且还冲着我说："你以为我们是白痴，无聊。"说完他拔腿就跑。我不服气，就在后面追他。跑了几圈后，我不仅没有追上他，还被他抛开了一段距离。这时我惊奇地发现原来他跑步如此的飞快。我停下来不再去追他，站在原地高兴地鼓起掌来。他回过头来惊奇地看着我。

我对着学生们说："同学们，原来我们班有一个跑步健将，他就是曾××。如果不相信，咱们就来个跑步比赛，好吗？"同学都一致赞同。

"你敢不敢跟同学们比比，证明自己的实力呢？"以他那不认输的性子一定会答应的。果然，他马上答应了。经过几轮的比赛后，他果然战胜了所有的对手，被同学公认为我班的第一跑步健将。所有的同学都向他投来羡慕的目光。

从那次以后，我发现他变好了。上数学课时，他悄悄地把数学书放在桌子上了……

（节选自《保存自己教育信念的教育经历》）

编者点评：负责参与精神从一定程度上说是教师活力的体现。有活力的教师能够很快和学生打成一片，了解学生。负责参与精神也是教师责任感的体现，有责任的教师才会乐意于在百忙之中仍然坚持参加学生的活动，关注社会大事，并坚持学习。

【活动建议】

对照上述专业精神，想想自己已经拥有了哪些专业精神？在哪些方面做得很好？在哪些方面还需要改进？

【过程与方法】通过终身学习培养教师的专业精神

教师应自觉地提高自身修养，提升专业精神和职业道德。对每个教师来说，他们应该成为自己的创造者，应具有自我修炼和提升的意图和能力。

教师可以通过以下方式试着培养自己的专业精神：

1. 文化经典熏陶

文化经典是人类思想的精华，是人文精神传承的重要载体。因此，阅读经典书籍，不仅可以让教师不断丰富思想意识，准确定位自己，并对自己的工作得失有客观的认识，还可以从中汲取营养，开阔视野，促进自身人文精神的发展，提升自己的人生境界。

2. 在学习活动中不断提升

教师职业决定了“学习”必须成为教师的一种生活方式，应成为教师的一种生命状态。尤其是新课程对教师的素养提出了新的挑战，教师在各种形式的学习活动中经历换脑、充电、反思的过程，才能真正实现自身的专业化成长。当然，教师的学习不同于学生的学习，不是单纯地为了分数和成绩而学习，而要与自己的工作实践相结合，形成自主意识，明白自己在专业发展的主体地位，促进专业归属感和自豪感的生成。

3. 切身投入教学实践

教师专业精神的培育要通过教学实践来实现，将理念付诸到实际中去。教师要在教育教学活动中，在学校生活、学生生活的互动中亲身体验，真正活跃起来，才能将理论内化为自己的修养。善待学生，充分挖掘教材中的人文因素，同其他教师积极合作与互助，促进相互间的人文精神发展。

4. 逐步形成独立思想

对教师而言，思想是很重要的，尤其是形成自己的教育思想和观点，以此来思考教育问题，思考人的问题，思考为什么教和怎样教，才能成为一个好教师。将教育工作当成思想的起点，在教育活动中不断追问，理性而充满智慧地进行工作，教师可以逐渐建立起自己的教育教学风格。

【扩展视野】

在教学实践中实化专业精神

1. 在教学实践中要让教师有自我实现的满足感

教师在教学实践中展现出自己的教学才能，就会有一种被认可的成就感，有自我实现的快乐感，并且这种快乐会成为教师热爱教育的一个前提。只有在教学实践中感受到教育的美好，才能巩固已形成的专业精神，并随着对教育理解的加深，随着对教师专业的更好把握而不断生成自己新的专业理解和专业精神。

2. 在教学实践中才能感受到“场”的作用

只有在实践中才能把理解的东西内化为自己的精神，才可能真正和其他教师进行合作，才可能感受到教师群体存在的互动意义，才可能在比照中感受到优秀教师作为榜样的精神力量对自身的影响作用，并自觉缩小自己与优秀教师的差距。所有这些意义都只有真正投身到教学实践中时，才能深切地感受到。

3. 在教育实践中提高专业水平，做研究者

教师的专业知识对教师提高专业水平，成为研究者具有重要意义。“教师即研究者”的早期倡导者布克汉姆认为，研究不是一个专有的领域，而是一种态度，它与教育本身没有根本的区别。这种把研究工作看成教育实践的一种态度和方式的观点表明，教育实践知识越来越受到人们的认可，成为教师专业知识必不可少的组成部分，对教师成为研究者有着重要的意义。教师要在教育实践中积极积累情境性和经验性的知识，完善自己的个体性

知识，强化自我教育的意识，丰富自己的教育机智，增强自己的专业自信。

4. 在教育实践中反思，培养专业自觉

在教育实践中常听到教师这样的感叹“越教越不会教了”。教育教学如果剔除了对教育行动的反思，面对变化了的情况不能调适自己的教育思想和行为，多年来只是以“同一种模式”去面对变化了的个体和问题，这样的教学只是重复，没有思考和创造。这样的教师，不论教多少年，都不会带来本质上的专业长进。只有在教学中，遇到问题，真实面对，而不是视而不见或绕道而行，要坚持思考，尝试实践，以善感的心和敏锐的思维，坦率而真诚地面对真实教育情况中学生的真实状态，抓住每一个棘手的现实问题中蕴涵着的教育契机和资源，清醒地意识到自己在教育教学中承担的责任和扮演的角色，并梳理教育行动中蕴涵着的教育信念和教育思想，逐渐地在有意识地去考察自己的“教育之知”和“教育之行”相互关系的过程中，提升自己对教育实践的把握能力，达到更高水平的专业自觉和专业自主。

（节选自受志敏《中国教师专业精神的缺失与对策》）

【小结与回顾】

通过本节的学习，我们已经对教师的专业精神有了基本认识。

结合自己的经验，思考自己应该如何全面发展由专业精神、专业知能和专业道德构成的专业素质？

第二节　终身学习促进教师人格魅力的提升

【情景导入】

教师A：王老师和赵老师来我们学校都已经整整两年了吧？

教师B：是啊。可是王老师现在走到哪里都受学生和老师欢迎，赵老师就不是。

教师A：赵老师是那种很严肃的教师。

教师B：不过他对教学很认真，班上的纪律抓得很紧，班上学习风气很好。

教师A：这就是人格魅力不一样啊。

【问题的提出】

教师的人格魅力体现在哪些方面？如何通过终身学习促进教师人格魅力的提升？

一、教师人格魅力的含义

所谓“人格”，是指个人的道德品质，也指人的性格、气质、能力等特征的总和。而“魅力”则是指“很能吸引人的力量”。不难看出，教师的人格魅力是指教师在人格方面表现出来的“很能吸引学生的力量”。就其本质而言，教师的人格魅力是教师内在素养和秉性的总和，是教师的知识、能力、情感、习惯、意志、气质和道德情操等方面的高度统一和集中体现。

“受学生欢迎”的教师除了具有基本的专业素养外，还应该具备与其专业要求相当的人格，如良好的个性、主动精神、乐观心态等。

二、教师人格魅力的体现

（一）良好的个性

教师的人格魅力首先建立在其良好的个性上。学生和教师接触时，首先感觉到的就是教师通过言谈举止所体现出的个性。

以下列举的个性特征是教师应该具备的基本个性特征：

1．好学乐教

学而不厌，乐以忘忧。一个好学的教师不仅具有一定的知识，同时应表现出一种好学乐教的精神面貌。教师积极向上的精神面貌能够感染身边的学生，并且把快乐传递给学生，让他们也好学乐学。乐教的教师无论是在讲台上还是讲台下，都有一种诲人不倦、孜孜以求的活力。

2. 虚心谦让

学然后知不足，教然后知困。虚心谦让是教师的一项优秀品质。每个教师都会在教学工作过程中遇到自己不懂的问题，遇到与同事意见分歧、与家长沟通不畅顺等情况，这时候教师要用一种虚心和谦让的态度来对待问题和对方，然后再努力寻求有效的解决方法。教师在遇到不懂的情况不能不懂装懂或者是放弃解答，这是一种对学生不负责任的态度，虚心接受不懂的事实，过后去寻找解答的方案；交流中坦陈自己的观点，而不是强加于人；诚恳地询问和聆听不同的意见。这样的教师能给学生树立一个虚心的榜样。

3. 懂得同情

要走入学生的世界就要在心里模拟学生的心理，逐渐形成设身处地为学生考虑的同情心。教师的冷漠不仅不会给学生带来好感，反而会让学生厌恶和抱怨。懂得同情，是因为教师有善良的本性；懂得同情，让教师更能够体会学生的担心；懂得同情，使教师距离学生更近。

4. 诚实公正

诚实是公正的前提。有了诚实，教师才能正确地看待所发生的事情，才能公正地对待学生和同事。有了诚实和正直，教师才能做到言行一致和表里如一，才能赢得学生的尊重，才能为人师表，成为学生的榜样。学生都希望教师能够不偏袒，一视同仁。公正的教师让学生更加充满信心，充满希望。

5. 严于律己

言高为师，身正为范。教师需要为人师表。每位教师都是学生做人做事的典范和榜样，他们的言行对学生的学习，甚至一生都会产生影响。严于律己的教师才能够在学生面前树立教师的尊严和权威，在学生的心中种下美好的希望和帮助他们形成正确的理想。因此教师要严格要求自己，给学生做有益的榜样。

（二）主动精神

教师人格魅力的重要元素是主动精神。主动精神意味着教师在工作和教学中要有“创造性执行”“生涯设计”“自强不息”等表现。

1. 创造性执行

任何人都需要执行力。这意味着在需要做什么事的时候能立即动身去做，这是一种执行力的体现。当然从另一个角度看，高执行力隐藏了另一个问题：当一个人惯于雷厉风行地执行后，他可能就只是一味地执行，而忘记了进行创造，这样会抹杀教师的创造力。因此，教师在工作中不仅要有执行力，而且还要带着脑子和思想去执行，让自己在执行中创造。

2. 生涯设计

对教师来说，生涯设计主要指教师要计划自己的职业发展方向和方法，如什么时候让自己有提高、什么情况下要变化和如何实现自我更新。做教师的人要面临一种比较单一的状态，教师的生涯设计实际上是让自己活在希望中，带着希望和期盼，生活和工作会更积极。

3. 自强不息

自强不息，主要是指教师努力向上，永不松懈。教师这个职业要求教师们不能停住脚步，知识在一天一天地更新，学生在一天一天地进步，教师也必须与时俱进。自强不息体现了教师在教学和生活中能够迎难而上，不因教学中的困难而放弃，不因生活中的挫折而沮丧。教师的每点进步都需要付出艰辛劳动、智慧汗水和奉献精神，这就需要教师具备自强不息的精神。

【活动建议】

教师也是凡人，想一想教师如何才能形成上述这些人格魅力组成要素？教师们在哪些方面可以更主动争取？请举例说明自己人格魅力的体现。

【案 例】

教师要做到“三勤”

广州市荔湾区教育发展研究中心　刘慧清

教师刻苦学习和钻研业务是一个辛苦繁重的工作，需要决心、毅力和方法。学习钻研业务如同逆水行舟，不进则退，它需要教师要有坚忍不拔、锲而不舍的精神，做一个敢于在崎岖小路上攀登，勇于达到光辉顶点的人。学而不厌是教师的美德，教师不能满足已取得的成绩，要做到教到老，学到老。为此，要有目的有计划地读书，争分夺秒地读书，持之以恒地读书。对专业书要精读、深读、反复地读；对其他知识要多读、广读。不仅要读懂和读通，还要对书中的精髓和核心加深理解、巩固、提高和升华，温故而知新。在学而不厌的基础上，教师要做到“三勤”，即勤学、勤思和勤动笔。

【案 例】

把握自己，善于学习

广州市荔湾区教育发展研究中心　谢李莉

我认为教师的主动精神至少意味着善于决断执行，不让自己陷入被动；善于改变，不让自己陷入机械的重复状态；善于学习，为自己争取发展的机会。

1. 学会创造性地执行，不让自己陷入被动

创造性地执行是一种“有所为”的处世态度。理想的生活状态是做自己感兴趣的事

情。但在现实工作环境中，人有时不得不做一些不那么有趣的事。这时人的主动性品格将显示为创造性地执行。

2. 学会拒绝与决策，不让自己陷入琐碎

拒绝与决策是一种“有所不为”的处世姿态。“行使拒绝权”显示出人的独立品格。只有那些善于拒绝的人，他才有独立思想和独立人格。这种独立思想和独立人格乃是主动精神的理想状态。主动精神是否充沛，取决于人的决断力是否强劲。决断力强弱的差别就在于决断所花费的时间和质量。若一个人有强劲的决断力，则“犹豫不决的时间总是十分短暂的”，“当他明白某一行为是正义的、必须要的时候，他就会立即付诸实践”。

3. 善于帮助自己，自己掌控自己的命运

主动的理想状态是“自己拯救自己”。这个世界总会有很多人愿意帮助别人，但真正能够提供帮助的，是我们自己。当一个人自己帮助自己的时候，别人很愿意帮助他。这是自助者天助。当一个人不愿意付出努力而总是期望得到他人帮助，别人很可能“哀其不幸，怒其不争”。主动的人不滥施同情。弱者倚赖他人的怜悯和同情心，这样的人等待福利；有人格的人宁愿选择独立，独立的人自己给自己创造福利。独立人格是人所有的美好品格中第一品格。

编者点评：以上的案例是两位教师分别对教师主动精神进行的分析。刘老师用“三勤”即勤学、勤思和勤动笔来概括了教师的主动精神。谢老师对创造性执行有其自己的理解，并认为学会拒绝与决策是提高教师主动精神的一方面。同时，谢老师认为教师应该自助，以体现主动精神中的自强不息。

（三）乐观主义

教师的乐观精神主要包括宽容精神、赏识意识、风度和幽默感。

1. 宽容

有宽容精神的人不会对他人有太多的挑剔，也不会因他人不关注自己而喋喋不休地抱怨。当我们在工作和生活中遇到一些不愉快的事件时，站在多个不同角度思考问题或放下一时解不开的“结”和“烦”，心情会更愉快。

2. 赏识

做人不仅要宽容，而且要学会赏识。渴望赏识是人生中最可爱的弱点。每个人都有弱点，所谓“江山易改，禀性难移”，一个人的习惯是很难改变的，所以换个角度来看别人的这些习惯或行为，带着赏识的眼光看待别人，及时地给他人一些赞扬或善良的建议，能让人心里感到温暖和自信。有时候在我们看来是缺点的在别人看来却是十分可爱或者是创新，有的事情要多从他人的角度来考虑。赏识是对他人表达真诚认可和尊重的重要方式。

3. 风度

教师的风度是教师外在表现和内在涵养的统一。教师的风度可外显为庄重得体的着装、清新自然的化妆、温文尔雅的谈吐和稳重大方的举止等。这些优秀的外在表现是教师深厚内在涵养的体现。内在涵养的修炼需要教师在学习、生活各个方面不断积累，并在学习和工作的过程中不断地克服困难，亲自体验，深化强项，不断改正自身的缺点，最后形成蜕变，成为真正有风度的教师。这样的教师很容易成为学生学习的榜样。

4. 幽默感

一名优秀的教师不应该只把课堂当成传授知识的场所，更应该把课堂当成师生交流思想感情、碰撞智慧火花、启迪智慧灵感的场所，而风趣幽默正是其中的“融合剂”。幽默感是教师乐观豁达心态的表现，学生不仅可以在幽默的氛围中轻松愉快地学习，更能够和教师连成一片，真正和教师进行平等的交流。

【案 例】

赏识自己的学生

王老师教语文，也是班主任。

我的第一篇作文被王老师大加赞赏，她尤其欣赏这一句：运动员像离弦的箭一样……

后来才知道，这不过是个套路而已。

但是如果不是赞扬，而是一顿批评呢？孩子的自信心通常是被夸奖出来的。

……

王老师教了我一年，移交给下一任老师时，她的评语是该生至今未发现有任何缺点。这为下一任老师修理我，留下了把柄。

这位年轻力壮的女老师一接手就咬着牙根对我说：“听说你红得发紫，这回我给你正正颜色。”

我倒也配合，大概是到了发育的年龄，我整天想入非非，经常盯着黑板发愣。数学老师把教鞭指向右边又指向左边，全班同学的头都左右摇摆，只有我岿然不动。于是她掰了一小段粉笔，准确无误地砸在我脸上。

数学老师说：“你把全班学生的脸都丢尽了。”

“嗷！”全班一片欢呼，几个后进生张开双臂，欢迎我加入他们的队伍。

从此我数学一落千丈，患上数学恐惧症。

高考结束，我的第一个念头是，从此再不和数学打交道了。

38 岁生日前一天，我从噩梦中醒来，心狂跳不止，刚才又梦见数学考试了。考题是水池有一个进水管，5 小时可注满，池底有一个出水管，8 小时可以放完满池的水。如果同时开进水管和出水管，多少小时可以把空池注满？

（资料来源　刘良华. 教师专业成长. 上海：华东师范大学出版社，2008）

编者点评：从这个故事中，我们可以看到教师的赏识对学生是多么的重要。教师的赏识不仅可以决定学生对学科的兴趣，甚至可以改变人生的发展方向。案例中这位学生在语文老师的夸奖下，不仅成绩好，而且很自信。但是那位非常严厉的数学老师教时，他不仅数学成绩一落千丈，而且在心中形成了对数学的阴影。案例中的数学老师缺乏爱心，因此才会对自己的学生大加指责。因此，教师朋友们要学会赏识自己的学生，多看看学生身上的优点和长处，把他们想象成自己的孩子，像家长对待自己孩子那样赏识他们。

三、教师人格魅力的价值

（一）教师人格魅力对学生的学习具有激励价值

教师用自己的行为给学生做示范，为学生树立榜样。学生正处于长身体、增知识、立德志和塑人格的重要时期，其情感、意志、行为都具有不稳定性，教师的学识和才华会让学生产生羡慕感、敬佩感，并成为学生的模仿对象。具有优良人格魅力的教师在能够带领学生遨游知识海洋的同时，也同样能够激励学生去学习更多知识。

（二）教师人格魅力对学生的道德升华具有示范价值

俄国教育家乌申斯基说过："只有人格才能够影响到人格的发展和规定，只有人格才能养成性格。"教师的榜样对学生的影响极其巨大，从幼儿到大学生都有模仿教师行为的倾向。许许多多的教师对教育事业的付出、执著和专注，对学生的关爱无时无刻地在影响着学生。这种耳濡目染、潜移默化的影响就像种子一样播撒在学生的心田，迟早在学生的精神世界里绽放灿烂和美好，进而学生也会学着同样地对待他人。

（三）教师人格魅力对学生的意志强化具有促进价值

在现实生活中，我们更多地可以看到这样的教师：他们废寝忘食、兢兢业业地热心工作，他们以其实际行动，以其高尚的人格魅力深深打动着学生的心。他们可以随时随地把热情洋溢和乐观无畏的进取精神，好学多思和审时度势的思想作风，正直诚实和任劳任怨的高贵品质传授给学生。教师体现出的坚强意志也成为学生学习和生活的催化剂和强行针，也推动着学生具备更坚强的意志。

【过程与方法】从来源看教师的人格魅力

1．教师的人格魅力来源于自身全新的教育观念

首先，教师要有正确的教育观，教育的主要目的是满足学生终生发展的需要，并将此作为基础教育的宗旨。其次，教师要有正确的教学观，即教学活动的目的，不仅仅是传授知识，更重要的是要教学生学会学习，因而要求学生参与教学过程，形成良好的情感、态度和价值观。最后，教师要有正确的学生观，即学生是发展的人，相信每个学生都有巨大的发展潜能和差异，要尊重学生的个性发展，要相信每个学生都有优点并都有进步的愿望。教师们在用自己美好的人格形象营造一种和谐、民主和欢乐的课堂氛围、班级氛围和学校氛围时，把每个学生当成自己的朋友时，其人格魅力自然就会得以体现，并得以传承。

2．教师的人格魅力来源于高尚的品德修养

学生受教育的过程应该是一个人格完善的过程，这在很大程度上取决于教师本身人格

魅力所施加的影响。教师应该用涓涓细流去滋润学生的心田，把爱洒向学生。这不仅意味着教师要教育学生爱生活和爱人生，而且还意味着怀着崇高的爱去传授知识，并通过水到渠成的引导和潜移默化的方式去感染学生。

3. 教师的人格魅力来源于渊博的学识和教书育人的能力

课堂是体现教师人格魅力的主战场。在学校教育中，知识的传授、技能的培养、智力的发展以及思想品德的形成，主要是通过教师在课堂中进行的。在课堂教学中，教师是主导，其作用在于启发、引导、帮助学生发挥他们的主体性和主动性。教师要让学生主动参与学习过程，积极思维，大胆发言，给学生提供充分的心灵自由，发展学生的个性，做到因材施教和尊重他们在学习中的主体地位。教师只有具备广博和深厚的文化科学基础知识，扎实、系统、精深的科学知识，全面准确的教育科学知识和心理学知识，良好的心态、开阔的胸襟和深厚的修养才能，才能不断从教学中、从学生处、从同事那里学到许多优良品质，不断完善自己的人格魅力。

4. 教师的人格魅力来源于懂得尊重和如何尊重学生的人格

教师的工作对象是学生，他们都有独立的人格，因此教师千万不要以为学生就是小孩子而忽视学生的观点、个性和人格。其实学生不会不管教师说什么或做什么都能一一接受和照办的，他们也有自己的想法，他们会对教师的言行有所评价，有所挑剔，有所选择。教师必须将自己置身于学生的心灵世界中，懂得尊重他们的思想和感情。教师只有尊重身边的每个学生，才会获得他们的尊重。

【案 例】

专业基本功扎实是美术教师人格魅力的基石

广州市荔湾区教育发展研究中心　陈芳

美术课堂是视觉艺术的课堂，“做”多过“说”，美术教师只有专业基本功扎实才能赢得学生的拥护，才能有具备“杀伤力”的人格魅力。

一、教师专业作品可提升美术教师人格魅力

每一个美术教师都具有自己特色的专业，在专业上孜孜以求，形成自己特色的美术语言，在教学过程中不断创作美术作品，获得社会的认可，甚至拿到奖项。这为学生树立了榜样，形成了一定的威信，学生会因为拥有这样的美术老师而自豪。

二、教学示范可提升美术教师人格魅力

有的教师在课堂上怕给学生做示范，因为自己的专业基本功不过关，怕学生笑话。这样的教师给学生的印象就是“只会说不会做，有本事你来画一画”。如果给学生这样的印象，何来人格魅力？美术教师在课堂上给学生示范对学生的影响很大，不仅给学生以技法上的教育，更为难能可贵的是用示范可与学生进行交流，与学生进行心灵上的沟通，学生会紧紧地靠在教师的周围，不时提出自己的疑问，觉得自己的老师有学问，值得信任。

三、带领学生开展丰富多彩的美术活动可提升美术教师人格魅力专业基本功扎实的美术教师才能大胆带领学生开展各种美术活动，不会因为专业基本功差而缩手缩脚。在美术活动看起来是“玩”。在“玩”中不知不觉地学习美术知识，这样的课堂学生很有兴趣，这样的美术教师很有魅力。

四、辅导学生创作可提升美术教师人格魅力

学生美术学业的好坏主要看学生的创作作品。只有专业基本功扎实的美术教师才能辅导出优秀的学生作品，学生也会因为作品的美而爱屋及乌，对教师存有敬佩与感激之情，从而提高教师的人格魅力。

当然，还有很多因素是美术教师人格魅力的形成原因，但是只有专业基本功扎实才是美术教师人格魅力的基础。

编者点评：这个案例讲述了美术教师的专业能力是他们拥有人格魅力的基础。教师优秀的专业作品、出色的教学示范、丰富的美术活动、指导好的学生创作都是教师扎实专业基本功的体现。教师可以通过很多方面体现自己的人格魅力，专业能力的确是最基础的方面。

【扩展视野】

什么样的老师是最受学生欢迎的老师?

第一种老师，“像父亲一样严而有度”。总体上，按人类学的基本模式来说父亲比较严厉而母亲比较可爱。我推荐的电影是法国电影《放牛班的春天》，老师们可以找这部电影来看一看。

第二种老师，“像母亲一样慈爱”。一个正常的学校教育，应该有父亲般的教师，也应该有母亲那样的老师。关于“像母亲一样慈爱”的主题，我推荐的电影是《乡村女教师》。

第三种最受学生欢迎的老师——“实习教师”。我们都做过实习教师，我相信在座的很多老师做实习教师的时候，比较受学生欢迎。实习老师为什么受学生欢迎？你看了这部电影，大概可以得到一些启示。这部电影老师们看了以后，可能有点接受不了。为什么呢？这个老师总是用怪招式来对待学生。但是，我们可以在这里面得到一条基本的启示：对付怪学生，老师自己也应该有一些怪的办法。实习老师有什么好？第一，年轻；第二，平等；第三，精力充沛，有激情。关于实习教师，我推荐的电影叫做《麻辣教师》。

第四种老师，“宽容的老师”。我推荐的电影是《音乐之声》。这部电影中有几个很滑稽的镜头，就是这些孩子们的爸爸用铁的纪律、军人作风、严厉要求和雷厉风行把他们培养成为一帮阳奉阴违和背后捣鬼的孩子。老师们可以想象，如果我们不注意教育方式，用铁的纪律和军人作风来要求学生，学生就会阳奉阴违。在电影里面，孩子们很捣乱。但是，新来的家庭教师满是爱心和宽容，她带着孩子们一起去奔跑唱歌，后来，她把这些孩子们改造成一批欢乐的小艺术家。他们的父亲没有想到他的孩子还有那么多艺术细胞，那么可爱。

第五种最受欢迎的老师——“帅哥老师”。我推荐的电影（电视剧）叫《十八岁的天空》。我相信我们有些老师是看过这部电视剧的。我最初看到这个古越涛老师的时候，也觉得不习惯，我不适应。我觉得这样的老师在中国没法生存下去。你看那个发型，就有一种不良的暗示。但是，这个老师也有很多怪招。最初这个老师也是被学生拒绝，学生也受不了他。后来学生发现原来能够给这一帮学生带来真正精神力量的人，就是这个古越涛老师。我相信，我们中国未来的教师就是古越涛老师这个样子。我相信未来中国人的形象会有变化。我们中央电视台的那些播音员是什么形象？老师们可以想象得出来吗？就像我这个样子：坐在这儿一动不动。半个小时以前是这个表情，半个小时以后还是这个表情，基本不笑。那是一张国脸啊！我们中国的国脸。我想说的是教师的形象。做老师的人，表情要有变化。我们一些老师坐在办公室是很可爱的人，一进入课堂，往讲台上一站，像个坏人。他就不敢在学生面前用真实的样子呈现出他的真实精神气质。他不敢，他不真实。

第六种老师，“温柔的美女老师”。我推荐的电影叫《蒙娜丽莎的微笑》。这部电影曾经被大肆宣扬。我们都知道这个美女茱莉亚·罗伯茨。我们为什么要推荐这个电影？第一，这里有美女老师。第二，美女老师一旦严厉，她会有另外一种意想不到的效果。其实就我所知，美女老师一般都比较严厉。因为，不严厉，她没有办法做老师。世界上所有的美人在我看来基本上是冷美人，为什么呢？她不冷，世界不就乱套了？

第七种老师，“风趣幽默的老师”。你知道学生多不容易吗？尤其是那些“差生”，坐在教室里面，每天接受八小时的折磨。老师讲课再不幽默一点点，那就是人间的地狱啊！我今天一直在看魏书生的报告，看完之后，我得出一个结论：魏书生的基本说法是这样的。他说：教室里面以后能够赚钱的、做大事的、经商的基本上都是学习最差的人。为什么呢？你们知道，他们不断地受考试失败的折磨，但是，他还屡败屡考。你说那些成绩最差的孩子，他有什么最美好的精神品格？他每天没有人关注，他一个人为自己活着，反正没有人关注我。他过得如此的孤独，但是他仍然前行。我推荐的电影是《春风化雨》。

第八种老师，“充满爱心的老师”。这样的人我们都知道，我们承认，我们接受。好老师有一个最基本的元素——有爱心。如果一个老师有爱心，他至少可以成功三分之一，但对爱心的价值不能估计太高。因为有爱心的老师，有时候会以爱的名义做坏事，这是另外一种危险。我们一些家长也会出现这样的情况：他很爱他的孩子，但是把他的孩子带坏了。但是，总体上看一个老师应该有爱心，否则，他做老师会很辛苦。一个没有爱心的老师，他对学生没有感觉，会过得非常辛苦。所以要有爱心！我推荐的这部电影叫《烛光里的微笑》。

第九种老师，“以身作则的老师”。以身作则，说到做到，这是学生喜欢的第九种老师。这种老师我不用解释，我们都会承认它很重要。可是，总是有老师做不到。有些老师不断地许诺，经常说话不算话。

第十种受学生欢迎的老师，“真才实学”。学生虽然身为“受教育者”，但他们也一直在选择甚至挑剔老师。优秀的教师以他的独立思想与自由人格获得教师的职业尊严。我推荐的电视剧叫做《大宅门》，这部电视剧里面有两个老师：第一个老师，白景琦的妈妈——二奶奶。我认为这是最优秀的女老师的形象。第二个老师，白景琦的老师季宗布。

总体上看，受学生欢迎的老师一般显示出十个特点：严而有度；像妈妈；实习老师；有宽容心；帅哥且热爱学生；美女且温柔女；风趣幽默；充满爱心；以身作则，说到做到；有真才实学。

我们可以将这十个特点归入两个关键要素：

第一，有“专业素养”，如有教育智慧，有真才实学；善于管理，严而有度，以身作则，说到做到。第二，有“积极心态”，如风趣幽默、像妈妈那样温柔、有爱心、有耐心、有宽容心；像实习老师那样有平等意识和新鲜知识；像帅哥、美女那样有良好的精神气质。

（节选自刘良华的《最受学生欢迎的十种老师》）

【小结与回顾】

通过这一节的学习，我们了解了教师的人格魅力所在，并且学习了如何通过实践和学习来提升教师的人格魅力。

除上述列出的教师人格魅力表现外，你认为教师人格魅力还有哪些表现？请一一列举出来。

参考文献

1．程红兵．教师的人格魅力［M］．长春：东北师范大学出版社，2001
2．刘良华．教师专业成长［M］．上海：华东师范大学出版社，2008
3．彭先桃．人格魅力：新世纪教师必备的素质［J］．《教育探索》，2006（1）
4．党娅娅．教师的人格魅力：实现新课堂教学的关键因素［J］．《科学教育》，2008（3）

第五章　终身学习的资源和工具

教师在开展终身学习时，会需要使用一些工具和资料。当今信息技术高度发展，教师开展终身学习可使用的资源和工具形式非常多样，有利于教师们灵活自主地开展学习活动。现在，教师们的学习和工作都与网络关系密切，这一章将给大家介绍一些常用网络学习平台、工具和资源库。“工欲善其事，必先利其器”，先让我们认识和学会使用这些工具。

学习目标

1. 了解网络学习平台中用于开展学习活动的主要功能。
2. 认识和学会期刊文献获取和阅读的方法。
3. 认识和学会电子图书查寻和阅读的方法。

内容框架图

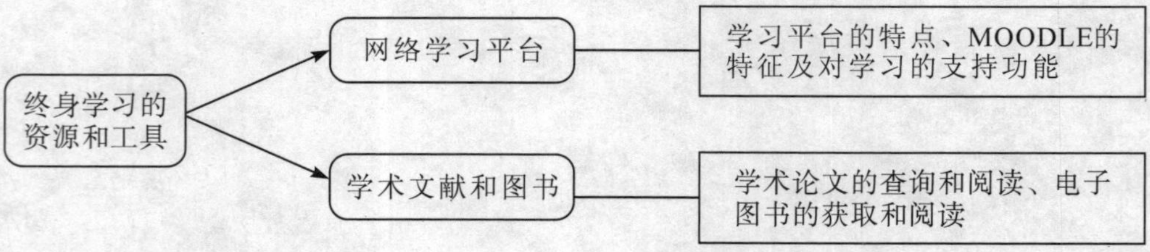

第一节　网络学习平台的作用

【情景导入】

教师 A：听说最近区里要组织一次培训活动。

教师 B：是呀，听说是用网络学习的方式进行呢！好像是所有课程的学习都是通过在线学习进行的，再不是以前在教室听课的那种形式了。

教师 A：是吗？我还没用这种方式参加过学习呢，那我们在哪学呀？

教师 B：我也不知道。

【问题的提出】

网络学习平台是怎样的？网络学习平台可以提供哪些学习功能？教师可以使用哪些功能完成基于网络的课程学习？

在我们当前所处的信息时代中，网络成为较常用的一个浏览、获取、交流和传递信息与知识的技术平台，也成为教学活动发生的一种新环境。由于教师开展终身学习的时间大多仍需要坚持工作，因此基于网络的学习成为终身学习的一种重要方式。

网上的学习活动形式也是多种多样的。如在网上参与系统课程的学习和培训，自由地浏览信息和文件，与他人在网上交流，根据需要在网上找到所需要资料并下载等。在以上这些方式中，网上参与系统的课程学习最接近于教师们已有的学习体验和经历，是现在各级各类行政机构、学校和培训机构组织的教师培训中较常用的方式。

基于网络的课程学习具有系统性和组织性，其教学安排、教学活动和教学资源等依托一定的网络教学平台来实现，因此掌握教学平台的使用是开展网络课程学习的第一步。

网络教学平台的种类很多，操作界面、功能模块设置、课程资源管理方式和具体功能等都有所不同，但一些必备功能和基本应用的方式和方法都很类似，这里以现在我国中小学教师广泛使用的 MOODLE 平台为例来讲解如何利用网络学习平台来开展学习。

一、学习平台的基本特点

MOODLE（中文译为“魔灯”）是澳大利亚教师 Martin Dougiamas 基于建构主义教育理论而开发的课程管理系统，是一个免费的开放源代码软件，目前在我国中小学教育中已广泛应用。它有一个很有分量的用户群体：根据其 2010 年 1 月的统计，现时有 45 721 个已注册及查核的网站，为 3 200 万位用户提供约 300 万个课程。MOODLE 一词是“Modular

Object-Oriented Dynamic Learning Environment”的缩写，翻译成中文意为“模块化面向对象的动态学习环境”。MOODLE平台依据的是社会建构主义的教学思想，在基于平台的教学活动中，教育者（教师）和学习者（学生）是平等的主体，可以相互协作，根据自己已有的经验共同建构知识。

MOODLE平台的界面（如图5－1所示）简单、精巧。学习者可以根据需要随时调整界面，增减内容。平台在课程列表中显示了服务器上所有的MOODLE课程，并包含每门课程的描述和是否允许访客使用，学习者可以按自己的需要学习课程。

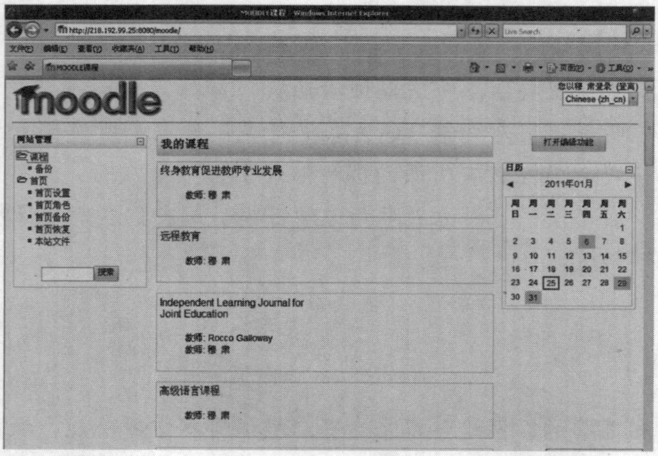

图5－1　MOODLE平台界面

MOODLE平台有很好的兼容性、易用性和安全性。它几乎可以在任何支持PHP的平台上安装，并且安装过程简单。在MOODLE平台上，现今媒体文件的主要格式都可以传送，学习者不需要经过专业培训，就能利用所见即所得的编辑器进行基本操作与编辑。除此以外，MOODLE注重全面的安全性，用户注册时（如图5－2所示）通过电子邮件进行首次登陆，并且同一个邮件地址不能在同一门课程中进行重复注册。

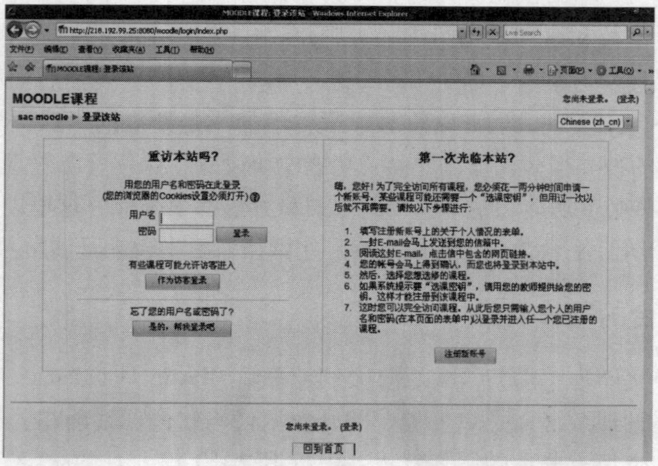

图5－2　注册与登录界面

二、MOODLE 的基本特征

像许多著名的学习管理系统一样，MOODLE 可以针对教育训练设计管理内容元件，另外，有较完善的学习者历程纪录管理，能更深入地分析和管理学习历程。MOODLE 的主要特征与功能有以下三个方面：

第一，总体设计

MOODLE 可以支持大量的各种类别课程，所有的界面设计风格一致、简单、高效，而且不需要特殊的浏览技能。

第二，平台管理

平台在安装时定义管理者来进行管理。管理者进入“主题”即可以设定适合自己的网站颜色、字体大小、版面等。在平台中还有活动模块和 43 种语言包，用以满足不同国家学习者的需求。

第三，用户管理

每一位用户都可以选择一种语言应用于 MOODLE 的用户界面；可以指定自己的时区和相关的数据；鼓励学习者建立一个在线档案，包括照片、个人描述和 E-mail 地址，而且这些信息可以依据用户要求不公开呈现。如果学习者有一段时间不参加活动的话，管理员能看到有关记录，其注册将自动退出。为了安全起见，教师可以设定课程的登录密码，以阻止那些闲杂人等进入。

【过程与方法】支持学习的主要功能

（一）内容的获取与使用

在 MOODLE 建立的课程中，课程的内容分为学习资源和学习活动两大类，如图 5－3 所示。采用对学习内容广义的定义，课程内容是指课程包含的所有学习资源。在 MOODLE

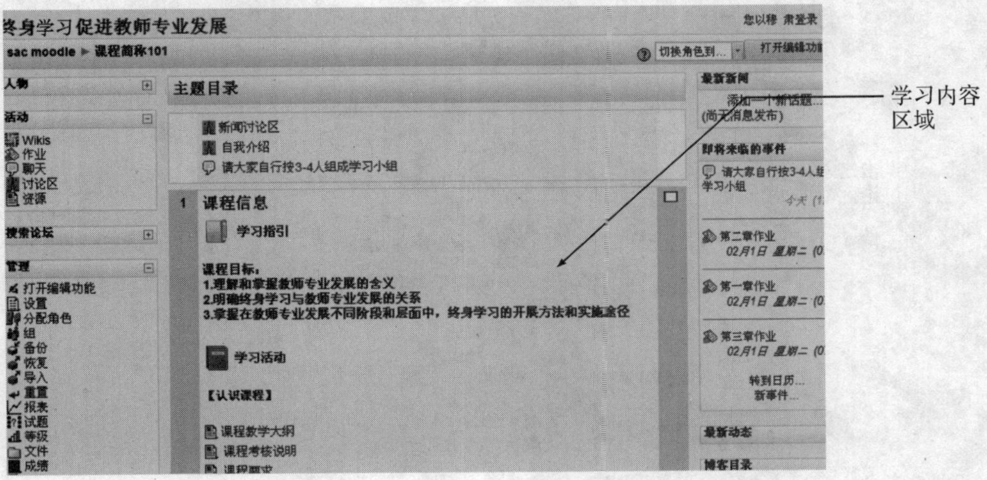

图 5－3　学习内容区域

课程中，学习内容是与课程相关的各种文字、图片、动画、音频、视频等信息。这些内容由教师提供，学习者只能浏览，不能修改。

例如，《终身学习促进教师专业发展》这门课程包含5章的学习内容和一个案例研习模块，每个模块有规定完成的时间，学习者要按课程教学计划的安排，逐章学习规定的内容，参加网上学习活动并及时提交作业。在这个例子中，每章提供的学习内容有四种方式：文本，提供文字信息；网页，提供各种形式的信息；文件，提供一个文件在线阅读或下载，常见的文件类型（如PPT，WORD，EXCEL，MP3等）可在线浏览，其他的文件只能下载后使用；文件夹，提供与学习内容相关的一系列文件。

在学习过程中，学习者只需要点击需要学习内容的标题就可以打开具体内容进行浏览，与大家平时浏览网页的操作完全一样。

（二）学习讨论与交流的参与

在网络课程的学习中，基于主题的学习讨论与交流活动是较为常见的一种学习活动，通常课程组织方会要求每一个学习者在学习讨论活动中发言和回应他人的发言，因此学会如何使用学习讨论的功能很重要。MOODLE平台也为此提供了一些工具和模块，下面以讨论区与聊天室为例介绍课程学习者如何使用交流与讨论的功能。

1. 讨论区的使用

MOODLE平台的讨论区常分为“单个简单话题讨论区”和“每个人发表一个话题讨论区”。

（1）单个简单话题讨论区。

这类讨论区用来提供就教师发起话题的讨论，也就是基于某一主题的讨论。它的基本操作：首先通过“讨论区”栏进入课程的交流讨论区，然后在讨论区的界面内找到自己要参与讨论的话题，浏览已发布的内容，最后撰写自己的意见并发布，如图5－4至图5－7所示。

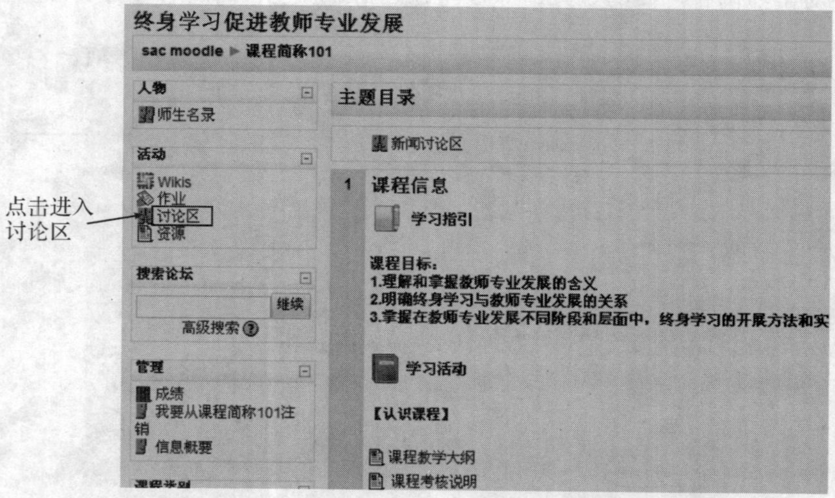

图5－4　点击进入讨论区

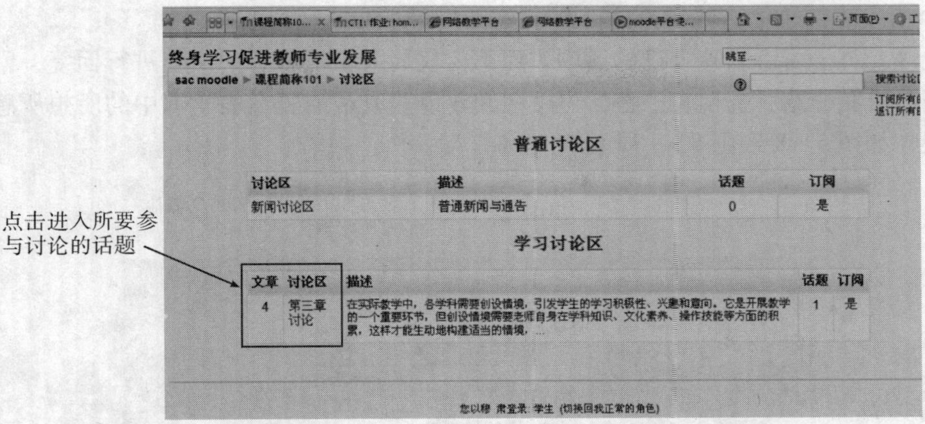

图 5－5 寻找参与讨论话题

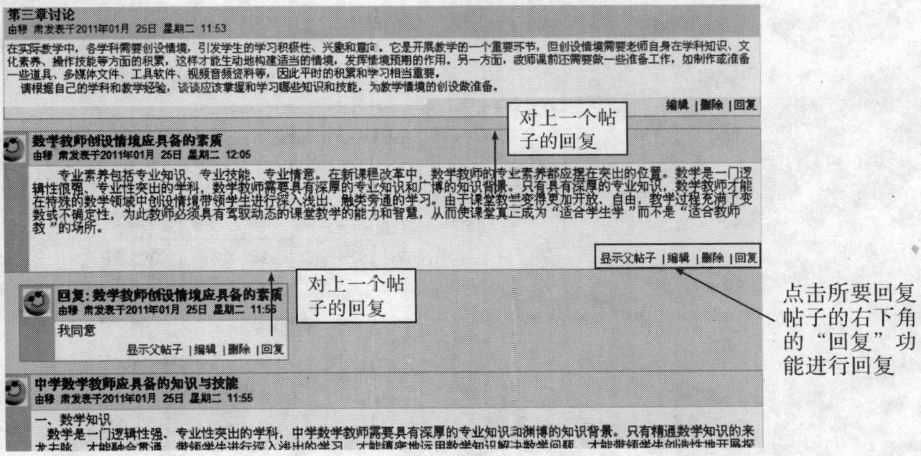

图 5－6 话题讨论区

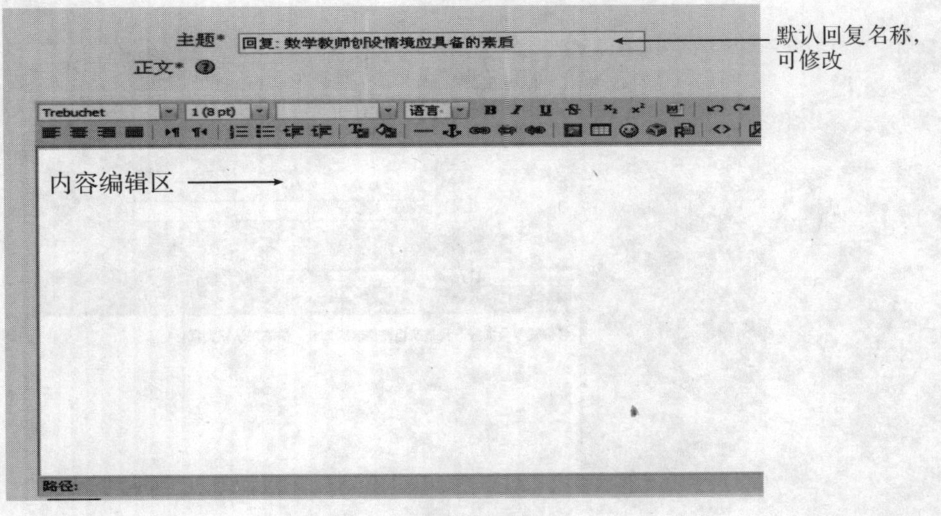

图 5－7 撰写内容并发布

（2）每个人发表一个话题的讨论区。

这个讨论区允许学习者新建自己的话题，而不仅仅局限于对原有的话题进行回复，常用于学习者间的自我介绍、提出自己在学习中的问题以获取帮助和发表学习中的所想所感等。其基本操作如图 5 – 8 和图 5 – 9 所示。

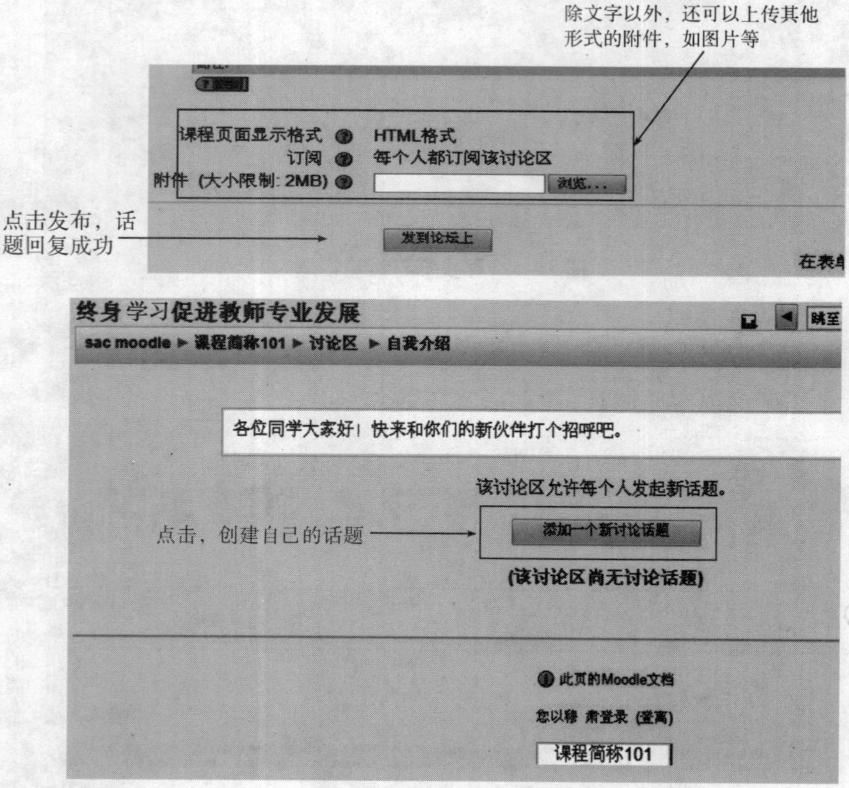

图 5 – 8　添加新讨论话题

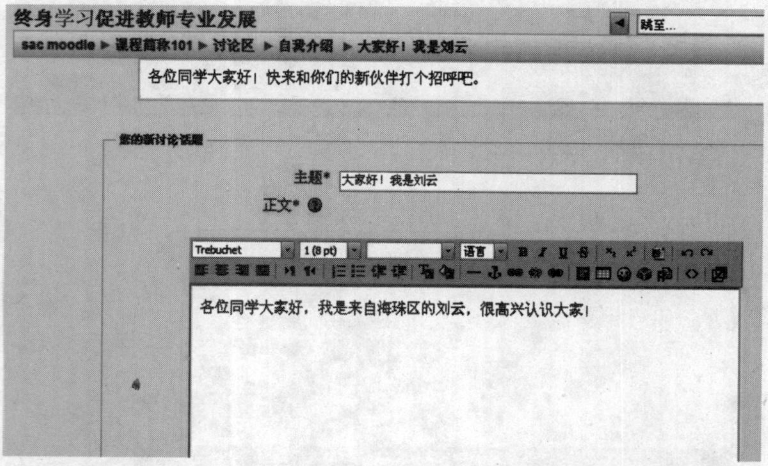

图 5 – 9　发表一个新话题

同样，在这里学习者除了可以创建自己的新话题外，还可以对其他人的帖子进行回复。

2. 聊天室的使用

在 MOODLE 平台上，学习者除了使用平台讨论区进行学习讨论与交流以外，还可以通过聊天室与教师和其他学习者取得联系。其操作方法如下：

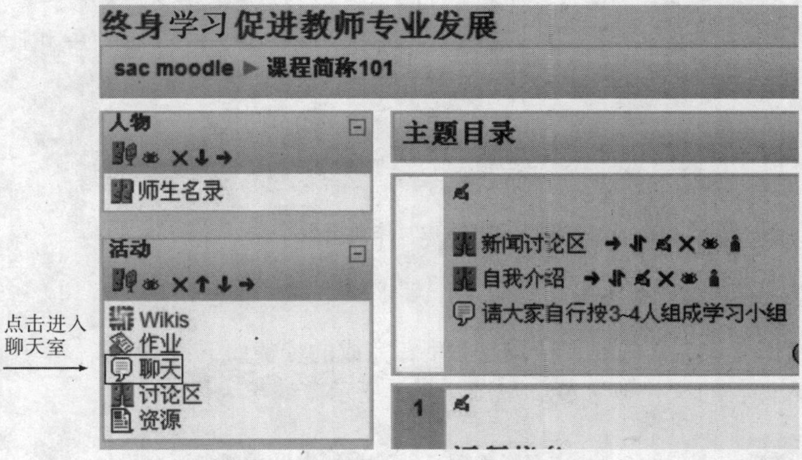

图 5－10　进入聊天室

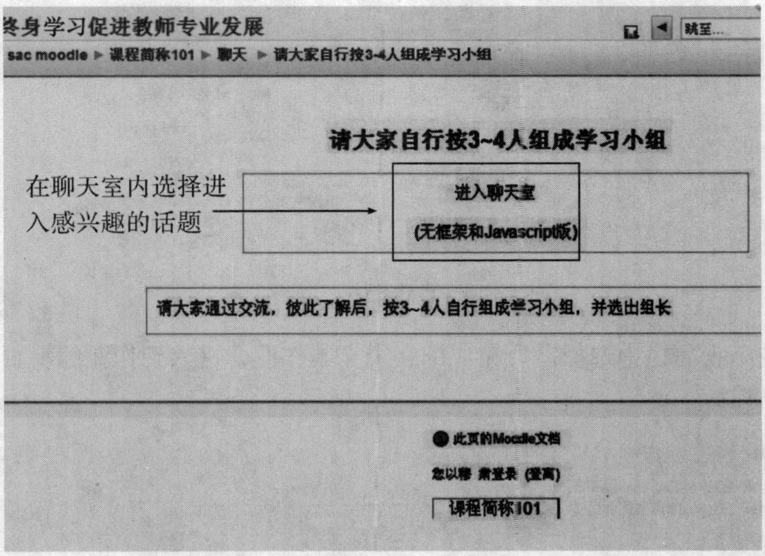

图 5－11　选择聊天话题

（三）作业的完成及提交

学习者根据教师布置的任务，可以直接在线编辑完成作业或将自己的工作成果（任何格式的文件）上传到服务器上。网络课程中的作业一般有四种形式：在线文本作业、上传单个文件作业、高级文件上传作业和离线活动项目作业，如图 5－12 所示。

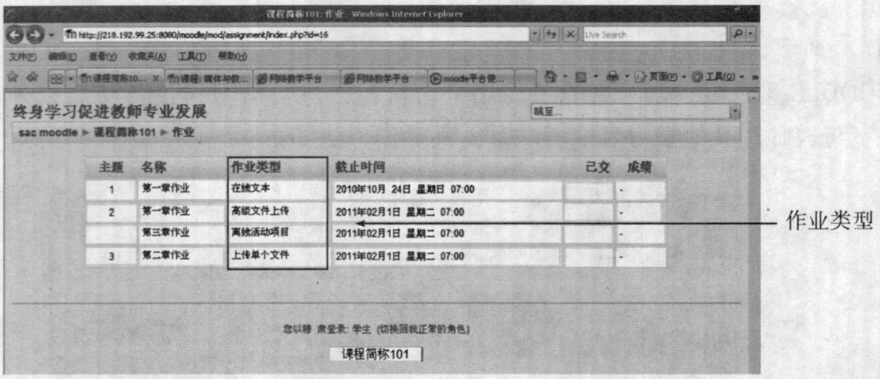

图 5－12　作业类型

1. “在线文本作业”的完成及提交

在线文本作业作为常见的一种作业类型，完成的步骤如下：

（1）进入课程的“作业”栏，如图 5－13 所示。

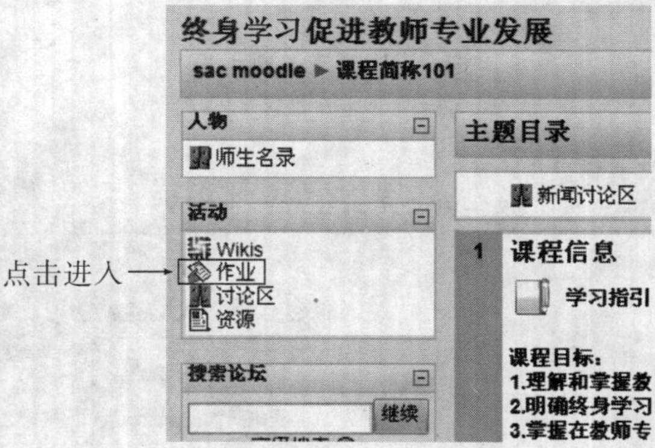

图 5－13　点击进入“作业”栏

（2）在“作业”栏中选择需要完成的在线文本作业，进入到作业编辑页面，如图 5－14 和图 5－15 所示。

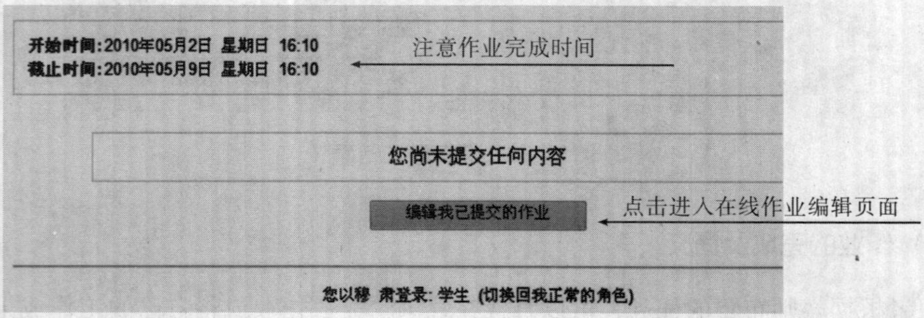

图 5－14　进入在线作业编辑页面

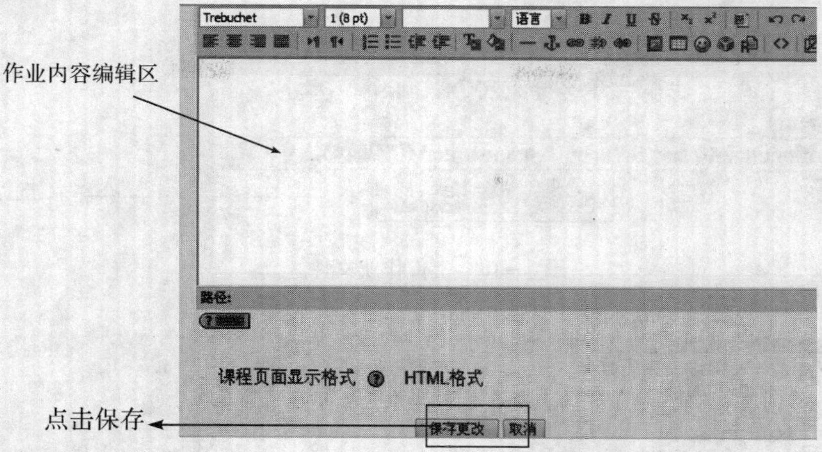

图 5－15　在线作业编辑页面

（3）提交完作业后，要检查作业提交是否成功。学习者可以重新点击“作业”栏，查看作业状态是否为已经提交。

2．“上传单个文件作业”的完成及提交

当作业类型为“上传单个文件作业”时，学习者的作业将以一个文件的形式提交，而不是直接在图 5－15 所显示的环境下编辑。其操作步骤如图 5－16 至图 5－19 所示。

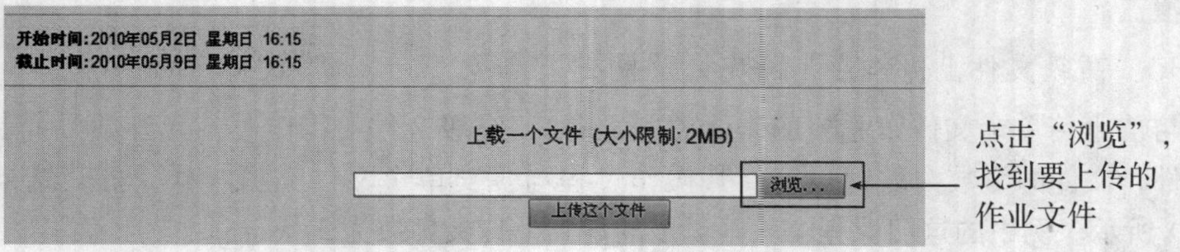

图 5－16　上传单个文件作业

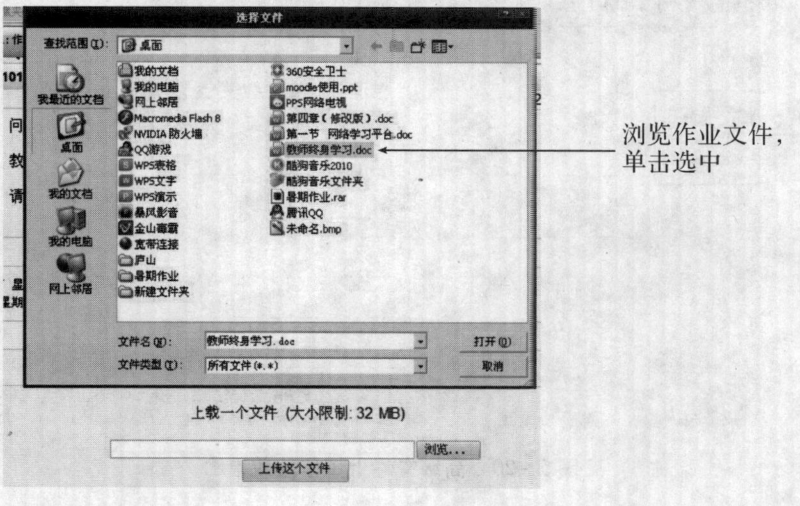

图 5－17　浏览作业文件

图 5－18　上传作业文件

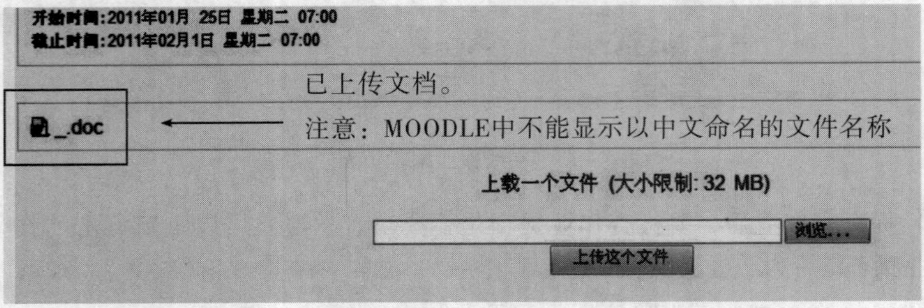

图 5－19　单个文件作业上传效果图

学习者如果对当前上传的文件不满意，可以重新上传一个文件，新的文件会将原有的文件覆盖。

3. “高级文件上传作业” 的完成及提交

与“上传单个文件作业”的作业类型不同，“高级文件上传作业” 允许学习者上传多个文件，文件的个数由教师设定。其操作过程与提交单个文件类型一样，提交结果如图 5－20 所示。例中的这门课程，教师设定的最大上传文件数为 3。

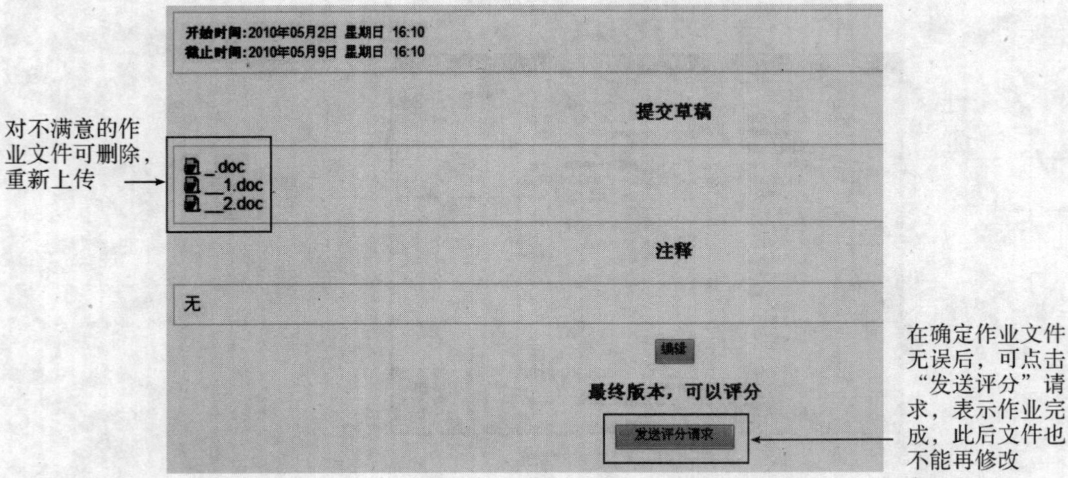

图 5－20　高级文件上传作业效果图

4. “离线项目活动作业”

“离线项目活动作业”是教师对学习者的课后活动要求，是不能在线编辑与提交作业的，如图 5－21 所示。

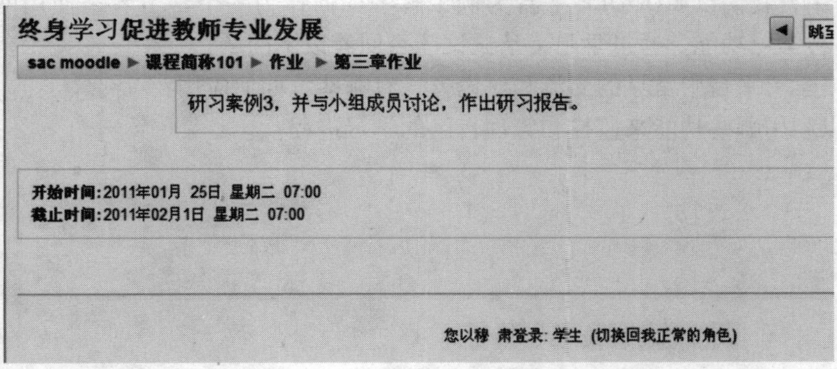

图 5－21　离线项目活动作业效果图

（四）学习进程和成绩的管理

MOODLE 还提供了一些学习管理、进程查看和提醒的功能，如图 5－22 所示。点击进入不同的功能页面，就可以进行相应的管理活动，如学习者监控自己的学习进度、安排学习活动、了解学习效果和获取课程的最新安排等。

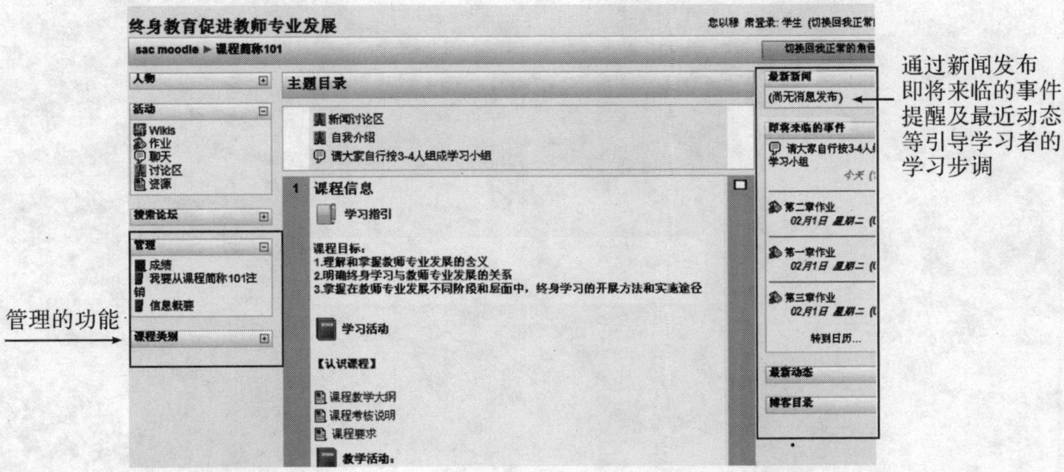

图 5－22 学习进程和成绩管理

网络教学平台作为一种全新的学习环境，在教师的终身学习中能发挥积极的作用，但是有一点教师必须清楚，网络学习平台只是进行学习的工具，可以承载和帮助学习活动的发生和进行，它不能替代头脑中的主动学习活动，教师也要清醒地认识教学平台提供的各种功能会存在一些不足或缺陷，应注意扬长避短，以尽量发挥平台的功能，如网络教学平台在师生情感的交流上无能为力、实验不能在教学平台上进行等。

【小结与回顾】

在本节中，我们以 MOODLE 平台为例了解了如何作为一个学习者来使用网络学习平台提供的各种学习功能。通过学习，请试试能否回答以下问题：

1. 网络学习平台中常见的交流和讨论方式有哪些？如何应用？
2. 可以利用哪些功能来监控和管理自己的学习进程？

第二节　学术文献和图书的查找和阅读

【情景导入】

教师 A：今天学生在课堂上问了一个我们这个学科最新研究成果的问题。这个问题我也就是关注了一下有关的新闻，还真没仔细了解内容及整个研究的情况。所以我只能答应他下周再详细回答。

教师 B：那你可要好好查查专业文献，这可不是三言两语说得清楚的。

教师 A：是呀，可也没时间跑购书中心或图书馆之类的，去哪找呀？

教师 B：试试网上图书馆和电子书资源库吧，前一阶段写论文时我用过，还真不错！

【问题的提出】

学术文献可以在哪里找到？如何使用数字图书馆和电子书资源库查找和阅读文献及专著？

一、学术论文的查询和阅读

（一）文献的查询和阅读器的使用

在教师进行专业发展的过程中，知识的学习是一项重要内容。知识学习活动的重要方式就是阅读相关的专著和文献，从中汲取各方面的知识。教师可以通过图书馆、常用搜索引擎、数字图书馆等查找所需要的文献并进行阅读，这里以中国知网为例介绍如何使用数字图书馆及其中资源进行文献的搜索和阅读。

1. 中国知网的概况

CNKI（China National Knowledge Infrastructure）的全意为中国知识基础设施，简称 CNKI 工程。CNKI 是我国自主开发并具有国际领先水平的数字图书馆，是世界上全文信息量规模最大的数字图书馆。

CNKI 系列数据库产品包括源数据库和专业知识仓库。源数据库指以完整收录文献原有形态，经数字化加工，多重整序而成的专类文献数据库，如《中国期刊全文数据库》《中国优秀博硕士论文全文数据库》《中国重要会议论文全文数据库》《中国重要报纸全文数据库》等，这是教师寻找和学习专业知识和教育科学知识的重要途径。专业知识仓库是指针对某一行业特殊需求，从源数据库中提取出相关文献资源，再补充本行业专有资源共同组成的、根据行业特点重新整序的专业文献数据库。例如，中国医院知识仓库、中国企业知识仓库、中国城建规划知识仓库和中国基础教育知识仓库等，其中的基础教育知识仓库是教师查找文献的好地方。

概括而言，教师常用的数据库有中国期刊全文数据库、中国优秀博硕士学位论文全文数据库、中国重要会议论文全文数据库、中国重要报纸全文数据库、中国基础教育知识仓库等。

2. 数字图书馆的登录及图标符号意义

（1）CNKI 数据库产品访问方式。

CNKI 数据库对镜像用户提供 IP 登录和账户登录两种登录方式。账户登录指系统只允许合法用户在正确输入账户名和密码后，使用数据库，下载全文。账户登录处在中国知网网页的左上角处，如图 5－23 所示。如果教师所在的学校没有成为中国知网的用户，教师个人可以向中国知网缴纳费用成为个人用户，这样可以获取自己的用户名和密码，合法查寻和使用中国知网。IP 登录指系统只允许 IP 地址范围内的用户登录使用数据库，适用于采用 IP 管理的机构用户，通常针对的是集体用户，如学校或单位。

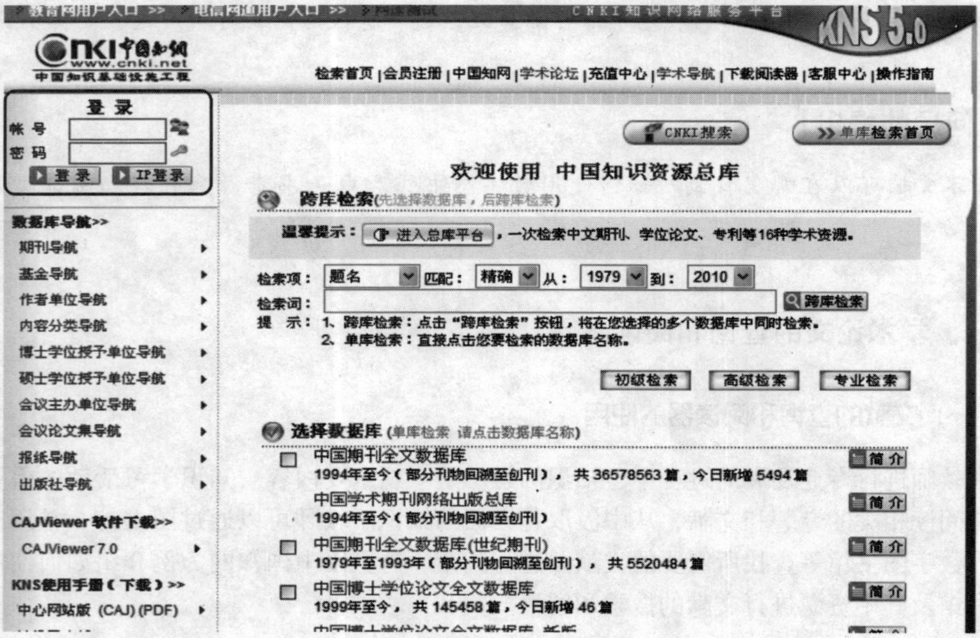

图 5－23　CNKI 数据库登录的本地镜像登录

（2）常用图标和符号。

➤ 全文不可下载

出现于检索导航中的专辑类目名称后时，它表示该导航类目下的专辑或专题可查看、下载题录，但不能下载全文。（黄色）出现于检索结果文献题名前，表示全文不可下载，如图 5－24 所示。

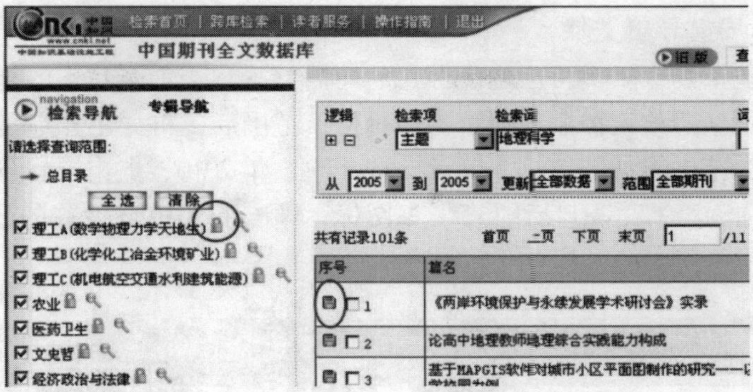

图 5－24　CNKI 系列数据库图标、符号——全文不可下载

在检索结果页面，点击，系统将弹出如图 5－25 所示的对话框。这时正式用户可在此输入账户和密码，访客也可在此页面完成用户注册、购买 CNKI 卡、用户充值、团体订购等操作成为合法用户。

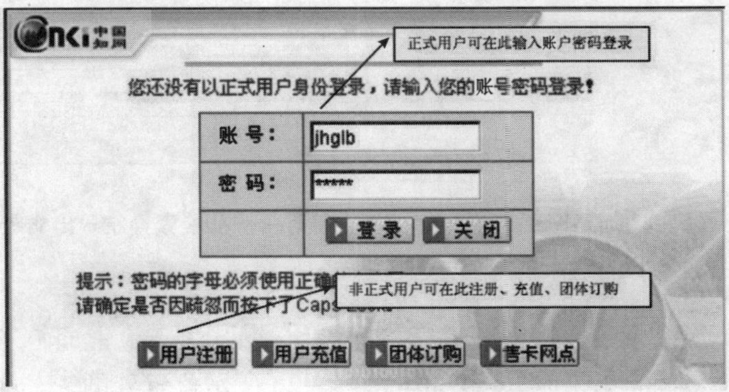

图 5－25　CNKI 系列数据库图标、符号说明——全文不可下载

➤ √全文可下载

√出现于检索导航中的专辑类目名称后，表示用户已购买该类目文献，可查看、下载题录和全文。（蓝色）出现于检索结果文献记录前，说明该文献可以全文下载，如图 5－26 所示。

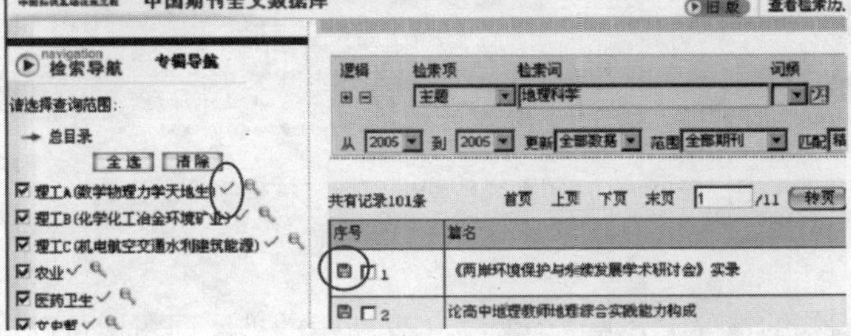

图 5－26　CNKI 系列数据库图标、符号说明——全文可下载

➤ 从检索导航导出文献

点击检索导航下的专辑类目后的图标，可直接导出当前类目下的全部文献数据进行浏览。使用时也可通过检索控制项限定并明确检索范围后，再导出相应类目下文献，这样就可以缩小文献的范围。如图 5－27 所示，选择起止年 2010，点击专辑导航“理工 A”下的“自然地理学和测绘学”类目后的“”图标，导出了 2010 年发表的地理学的期刊文章 34 篇。

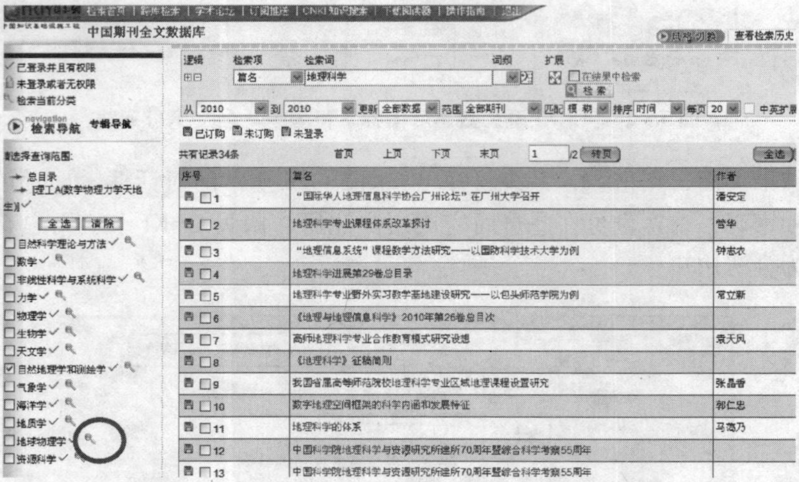

图 5－27 CNKI 系列数据库图标、符号——从检索导航导出文献

➤ 最近词

用于记录本次登录最近输入并进行检索操作过的 10 个检索词。当进行了多次检索操作而又未能得出最满意结果时，可点击如图 5－28 所示位置处的，在弹出窗口上所列出的检索词中选择，点击所需要的检索词则该检索词自动进入检索框中。

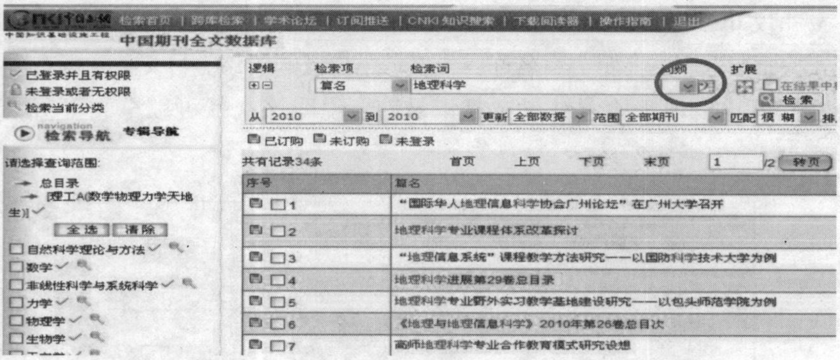

图 5－28 CNKI 系列数据库图标、符号——最近词

➤ 扩展词

在输入检索词的情况下，点击如图 5－29 所示的扩展词图标可以输入词为中心的相关词。

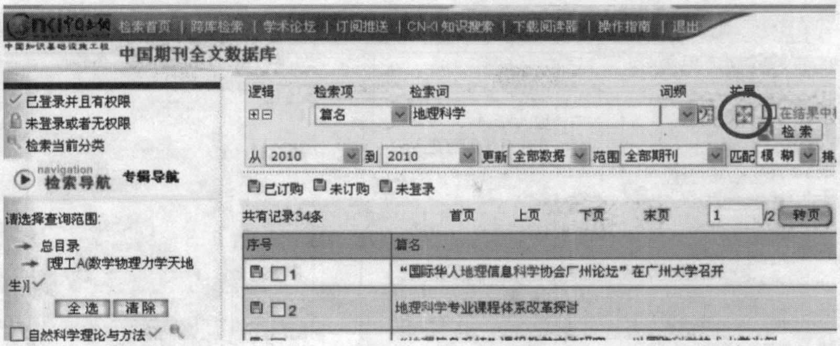

图 5 - 29　CNKI 系列数据库图标、符号———扩展词

3. 查询数据库的选取

查询数据库的选取是指用户选择一定的数据库来进行检索及其后续的相关操作。在 CNKI 首页上提供了各类文献数据库列表，如《中国期刊全文数据库》《中国优秀博硕士学位论文全文数据库》等。用户可根据自己的检索需求，选择并点击页面上的数据库名称进入相应数据库检索页进行检索，如图 5 - 30 所示。

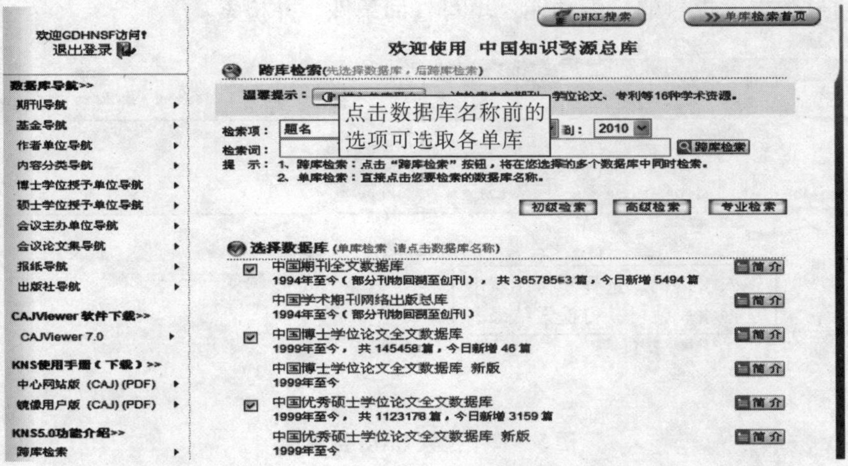

图 5 - 30　查询数据库的选取

4. 快速查找全文的方法

系统提供了以下基本检索方式：初级检索、高级检索、专业检索。各种检索方式的检索功能有所差异，基本上遵循向下兼容原则，即高级检索中包含初级检索的全部功能，专业检索中包括高级检索的全部功能。

(1) 登录 CNKI 系列数据库。

各种检索方式所支持的检索操作均需通过以下几部分实现：检索项、检索词、检索控制。在同一种检索方式下，因数据库所收录文献的特征不同从而设置的检索项及检索控制项会有所不同。CNKI 系列数据库提供方便简单的检索操作，可以让用户非常方便地获得全文。查找全文的方法如图 5 - 31 至 5 - 37 所示。

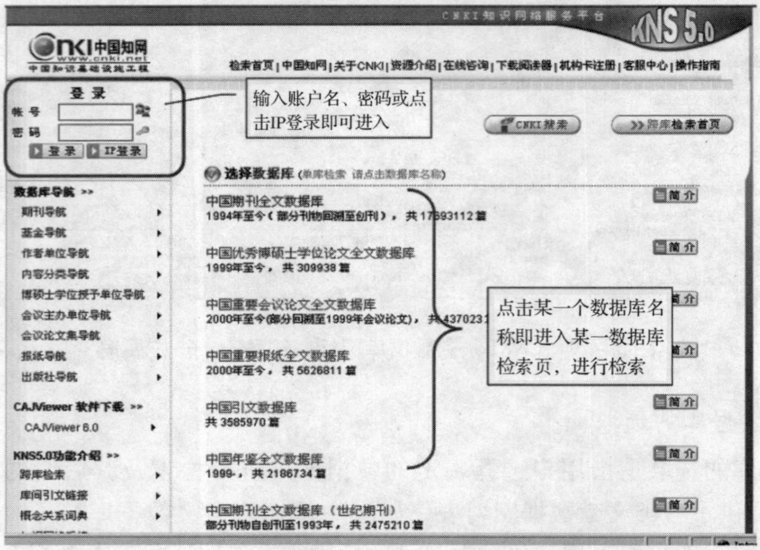

图 5-31 登录 CNKI 系列数据库

（2）通过数据库提供的检索功能，填写查询条件，并检索。

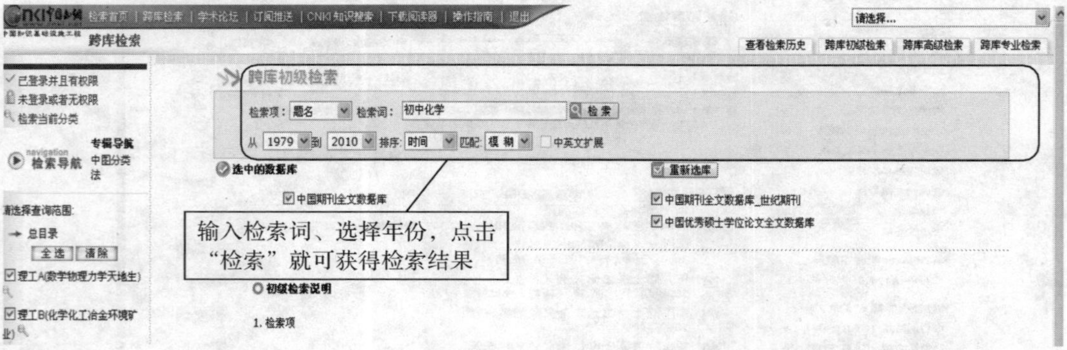

图 5-32 检索 CNKI 数据库

在这里需要对检索项、检索词、文献时限等进行选择，以下是对这些检索项等的说明：

“主题”是复合检索项，由篇名、关键词、摘要三个检索项组合而成。在以下范围中检索：中英文篇名、中英文关键词、机标关键词、中英文摘要。

“关键词”揭示文献内容主题的、不受规范词表控制的一个或多个语词。分两类：一类是由作者根据规则提供，编排于文章中的特定位置；另一类是由系统根据一定的运算规则从文章内容中自动提取的，称机标关键词。在以下范围中检索：中文关键词、英文关键词、机标关键词。

“摘要”在以下范围中检索：中文摘要、英文摘要。

“作者”在以下范围中检索：作者中文名、作者汉语拼音名、作者英文名。

“第一作者”是指文章发表时，多个作者中排列于首位的作者。

“单位”是指文章发表时，作者所任职的机构。照录在文章中规定位置出现的机构名称。

“刊名”在以下范围检索：中文刊名和英文刊名。英文刊名中包括中文期刊的英文名称和英文期刊的名称。所有名称照录纸本期刊出版时中所用名称形式。

“参考文献”在文章后所列“参考文献”中综合检索，而不是按条目、题名、作者分别检索。

“全文”在文章的全文中检索。

“年”表示文章在某一期刊上发表时，该期刊的该刊期所在的年份。以阿拉伯数字表示，如2005。

“期”表示文章在某一期刊发表时，所在的刊期。

“基金”是指文章所属或相关项目在实施过程中所受资助的基金名称及资助说明。一个项目可受一项基金或多项基金资助。

“中图分类号”根据《中国图书馆分类法》（原名《中国图书馆图书分类法》）为文献内容而给出的一个或若干分类号。直接以分类号检索，如B.2。

“ISSN”是以ISSN原有形式进行检索，如1000-2.71。ISSN是某一期刊所拥有的国际标准刊号，是中国标准刊号的组成部分。

“统一刊号”表示以统一刊号原有形式进行检索，如31-1296/TQ。统一刊号是中国内地所出版期刊所拥有的中国标准刊号的重要组成部分。

点击“检索”按键之后，可以看到查询结果会用列表的形式显示页面上，如图5-33所示。

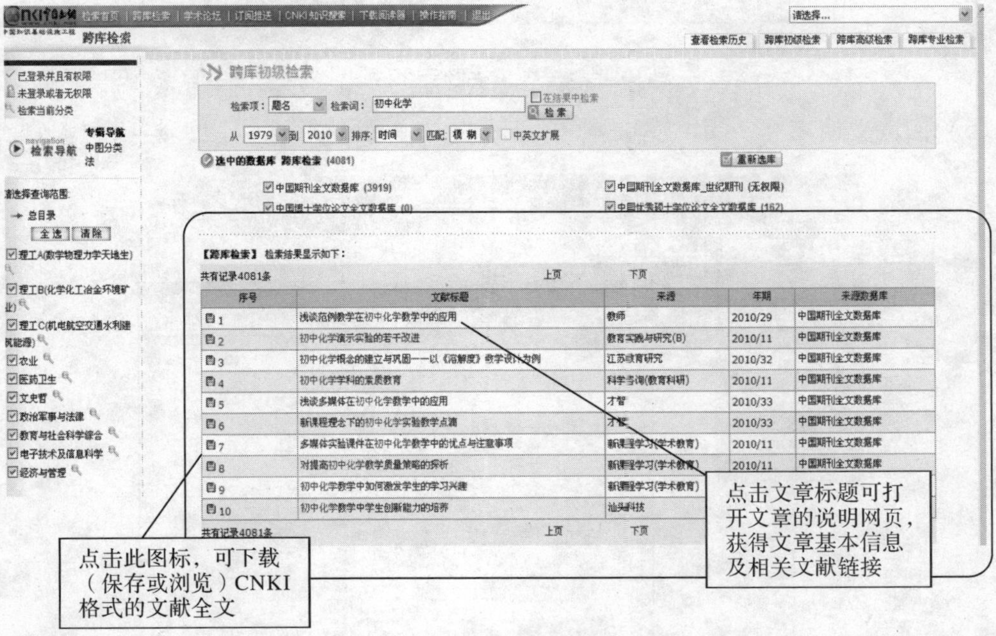

图5-33 获取检索结果

（3）查看检索结果。

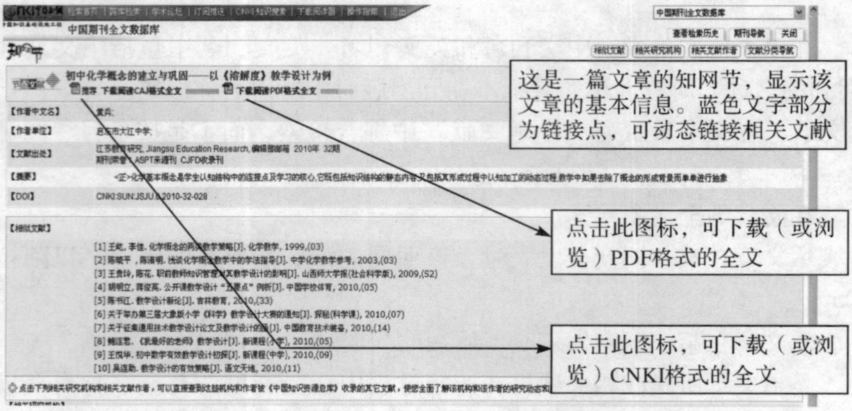

图 5－34　查看检索结果－知网节

（4）下载保存文献全文。

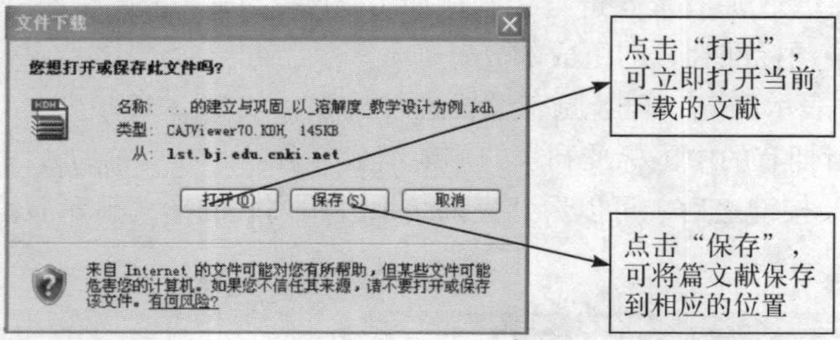

图 5－35　下载全文

（5）阅读文献。

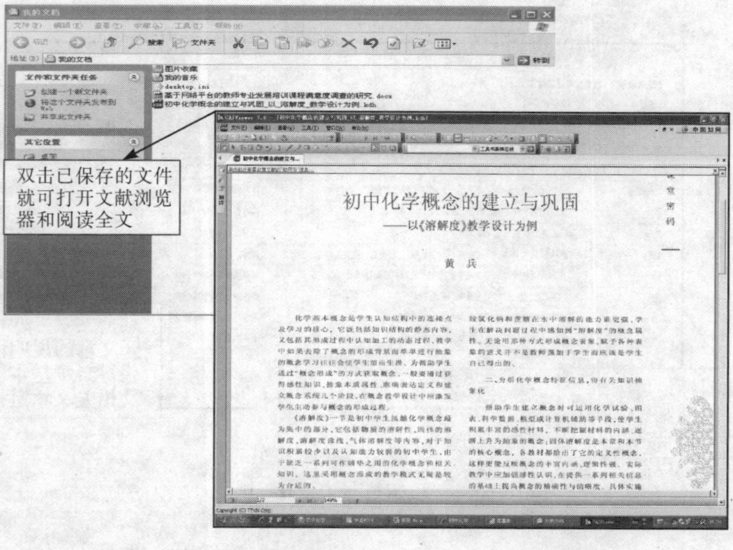

图 5－36　利用 CNKI 自带的阅读器进行文献浏览

5. CNKI 浏览器（CAJ 浏览器）

CNKI 浏览器，又称为 CAJ 浏览器，是阅读编辑 CNKI 系列数据库文献的专用浏览器。它充分吸取了当前市场上各种同类主流产品和自身上一版本的优点，兼容 CNKI 格式和 PDF 格式文档。CNKI 浏览器是一个具有智能功能的浏览器，它具有阅读处理不同格式的文献、行文内检索定位、分类管理常用文献（我的书架）、文档标注、相关文献调用、知识元链接和远程信息传递交流讨论等功能。

（1）文档编辑。

文档编辑的功能主要包含在“文件”“编辑”菜单中，如图 5－37 所示。

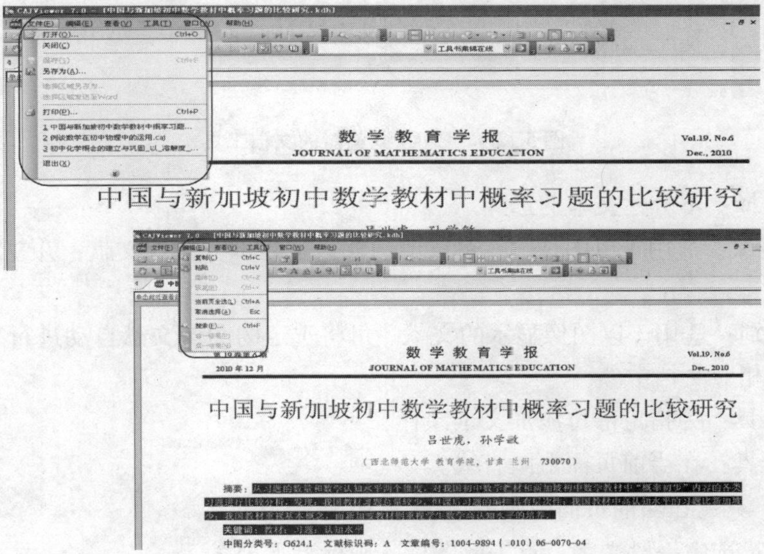

图 5－37　CNKI 浏览器的文档编辑功能

CAJ 阅读器可以将当前文件另存为其他格式文件，如纯文本文件。还可将所选择文字存为另一文件，可以是 CNKI 格式文件或纯文本文件或发送所选择文字至 WORD 文档，如图 5－38 所示。

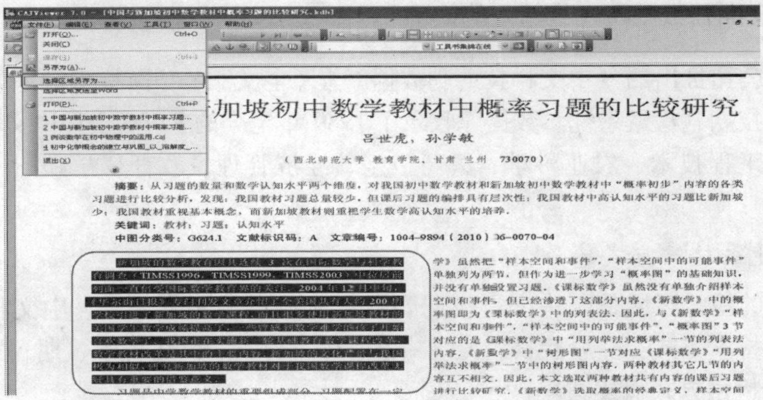

图 5－38　CNKI 浏览器选择区域另存为功能

（2）文档工具。

当对文档页面做了选择操作时，文档工具相应的功能才可用。文档工具中包含对文档进行添加标注和做笔记的各种功能，如图 5－39 所示。

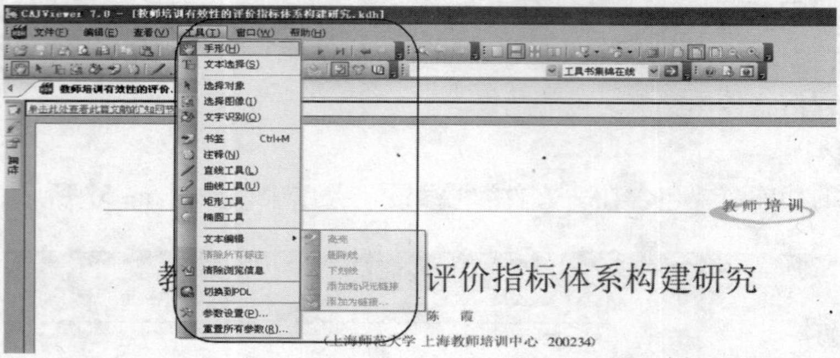

图 5－39　CNKI 浏览器的文档工具

文本选择：不分栏文本的选择。

选择图像：适用于以图像显示的文献。用以选定部分图像文献，并复制到系统的剪贴板上。

文字识别：适用于以图像显示的文献。可将选定的图像文献自动进行文字识别，并按提示保存到相应文档中。

注释工具：为指定部位添加文本注释。

直线工具：在当前页面上画直线。

曲线工具：在当前页面上画曲线。

下划线：选中一段文字，点击此图标，则标上下划线。

突出显示（高亮）：在选择文档后，再点击“高亮”，则将选中部分以黄色突出显示。

删除线：在选择文档后，再点击“删除线”，则在选定文本内添加删除线。

清除所有标注　清除所有标注：删除当前文本的所有标注信息。

（二）中文期刊数据库（维普）的使用

维普资讯公司推出的《中文科技期刊数据库》（全文版）（简称中刊库）是一个功能强大的中文科技期刊检索系统。数据库收录了 1989 年至今的 8 000 余种中文科技期刊，涵盖自然科学、工程技术、农业科学、医药卫生、经济管理、教育科学和图书情报等七大专辑。

1. 首页上的检索方式选择

首页默认的检索区域是《中文科技期刊数据库》的检索方式。《中文科技期刊数据库》提供五种检索方式：一般检索、传统检索、分类检索、高级检索、期刊导航。

（1）各种检索方式概述。

一般检索：通过首页正中的输入框，输入简单检索条件，在任意字段进行查询，进入结果显示页面，可实现题录文摘的查看、下载及全文下载功能，同时，也可进行检索条件的再限制检索或重新检索。

传统检索：原网站的《中文科技期刊数据库》检索模式，经常使用该网站的老用户可以点击此链接进入检索界面进行检索操作，可进行中刊文章题录文摘浏览、下载及全文下载。

高级检索：提供向导式检索和直接输入检索式检索两种方式。运用逻辑组配关系，查找同时满足几个检索条件的文献。

分类检索：根据《中国图书馆分类法》（第四版）制定，由维普公司专业标引人员对每条中刊数据进行分类标引，点击该链接，用户可按学科类别逐级进入，获取检索结果。

期刊导航：根据期刊名称字顺或学科类别对维普公司收录的所有期刊进行浏览或通过刊名或 ISSN 号查找某一特定刊，并可按期查看该刊的收录文章，同时可实现题录文摘或全文的下载功能。

（2）一般检索。

在首页的检索框中直接输入检索式（或检索词）进行检索的方式即为一般检索。首页的“一般检索”默认在任意字段进行检索。在检索结果页面上提供更多的条件限制检索功能，检索结果页面如图 5－40 所示。

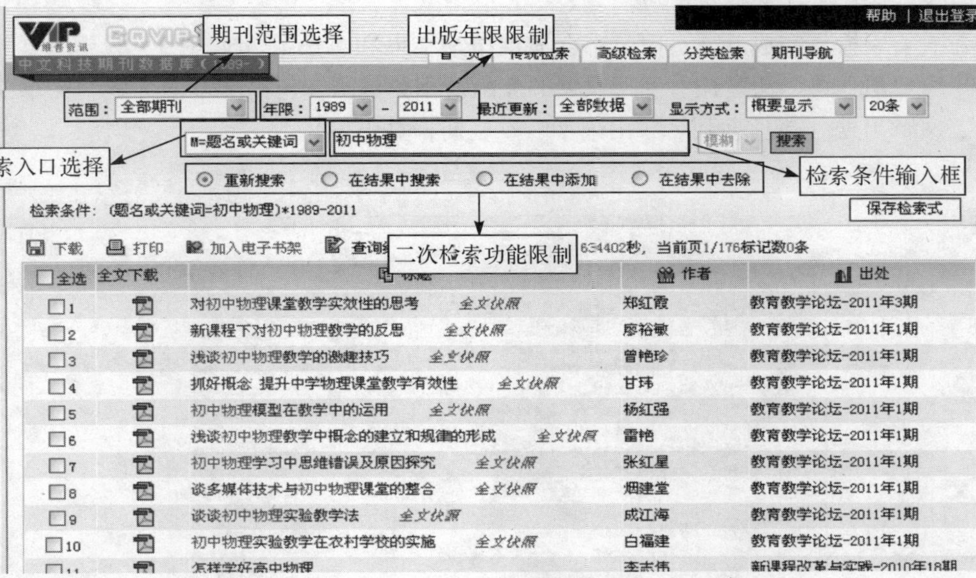

图 5－40　维普的一般检索界面

维普的检索选项设定与知网期刊数据库的基本方法相同，因此不再做逐一进行介绍，仅对不同项进行说明。

检索入口选择：提供多检索入口的检索，检索入口包括题名、关键词、作者、第一作者、刊名、作者机构、文摘、分类号、任意字段等。

检索范围限制：在检索结果页面可进行期刊范围的选择（如全部期刊、重要期刊、核心期刊等）；可进行出版年限的限制。数据库提供分类导航、期刊导航、数据年限限制和期刊范围限制。专辑导航如图 5 - 41 左所示，分类导航如图 5 - 41 右所示。

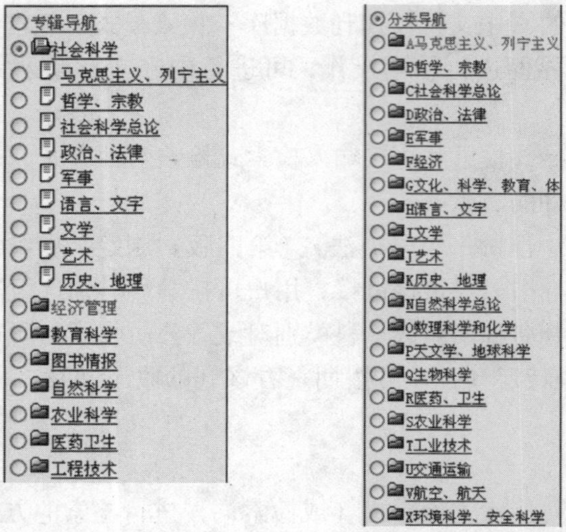

图 5 - 41　专辑导航和分类导航示例

2. 检索结果的显示和使用

每次检索操作完成后，页面上都会显示检索结果和总条数（如图 5 - 42 所示）。在检索结果窗口里，可以清楚地看到搜索到的文献及相关信息，包括文章的标题、文章前两位作者、文章出处（包括期刊名、出版年、卷、期、页码等）。

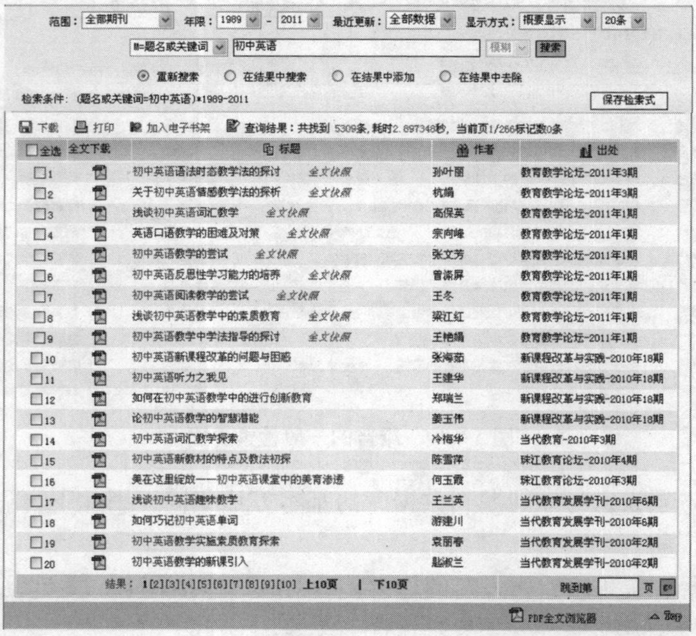

图 5 - 42　检索结果显示界面

可在显示方式处选择“文摘显示”或“全记录显示”；检索结果默认为每页显示10条，也可在显示方式处根据个人需求改成20条或50条；对检索结果中的文章可逐页翻阅，也可用跳转功能跳转至您希望阅读的页号；点 加入电子书架 可将勾选中的文章保存到“我的数据库”电子书架中；点 保存检索式 可将当前检索操作的表达式保存在“我的数据库”检索历史中。点击概览页面上的文章标题，可查看到该篇文献的细览页面，如图5－43所示。

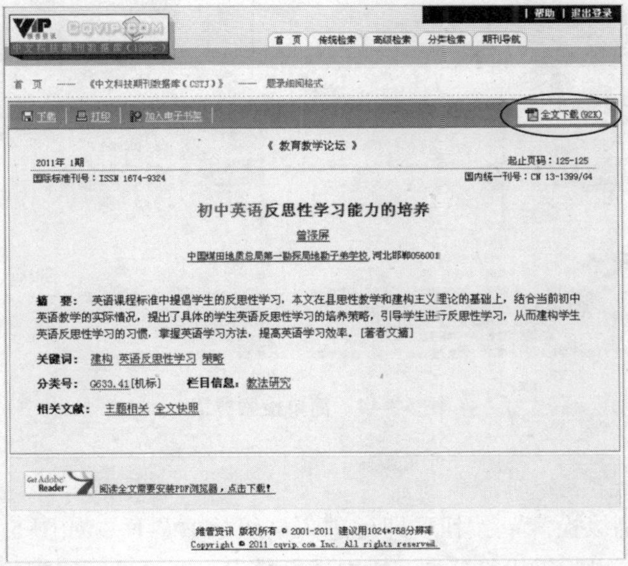

图5－43　文献信息的显示界面

文献详细信息的显示页面提供文献对应的作者、机构、刊名、关键词、分类号等信息。在这里可以进行文献的全文下载、题录文摘下载、打印功能；提供同主题文献的聚类查看、文章参考文献和被引情况的查看等。因此通过这里所提供的功能，用户便能决定是否需要获取文献的全文进行阅读了。

二、电子图书的获取和阅读

除了阅读期刊文献以外，教师开展终身学习的过程中还需要查阅一些书籍、专著和教材等图书，因此也应该掌握电子图书资源库的使用方法。现有的电子图书资源库中，超星电子图书库是较常用、图书种类较齐全和图书数据较多的一种。

超星公司是国内最早从事纸质资料的数字化以及制作电子出版物的公司之一，于2000年建成世界最大的中文数字图书馆；2000年5月超星数字图书馆被列为国家63计划中国数字图书馆示范工程。超星电子图书远程包库网站包含中文电子图书100万种，内容涉及计算机、政治、经济、文学、艺术、数学、工业技术、生物科学、医学等20多个大类。超星提供检索功能及分类索引，可在线阅读全文。阅读时，可检索、识别、打印、下载所需的全文图书。

（一）图书的检索

1. 简单检索

简单检索可在书名、作者、主题词、分类检索字段中进行检索，如图 5－44 所示。

图 5－44 简单检索界面

2. 高级检索

在主页点击“高级检索”按钮，即可进入高级检索界面，如图 5－45 所示。可在书名、作者、主题词、出版年代、分类字段中进行检索，还可进行组配检索，如对字段进行“并且”与“或”之类的组配。

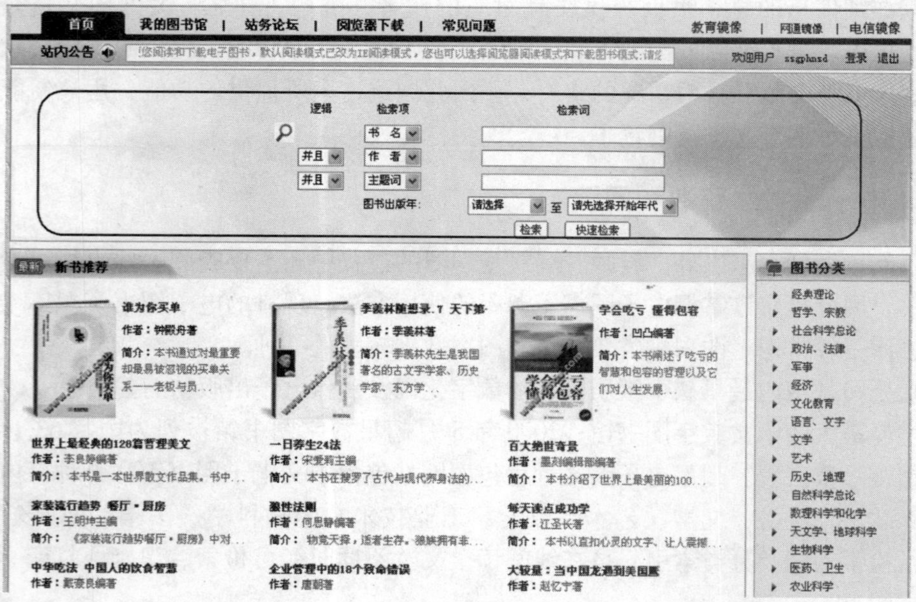

图 5－45 高级检索界面

3. 分类浏览

主页提供分类浏览功能。主页显示的是图书的一级类目，逐层点击，有二级类目、三级类目等，直到列出所需书目信息为止，如图5－46所示。

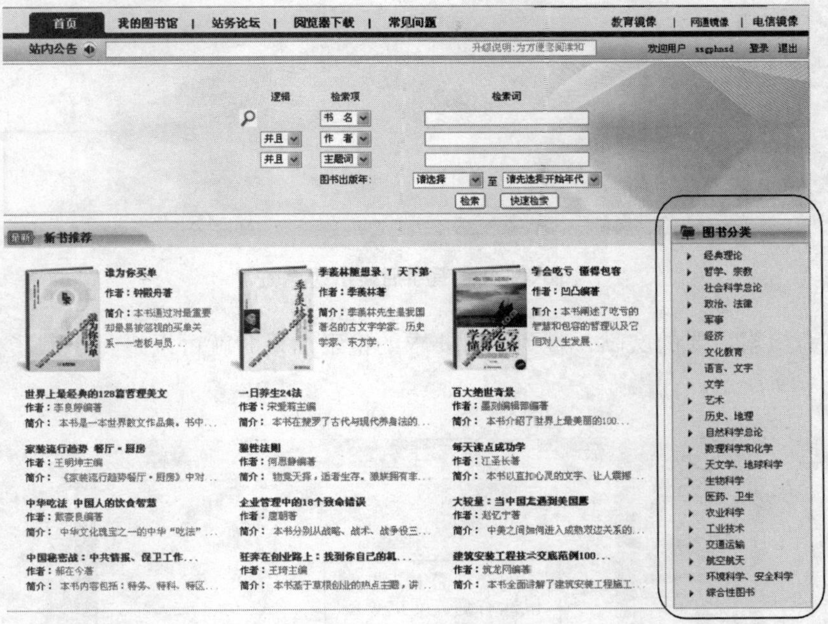

图5－46　分类检索界面

（二）图书下载

在进行图书下载前要先进行用户注册和登录到系统中，然后才能进行下载和阅读等操作。注册及下载的过程如图5－47至图5－50所示。

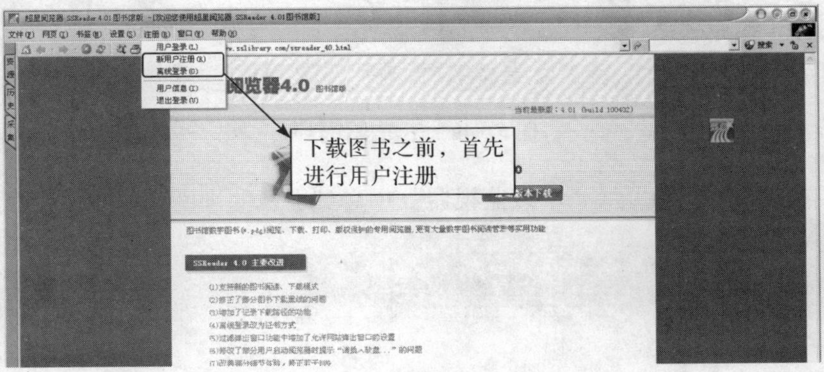

图5－47　用户注册菜单

注册成功以后，就会进入到自己的图书馆，如图5－48所示。

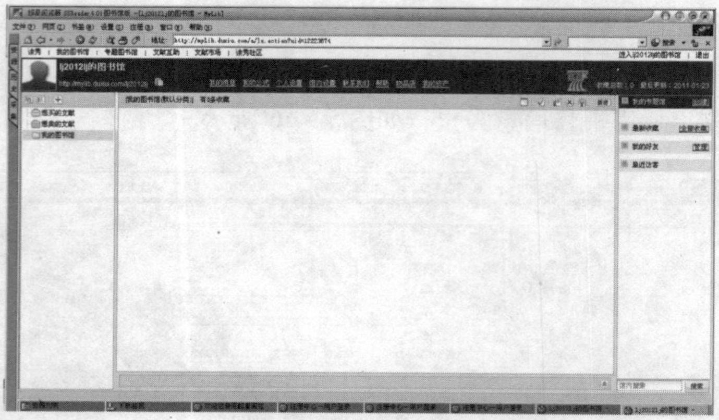

图 5－48　登录后显示的界面

这时重新检索需要的文献，查到符合要求的检索结果时就可以进行下载了，下载操作界面如图 5－49 所示。

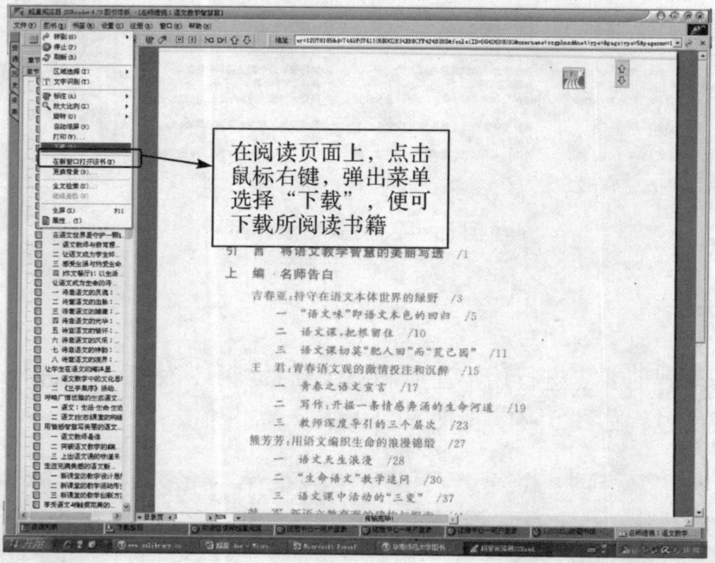

图 5－49　下载操作界面

选择存放路径后，便可从“下载监视器”中看到下载的进度，如图 5－50 所示。

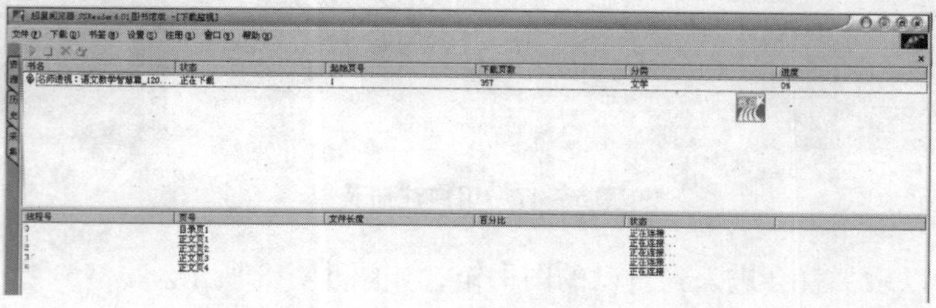

图 5－50　下载进程的显示界面

（三）文献阅读

超星阅读器的作用与我们常用的 ADOBE READER 等阅读器基本一致，如图 5－51 所示。但超星阅读器针对图书内容多和结构复杂的情况提供了一些针对图书阅读的功能，如阅读历史记录、书内目录查找、做笔记和做阅读标记等。这些功能都清楚地以菜单和图标的形式列出在界面上，点击这些功能按钮或菜单项就能获取阅读时的各种功能和帮助。

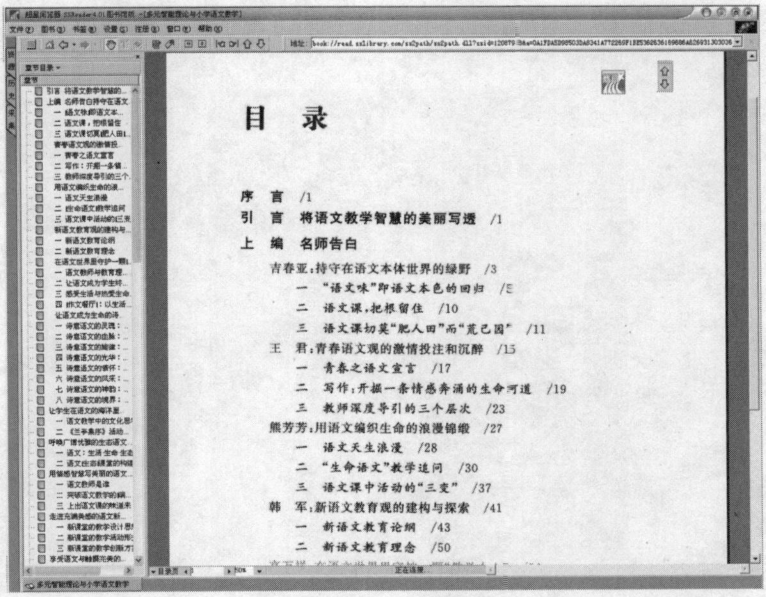

图 5－51　阅读器的界面

【小结与回顾】

通过本节的学习，我们了解了学术期刊中文献和电子图书查找和阅读的多种资源库及工具的使用方法，这可给为我们查找文献加速不少呀！回顾一下，试着回答以下问题：

1. 文献期刊查找时通常要设置哪些选项？它们对于准确查到文献各有什么作用？
2. 阅读器软件通常提供哪些阅读工具？

参考文献

1. 曾棕根. MOODLE 网络课程平台［M］. 北京：北京大学出版社，2010
2. 知网（CNKI）操作指南. http：//dlib. edu. cnki. net/kns50/help/help. aspx
3. 维普资讯用户使用手册. http：//202. 116. 41. 232/help. htm
4. 超星网使用帮助. http：//202. 116. 41. 232/help. htm